말씀과 기도가 있는 구역 만들기 4

사랑하며 사는 사람들

| 정명철 지음 |

쿰란출판사

머 리 말

세상의 모든 것들이 변해가고 있습니다. 그리고 얼마나 빨리 변화해 가는지 모릅니다. 그러나 세상의 진리인 하나님의 말씀은 변화하지 않습니다. 성경에서도 "풀은 마르고 꽃은 시드나 우리 하나님의 말씀은 영원히 서리라"(사 40:8)고 말씀하였습니다. 그러므로 우리는 하나님 말씀을 붙잡고 살아가는 것이 변화무상(變化無常)한 세상 속에서도 행복하게 살아갈 수 있는 비결입니다.

성경이 인도하는 길은 항상 복된 길입니다. 성경을 만나면 성공한 인생이 됩니다. 가정을 구원할 능력, 이 나라 이 민족을 구원할 능력이 바로 성경에서 나옵니다. 우리 성도들은 말씀을 만나고, 말씀에 순종해야 합니다. 그럴 때 이 땅에서 승리하고 영원한 생명을 얻을 수 있습니다.

제1권《예수님 따라 사는 사람들》, 제2권 《성령님과 동행하는 사람들》, 제3권 《말씀 따라 사는 사람들》에 이어 제4권《사랑하며 사는 사람들》을 발간하게 되었습니다. 이 책은 우리 성도들이 말씀과 가까이하는 생활을 하기 위해 구역과 가정에서 매 주일 한 번은 예배드릴 수 있도록 하려는 취지에서 펴냈습니다.

사랑하며 사는 사람들

말씀과 기도가 있는 구역 만들기 4

모든 것이 변해가는 세상 가운데 우리를 향한 하나님의 사랑만큼은 변하지 않았습니다. 예수 그리스도를 통한 하나님의 사랑을 생각하며, 또 우리가 그 사랑을 나누며 살아가길 바라는 마음으로 이번 책의 제목을 《사랑하며 사는 사람들》로 정하였습니다.

말씀과 기도가 있는 구역 만들기 4권인 《사랑하며 사는 사람들》이 나올 수 있도록 허락하신 하나님께 감사드립니다. 이 책이 출판될 수 있도록 많은 수고를 해주신 모든 분들과 도림교회 부흥을 위하여 헌신과 섬김으로 함께 하신 도림의 모든 성도들에게 이 책을 바칩니다.

2012년 12월 30일

정명철 목사

C·O·N·T·E·N·T·S

사랑하며 사는 사람들

말씀과 기도가 있는 구역 만들기 4

C·O·N·T·E·N·T·S

사랑하며 사는 사람들

말씀과 기도가 있는 구역 만들기 4

제1과

새 일을 행하리라
(신년주일)

✣ **본문** : 이사야 43장 18~21절
✣ **찬송** : 550장(시온의 영광이 빛나는 아침, 통 248장)
✣ **요절** : "보라 내가 새 일을 행하리니 이제 나타낼 것이라 너희가 그것을 알지 못하겠느냐 반드시 내가 광야에 길을 사막에 강을 내리니 장차 들짐승 곧 승냥이와 타조도 나를 존경할 것은 내가 광야에 물을, 사막에 강들을 내어 내 백성, 내가 택한 자에게 마시게 할 것임이라"(사 43:19~20)

하나님께서는 지금까지 여러분 각자에게 많은 새해를 주셨습니다. 새해를 새로운 결심으로 살아 인생을 바꾸어 온 사람도 있고, 늘 연말이 되면 후회를 하는 사람도 있습니다. 새해라고 부를 수 있으려면 새해답게 살아야 합니다. 10년 전이나 5년 전이나 늘 같은 해라면 새해의 의미가 없습니다. "지난 1년 동안 얼마나 새로워졌느냐?" 하는 음성을 듣기를 원합니다.

오늘의 말씀은 2,600년 전 바벨론에 포로로 끌려가 노예살이 하고 있는 이스라엘 백성들에게 새해에 주신 희망의 메시지입니다. 노예생활이라는 것은 희망이 없습니다. 죽도록 일하다가 비참하게 죽고 마는 것이 노예의 삶입니다. 그런데 하나님께서는 "너희는 이전 일을 기억하지 말라. 내가 새 일을 행하리라"고 말씀해 주셨습니다.

1. 이전 일을 기억하지 마십시오

우리가 불필요한 것은 잊어버리고 꼭 필요한 것만 기억하고 살아간다면 얼마나 좋겠습니까? 그런데 그렇게 되지 않습니다. 오늘 성경은 불필요한 것들은 기억하지 말라고 말씀하십니다. 이전 일, 옛날 일이란 출애굽의 역사를 말씀합니다. 400년간 애굽에서 종살이하던 이스라엘이 하나님의 은혜로 출애굽을 하게 됩니다. 모세라는 지도자를 보내시고 열 가지 재앙을 통하여 애굽을 굴복시키셨습니다. 뒤따라오는 애굽의 병사들을 홍해 바다에 수장시키셨습니다.

그런데 이전 일을 생각하지 말라고 하십니다. 왜 그렇습니까? 하나님께서 이제 더 놀라운 일, 새 일을 행하실 것이기 때문입니다. 이것이 축복입니다. 여러분은 놀라운 인생, 해마다 더 나아지는 인생, 매해 더 행복한 인생이 되어야 합니다.

하나님께서는 바벨론에 새로운 일들을 계획하고 계십니다. 고레스는 하나님을 믿지 않는 왕입니다. 메대와 바사와 바벨론까지 정복한 왕입니다. 그런데 하나님께서는 고레스의 마음을 움직여 예루살렘 성전을 지을 계획을 가지고 계십니다. 그리고 광야에 길을 내고 사막에 물이 흐르게 할 계획을 가지고 계십니다. 원수의 손으로 성전을 짓는다는 것은 상상할 수 없는 일입니다. 그러므로 새 일을 행하시겠다는 말씀입니다.

여러분, 하나님의 방법은 우리의 생각을 초월합니다. 우리나라에 선교사들이 들어와서 열심히 복음을 전했습니다. 50년이 넘도록 열심히 복음을 전했지만 사실 이 땅에 교회는 몇 개 없었습니다. 우리나라에는 650개 교회밖에 없었습니다. 더구나 서울, 부산에는 교회가 몇십 개 되지 않았습니다. 그런데 6·25전쟁으로 인해 북한의 12만 중 5만 명의 신자가 남한으로 피난을 오고 남한에는 교회가 수 없이 세워졌습니다. 오늘날 6만 개에 가까운 교회가 세워졌습니다. 전쟁 후 50년 동안 100배의 교회가 세워졌습니다. 적을 통하여 오히려 교회가 부흥되게 하셨습니다. 이것이 하나님이 일하시는 놀라운 방법입니다. 전쟁을 통하여 깨닫게 하시고, 기도하게 하시고, 이 땅의 교회를 순결하게 하시고, 세계복음화의 중심에 세우셨습니다. 하나님은 늘 새로운 방법으로 하나님의 일을 이루어 가십니다.

과거에 어려운 일들이 있었습니까? 지난해에 상처받은 일들이 있었습니까? 나는 할 수 없다고 포기하는 일들이 있었습니까? 새해에는 새 일을 행하시는 하나님을 바라보시기 바랍니다. 새해를 시작하며 미래에 하나님께서 행하실 일을 꿈꾸며 살아가는 성도들이 됩시다.

2. 하나님을 바라보십시오

"이 백성은 내가 나를 위하여 지었나니 나를 찬송하게 하려 함이니라"(21절)고 말씀하십니다. 우리는 하나님의 영광을 위하여 지음을 받았습니다. 이 말을 잘못 이해하면 '우리가 애완견이나 고양이처럼 하나님을 기쁘시게 하도록 만들어졌단 말인가?'라고 생각할 수 있습니다. 우리는 하나님의 말씀을 들을 때, 교회의 일을 할 때 모든 일을 긍정적인 관점에서 바라보는 훈련을 해야 합니다. 긍정적인 관점에서 바라보면 문제가 쉽게 풀립니다. 안 보이던 것들도 환하게 보입니다. 사람과의 관계도 긍정적인 입장에서 바라보면 마음도 편하고 일도 잘 됩니다.

'하나님을 위하여 지었다'는 것은 우리 가정을 생각하면 이해하기 쉽습니다. 한 가정에서 남편과 아내가 미래를 위하여 아기를 가졌습니다. 이 아기가 태어나 젖을 먹고 걸음마를 합니다. 먹여 주는 젖만 먹다가 아기가 우유 통을 자기 손으로 잡고 먹는 것만 보아도 신기해합니다. 그러다가 걸음마를 하면 부모님이 얼마나 좋아합니까? 그저 세 발짝, 다섯 발짝 걷는 것인데도 너무너무 좋아서 박수를 치고 환호를 합니다. 아기를 세우고 이리 오라 하면 아기가 멈칫멈칫하다가 용기를 내어 두 발짝 세 발짝을 걷습니다. 그리고 엄마를 향하여 넘어집니다. 그러면 넘어지기 전에 얼른 아기를 붙잡아 세우고 칭찬해 줍니다.

우리가 아기와 같이 약하고 부족하지만 하나님의 말씀을 믿고 내가 할 수 있는 대로 한 걸음 한 걸음 걸어가려고 할 때 이것이 하나님을 찬송하는 일입니다. 이것이 하나님을 기쁘시게 합니다. '나를 위하여 지었다' 는 것이 바로 이 말씀입니다.

하나님은 우리의 믿음의 정도에 따라 어떤 사람은 우유 통만 들고 있어도 기뻐하시고, 어떤 사람은 다섯 걸음만 걸어도 기뻐하시고, 어떤 사람은 대학을 졸업하고 훌륭한 회사에 입사해도 기뻐하시고, 세상에서 하나님의 영광을 나타내는 자리에 올라서 기뻐하십니다. 이처럼 하나님의 모든 사람들을 인하여 기뻐하십니다. 그러므로 한 해를 걸어가는 동안 나의 행동과 나의 모습이 얼마나 하나님을 기쁘시게 하는지 기억하며 살아가시기 바랍니다. 하나님을 찬송하여 하나님을 기쁘시게 하는 삶을 사시기를 바랍니다.

우리는 한치 앞을 모르고 살아갑니다. 무슨 일이 일어날지도 모릅니다. 그러나 하나님께 우리의 길을 맡기면 하나님께서 미리 은혜의 길로 우리의 발걸음을 인도해 주십니다. 돈에게 맡기면 돈 때문에 고통당하는 날이 옵니다. 권력에게 맡겨도 권력이 무너지는 날이 옵니다. 병이 들었으면 그 병을 고치실 하나님을 바라보시기 바랍니다. 절망할 문제가 있으면 소망의 하나님을 바라보시기 바랍니다. 물질에 문제가 있으면 축복의 하나님을 바라보시기 바랍니다. 새해에는 하나님만을 바라보고 걸어가는 성도들이 됩시다.

3. 새 일이 이루어질 것입니다

"보라 내가 새 일을 행하리니 이제 나타낼 것이라"(19절)고 말씀하십니다. 하나님께서는 지금까지 우리 교회에 새 일을 행해 주셨습니다. 새해에도 역시 더 큰 새로운 일로 우리 교회를 인도하실 것입니다. 선교지도 계속해서 확장되어 갈 것입니다.

더 중요한 것은 여러분이 더 행복하고, 더 축복된 새 일을 맞이하는 주인공이 된다는 사실입니다. 새해에는 지금까지 누려 보지 못했던 말씀의 비밀을 깨닫고 은혜에 감격하는 신앙생활을 누려야 합니다. 여러분, 하나님의 일은 내가 이루려 해서는 안 됩니다. 그래서 오늘 성경은 누가 이룬다고 하였습니까? 하나님께서 이루신다고 하였습니다. 그래서 기도가 필요합니다.

우리 앞을 가로막는 많은 일들이 찾아올 때마다 하나님께 부르짖어 기도하고, 말씀을 붙들고 하나님을 바라보고 나아간다면 여러분을 통해 지금까지 이루지 못했던 놀라운 일들을 이루어 주십니다. 이제 한 해를 시작하며 첫 주일을 하나님께 바쳤습니다. 이 결심, 이 기도를 마지막까지 변치 않고 간직하며 더 복된 삶으로 나아가는 성도들이 됩시다.

더 생각해 보기: 말씀 이해를 위한 예화

〈국민일보〉에 실린 신일덕 장로님의 간증입니다. 이분은 별명이 '할렐루야 캡틴' 인데 항공선교사로 불리는 분입니다. KAL기의 수석기장이셨던 이분이 1990년 11월 16일 승객 165명을 태우고 서울에서 사이판으로 가는 비행기를 조종했습니다. 사이판에 거의 도착하게 되어서 바퀴를 내리는데 바퀴가 내려지지 않습니다. 설상가상으로 유압장치가 고장이 나서 기름이 다 새어 버렸습니다. 비행기가 바퀴 없이는 불시착할 수밖에 없었고, 잘못 불시착하면 많은 사람이 생명을 잃게 되는 상황이었습니다.

그런데 신일덕 장로님은 조종간을 부조종사에게 맡겨 놓고 기관사와 함께 하나님께 부르짖어 기도했습니다. "하나님, 이 비행기에는 신혼부부들이 타고 있습니다. 도와주십시오." 얼마나 비행기 안에서 하나님께 부르짖어 기도했던지 온몸이 땀범벅이 되었습니다. 그때 몸이 붕 뜨는 것 같더니 마음속에 하나님의 음성이 들려옵니다.

"두려워하지 말라 내가 너와 함께함이라 놀라지 말라 나는 네 하나님이 됨이라 내가 너를 굳세게 하리라 참으로 너를 도와주리라 참으로 나의 의로운 오른손으로 너를 붙들리라"(사 41:10).

확신이 생겼습니다. 기관사에게 다시 착륙장치를 내리라고 했더니 바퀴가 빠져나오더랍니다. 승객들에게는 이미 불시착할 터이니 고개를 다리 사이로 깊이 숙여 넣고 양다리를 손으로 붙잡으라고 해서 온 승객들이 불안에 떨고 있었는데 갑자기 스피커에서 "할렐루야! 하나님이 도와주셨습니다" 하고 기장이 고함을 치면서 하나님께 영광을 돌리는 목소리가 들려왔습니다. 그 비행기는 무사히 안착했습니다. 신 장로님은 하나님께서 비행기 바퀴를 빼주셨다고 간증했습니다.

적용

1) 오늘 말씀의 주제 파악하기

2) 오늘 말씀 중 은혜 받은 부분 나누기

3) 삶에 구체적으로 적용하기

함께 드리는 기도 제목

1. 새해를 시작하며 하나님께서 행하실 꿈을 함께 꿈꾸는 성도들이 되게 하옵소서.
2. 새해에는 하나님만을 바라보며 걸어가게 하옵소서.
3. 새해에는 한 번도 해보지 못한 새 일을 통해 부흥하는 교회가 되게 하옵소서.

제2과

내 증인이 되리라

❖ **본문** : 사도행전 1장 8절
❖ **찬송** : 501장(너 시온아 이 소식 전파하라, 통 255장)
❖ **요절** : "오직 성령이 너희에게 임하시면 너희가 권능을 받고 예루살렘과 온 유대와 사마리아와 땅 끝까지 이르러 내 증인이 되리라 하시니라"(행 1:8)

오늘의 말씀은 예수님께서 승천하시기 직전 제자들에게 주신 마지막 말씀입니다. 3년간 정들었던 제자들과의 이별, 그리고 예수님의 승천을 지켜보는 수백 명의 성도들 앞에서 예수님은 하실 말씀이 많이 있었겠지만 그중에서 오늘 이 말씀을 주셨습니다. 이 말씀은 예수님의 공생애를 압축한 말씀입니다. 우리가 어떻게 예수를 믿어야 하는지를 말씀해 주시고 있습니다.

예수님의 말씀은 한마디로 '너희가 내 증인이 되리라' 하십니다. 증인이란 재판정에서 증거를 입증해 주는 사람을 말합니다. 예수님께서는 지금 우리에게 어떤 증인이 되리라고 하셨습니까? '내 증인' 입니다. 예수님의 증인입니다. 본문에서 말씀하는 증인이란 보통 법정에서 보게 되는 증인이 아니라 목숨을 걸고 증언하는 증인입니다. 예수 믿는 것은 목숨을 걸고 예수를 증거하는 일입니다.

1. “오직 성령이 너희에게 임하시면”이라고 말씀하십니다

왜 ‘오직’ 이라고 했습니까? 성령님 외에는 복음을 전할 권능을 주실 분이 없기 때문입니다. 성령님 외에는 복음을 전할 열정을 주실 분이 없기 때문입니다. 예수 믿는 흉내는 얼마든지 낼 수 있습니다. 예수 믿는 사람도 많습니다. 그러나 이 사람들 모두 다 성령님의 권능과 함께하는 것은 아닙니다. 여러분을 예수 믿게 하는 것은 오직 성령님입니다. 성경공부 많이 한다고 되는 것이 아닙니다. 기도 많이 한다고 되는 것이 아닙니다. 예수 믿는 것은 노력으로 되는 것이 아닙니다. 오직 성령님께서 임하셔야 하는 일입니다.

‘임하시면’ 이란 말은 내 의지와는 상관이 없습니다. 하나님께서 주시는 선물입니다. 회사에서 연말이면 인사이동을 합니다. 회사에 다니면 누구나 다 중요한 자리에 앉고 싶지 않겠습니까? 다 진급하고 싶지 않겠습니까? 그러나 내 마음대로 되는 것이 아닙니다. 사장님이 자리를 정합니다. “당신은 이 자리에 적합하니 이 일을 해주시오” 하고 정합니다. 성령님도 그렇습니다. 각 사람의 정한 달란트를 주십니다. 어떤 사람에게는 리더십을 주십니다. 어떤 사람에게는 인자한 마음을 주십니다. 각자에게 다른 선물을 주시므로 우리는 “성령 충만을 주십시오” 하고 기도해야 합니다. 성령님이 함께하시면 나의 생각이 떠납니다. 성령님이 오시면 비전을 가집니다. 주님을 기쁘시게 하는 일을 위해서라면 무엇이든지 하려고 합니다. 역경이 와도 걱정하지 않습니다. 문제를 만나도 문제를 해결하시는 하나님의 능력을 바라보게 됩니다.

우리는 성령님께서 주신 은사를 잘 깨달아야 주님을 위한 충성된 일꾼이 될 수 있습니다. 성령님을 모시려면 두 가지 단계가 필요합니다.

첫째, 회개의 단계입니다. 죄 사함은 회개로부터 옵니다. 회개는 반성과 다릅니다. 회개는 내가 하나님 앞에 죄인임을 깨닫습니다. 내가 죄인임을 깨달으면 은혜를 압니다. 내가 하나님의 자녀가 된 것도 값없이 주신 은혜요, 하나님의 일을 맡겨 주신 것도 값없이 주신 은혜인 것을 깨닫게 됩니다. 그때에야 비로소 감사하며 일하게 됩니다. 회개하면 죄악이 떠나가고 성령님께서 우리 마음속에 거하십니다.

둘째, 기도의 단계입니다. 성령님께서 충만하게 임하시기를 기도해야 합니다. 그래서 예수님께서는 내가 너희에게 약속한 성령 곧 보혜사가 오시기를 모여 기도하라고 하셨습니다. 마가의 다락방에 모인 성도들이 합심하여 기도할 때에 성령님께서 임하셨습니다. 그러므로 여러분은 성령 충만함을 위해 회개하며 기도하시기 바랍니다.

2. "권능을 받으라"고 하셨습니다

권능은 다이너마이트 같은 폭약을 의미하는 단어입니다. 권능은 '두나미스' 라는 단어인데 여기에서 '다이너마이트' 라는 단어가 나왔습니다. 권능을 받으면 내 안에 폭발이 일어납니다. 권능은 실력과 다릅니다. 내가 훈련하여 키우는 것이 아닙니다. 초자연적인 능력입니다.

우리의 싸움은 영적인 싸움이기 때문에 권능을 받아야 합니다. 권능을 받지 않으면 별것 아닌 것에도 시험에 듭니다. 시험은 영적인 능력이 없는 사람에게 찾아옵니다. 정작 시험에 들 상황에 있었던 다윗은 시험에 들지 않았는데 사울은 다윗을 괴롭히면서도 자기가 시험에 들었습니다. 하지만 다윗은 괴로움을 당하면서도 시험에 들지 않았습니다. 사실은 다윗이 시험 들어야 맞지 않습니까? 시험에 드는 것은 하나님의 영이 떠났다는 증거입니다. 그러므로 시험을 쉽게 생각하시면 안 됩니다. 사탄의 영이 내 안에 자라도록 키우면 안 됩니다.

주님께서는 왜 권능을 받으라고 하셨습니까? 복음을 전하기 위해서 권능을 받으라고 하셨습니다. 복음을 전하는 자에게는 권능을 주셔서 복음을 가로막는 영적인 요소들이 환히 보이게 하십니다. 그래서 무슨 일을 해야 하는지 깨닫게 하십니다. 사탄은 힘이 있습니다. 사탄 마귀는 사람을 지옥까지 끌고 가려고 애를 씁니다. 교회에 나오면 구원받지 못하게 하려고 방해를 합니다. 그 방해에 속으면 안 됩니다. 말씀을 듣고 하나님의 영이 거하시게 되면 사탄 마귀가 꼼짝 못합니다.

권능이 있어야 이 세상을 이길 수가 있습니다. 우리에게 찾아오는 환난을, 시험을, 어려움을 권능으로 이기고 나아갑시다. 우리 교회가 위대한 교회가 되게 하는 비결이 어디에 있습니까? 여러분이 권능을 받아 담대하게 싸워 나갈 때에 하나님의 뜻을 이 땅 위에 실현하는 교회가 됩니다.

3. "땅 끝까지 이르러 내 증인이 되리라"고 하셨습니다

권능을 받은 다음에는 나가야 합니다. 먼저는 예루살렘으로, 그 다음에 온 유대로, 사마리아로, 땅 끝까지 나가야 합니다. 예루살렘은 내 가장 가까운 곳입니다. 내 가족, 일가친척으로부터 이웃에게로 나갑니다.

유대는 이스라엘 민족을 말합니다. 이 나라의 복음화를 위하여 증인이 되어야 합니다. 사마리아는 이방 민족입니다. 원래는 동족이었으나 서로 원수같이 된 나라가 사마리아입니다. 세계적으로 보면 우리나라가 바로 그렇습니다. 북한과 남한이 원래 한 형제였으나 이념 때문에 갈라져 있습니다. 이것을 보면 성경을 참 닮은 나라가 대한민국입니다. 하나님께서 대한민국을 만세 전부터 택하셨습니다. 하나님께서는 우리 한국민족에게 특별히 선교의 사명을 주셨습니다. 선교의 제1세대는 예수님의 제자들입니다. 이들이 각국에 복음을 전했습니다. 제2세대는 유럽입니다. 유럽에서 전 세계로 복음이 전해졌습니다. 제3세대는 미국입니다. 미국이 전 세계로 선교사를 많이 보냈습니다.

그런데 지금 서양 사람들이 갈 수 있는 나라는 별로 없습니다. 아프리카도, 남미도, 러시아와 중국도 미국 선교사들을 환영하지 않습니다. 그런데 우리나라는 어떻습니까? 한 번도 다른 나라를 침략하여 고통을 준 적이 없습니다. 우리를 거부하지 않습니다. 그래서 한국 선교사들이 지금 세계 곳곳에 나가 있습니다. 하나님께서 한국에 이처럼 경제의 축복을 주신 이유는 복음을 전하라는 사명 때문입니다. 우리가 받는 교회가 아니라 주는 교회가 된 것이 얼마나 감사한지 모릅니다.

복음 전파는 주님의 지상명령입니다. 이 일에는 축복이 있습니다. "지혜 있는 자는 궁창의 빛과 같이 빛날 것이요 많은 사람을 옳은 데로 돌아오게 한 자는 별과 같이 영원토록 빛나리라"(단 12:3)고 말씀하셨습니다. 교회는 복음을 전하라고 세워 주신 기관입니다. 교회의 직분도 복음을 전하라고 세워 주신 직분임을 잊어서는 안 됩니다. "내 증인이 되리라"는 주님의 음성을 여러분의 가슴에 담고 기도하며 땅 끝까지 복음을 전파하는 데 앞장서는 성도들이 됩시다.

더 생각해 보기: 말씀 이해를 위한 예화

우리나라 선교 초기에 어떤 분이 목사님께 "목사님, 하나님은 한 분이신데 어떻게 김씨의 마음에도 오고, 박씨의 마음에도 옵니까? 어떻게 그럴 수가 있습니까?" 하고 물었습니다.

목사님이 아주 지혜가 있는 분입니다. "박씨 집 논에도 달이 떠 있고, 김씨 집 논에도 달이 떠 있잖습니까? 달은 하나인데 여러 집의 논마다 다 비추고 있지 않습니까? 하나님도 그렇습니다" 하고 대답을 하니 "아, 그렇구나!" 하고 이해를 했다고 합니다.

성령님은 각 사람의 마음에 임하셔서 예수님을 마음에 모시게 하고 각기 다른 은사를 주십니다.

적용

1) 오늘 말씀의 주제 파악하기

2) 오늘 말씀 중 은혜 받은 부분 나누기

3) 삶에 구체적으로 적용하기

함께 드리는 기도 제목

1. 성령 충만을 위해 회개하며 기도하는 성도들이 되게 하옵소서.
2. 권능을 받아 하나님의 뜻을 이 땅 위에 세워 나가는 교회가 되게 하옵소서.
3. 주님의 증인이 되어 땅 끝까지 복음을 전파하는 교회가 되게 하옵소서.

제3과

푯대를 향하여

❖ **본문** : 빌립보서 3장 12~14절
❖ **찬송** : 359장(천성을 향해 가는 성도들아, 통 401장)
❖ **요절** : "내가 이미 얻었다 함도 아니요 온전히 이루었다 함도 아니라 오직 내가 그리스도 예수께 잡힌 바 된 그것을 잡으려고 달려가노라"(빌 3:12)

새해의 첫 달이 절반이 지나갔습니다. "시작이 반"이라고 했는데 처음의 결심을 잘 지켜 나가고 계신지 궁금합니다. 그저 한 해를 시작하는 것과 '나는 새해에는 어떻게 살겠다'라고 다짐하고 기도하면서 시작하는 것은 분명히 차이가 있습니다.

오늘 말씀은 사도 바울의 신앙의 고백이요, 그의 인생관입니다. 오늘 본문의 짧은 말씀 속에 사도 바울은 어떠한 마음의 자세로 살아왔는지 말씀해 주고 있습니다.

1. 사도 바울은 푯대를 향하여 달려갔습니다

푯대란 목표지점을 말씀합니다. 오늘 사도 바울은 "푯대를 향하여 달려간다"라고 고백했습니다. 사도 바울의 푯대는 예수 그리스도입니다. 천국의 면류관입니다. '무엇을 바라보고 사느냐?'가 중요합니다. 어떤 사람은 일평생 컴퓨터만 바라보고 삽니다. 바둑판만 바라보고 사는 사람도 있습니다. 평생 운전대를 붙잡고 사는 사람도 있습니다. 그러나 우리의 영의 눈으로 예수님을 바라보는 것을 잊어서는 안 됩니다. 돈이 많다고 해서 돈이 여러분을 지켜 주지 못합니다. 공부를 많이 했다고 해서 그 지식이 여러분을 구원하지 못합니다.

행복해지고 축복받는 삶을 살려면 내 인생의 멘토를 잘 만나야 합니다. 그 사람을 통해서 내가 많은 것을 배우게 되고, 내 삶이 변화되기 때문입니다. 그런데 가장 중요한 멘토가 누구겠습니까? 예수 그리스도입니다. 예수 그리스도를 바라보고 살면 절대로 실패가 없습니다. 세상에서 가진 것은 다 없어지는 날이 옵니다. 믿었던 것도 나를 배신합니다. 건강도 자녀도 다 배신하는 날이 옵니다. 그러나 주님은 절대로 여러분을 섭섭하게 하지 않으십니다. 예수님은 여러분을 살피시고, 여러분을 도와주십니다. 예수님을 바라보면 낙심한 자에게 위로를 주십니다. 병든 자에게는 치료를 주십니다. 능력이 필요한 자에게는 능력을 주십니다. 그러므로 올 한 해 동안 예수님을 푯대로 바라보고 사는 성도들이 됩시다.

2. 사도 바울은 겸손하게 달려갔습니다

오늘 말씀에 사도 바울은 "내가 이미 얻었다 함도 아니요 온전히 이루었다 함도 아니라"고 고백합니다. 사도 바울은 많은 것을 이룬 사람입니다. 유대인 중의 유대인이요, 로마 시민권을 가진 사람입니다. 젊어서 종교지도자가 되었습니다. 예수 그리스도를 만난 다음에는 수많은 교회를 개척했습니다. 초대교회의 가장 유명한 지도자가 되었습니다. 초대교회에서 사도 바울의 권위를 부정할 사람은 아무도 없습니다. 심지어 베드로까지 사도 바울에게 책망을 받았습니다. 그런데 바울은 "난 얻은 것도 없고 이룬 것도 없다"라고 고백합니다.

우리에게 이 고백이 있어야 합니다. 사람들은 조금만 가져도 교만해집니다. 물질을 가지면 물질적으로 교만해지고, 지위를 가지면 지위 때문에 교만해집니다. 사도 바울은 이 문제를 극복하기 위해서 "날마다 내 안에 나와 싸운다"라고 말했습니다. 말씀으로 나를 치지 않으면 하루가 무섭게 부패하는 존재가 인간입니다.

잠언 기자는 성경 속에서 나를 바라보았기 때문에 "곧 헛된 것과 거짓말을 내게서 멀리하옵시며 나를 가난하게도 마옵시고 부하게도 마옵시고 오직 필요한 양식으로 나를 먹이시옵소서 혹 내가 배불러서 하나님을 모른다 여호와가 누구냐 할까 하오며 혹 내가 가난하여 도둑질하고 내 하나님의 이름을 욕되게 할까 두려워함이니이다"(잠 30:8-9)라고 고백했습니다.

하나님은 겸손한 사람을 기뻐하십니다. 교회에서도 겸손한 사람이 은혜를 받습니다. 은혜의 비밀을 잘 깨달아야 신앙에 승리합니다. 겸손한 사람은 매주일 예배시간마다 은혜를 받습니다. 그러나 교만한 사람은 은혜가 다 넘어갑니다. 천국에는 겸손한 사람만이 들어갑니다. 주님은 "부자가 천국에 들어가는 것이 낙타가 바늘귀로 들어가는 것보다 어렵다"고 말씀하셨습니다. 왜냐하면 천국은 엎드리는 자만이 들어갈 수 있기 때문입니다. 한 해 동안 늘 겸손하게 살아가는 성도들이 됩시다.

3. 부르심의 상을 받기 위해서는 목표가 있어야 합니다

새해 우리 성도들이 함께 도달해야 할 세 가지 목표가 있습니다.

1) 전도의 열매를 맺자.

전도하는 것, 영혼을 살리는 일은 하나님이 가장 기뻐하시는 일입니다. 그러므로 새해에 하나님이 가장 기뻐하시는 사람이 되려면 전도의 열매를 맺어야 합니다. 주님께서는 여러분을 전도하시기 위하여 생명을 주셨습니다. 또 많은 사람들이 여러분을 위해 기도해 주시고 희생해 주셨습니다. 내가 오늘 하나님의 자녀가 된 것은 거저 된 것이 아닙니다.

어떤 교수님이 종강시간에 "앞으로 사흘 후에 죽는다면 무엇을 하고 싶은가?"라고 질문했더니 다음과 같은 대답이 나왔습니다.

–부모님을 찾아뵙겠다.

–사랑하는 모든 이들에게 전화를 하겠다.

–싸운 친구와 화해를 하겠다.

–애인과 드라이브를 하고 멋진 곳에서 저녁식사를 하겠다.

교수님은 학생들에게 "맞다. 그런데 그런 일들을 죽기 사흘 전에 하지 말고, 지금 바로 하라"고 했습니다.

믿음의 사람에게 같은 질문을 한다면 여러분은 어떤 대답을 하시겠습니까? 우리의 대답은 세상 사람과 달라야 합니다. 부모님도 찾아뵐 수 있고 사랑하는 이들에게 마지막 전화를 걸 수도 있습니다. 그러나 내가 그냥 죽는다면, 내가 복음을 전해 주지 않아 영원히 죽게 될 사람들에게 가서 생명의 소식을 전해 주어야 하지 않겠습니까? 맞습니다. 그 일을 지금 하십시오. 여러분이 기도하고 나가면 하나님께서는 벌써 열매를 준비해 놓으십니다. 전도가 어렵다고 생각하는 사람은 정말 전도가 어렵습니다. 전도가 안 된다고 생각하는 사람은 정말 전도가 안 됩니다. 그러나 전도가 쉽다, 전도가 잘된다고 생각하는 사람은 쉽고 잘되게 되어 있습니다. 왜냐하면 하나님께서 도우시기 때문입니다.

2) 매주 가정예배를 드리자.

현대사회의 위기는 가정의 위기입니다. 가정이 깨어지고 있습니다. 어떤 미래학자가 말하기를 "앞으로 자녀들이 살아가는 세대는 거의 모든 가정이 이혼하게 될 것이다"라고 말했습니다. 그 이유는 지금은 결혼해서 함께 40~50년을 살지만 앞으로는 60~70년을 함께 살게 될 것이라고 했습니다. 지금은 웬만하면 90세까지는 삽니다. 앞으로는 100세까지도 살게 될 것입니다. 지금까지는 먹고 살기 위해 정신없이 살아왔지만 앞으로의 세대는 삶을 누리기 위해서 살 것이라고 했습니다. 한 남편과 아내가 70년을 함께 산다는 것은 어렵다는 말입니다. 70년 동안 살면서 힘든 일이 있으면 참지 않는다는 말입니다.

가정은 하나님께서 복 주신 가장 작은 교회입니다. 교회의 중심은 예배입니다. 예배를 통해서 힘을 얻고, 능력을 받고, 축복을 받아 나가면 세상을 이길 수 있습니다. 가정에서도 그렇습니다. 가정의 예배는 아내를 살리고, 남편을 살리고, 자녀를 살립니다. 대화가 끊어진 가정들이 많습니다. 가정예배가 드려질 때 끊어진 대화가 회복되고, 부모가 자녀를 위하여 기도하고, 자녀가 부모를 위하여 기도하게 됩니다. 그리하여 가정 하나님의 은혜를 힘입어 축복받는 가정, 잘되고 형통한 가정이 됩니다.

3) 새해에는 매일 칭찬하는 말을 하자.

말은 칼보다 무섭습니다. 요즘으로 말하면 말은 총보다 폭탄보다 더 무섭습니다. 남을 헐뜯는 말은 살인보다 더 무섭습니다. 살인은 한 사람을 죽이지만 나쁜 말은 많은 사람을 죽입니다.

말은 누가 하는 것입니까? 내 마음과 생각이 합니다. 더 정확히 말하면 내 마음과 생각을 성령님이 주장하셔서 성령님이 인도하시는 대로 말하느냐, 아니면 악한 영이 주장하여 악한 영이 시키는 말을 하느냐입니다. 그래서 성경은 "네 마음과 생각을 지키시리라" 고 했습니다. 마음속에 불평과 부정적인 생각이 가득 차 있는 사람은 불평의 언어가 나오고 부정적인 언어가 나옵니다.

말은 그 사람의 인생을 결정합니다. 사람과의 관계도 대화하면서 결정됩니다. 말은 점점 커지는 특성이 있습니다. 부정적인 이야기를 하면 부정적인 이야기가 점점 커집니다. "안 된다, 안 된다" 하면 나중에 그 이야기가 함성으로 변합니다. 10명의 정탐꾼이 바로 그랬습니다. 그래서 안 되게 합니다. 그러나 "된다, 된다" 하면 여리고 성을 무너뜨리는 능력이 됩니다.

칭찬은 고래도 춤추게 한다는 말도 있지만 칭찬은 공동체를 춤추게 만듭니다. 힘을 잃은 사람에게 힘이 나게 하고, 상처 입은 사람들을 치료해 줍니다. 새해에는 서로를 칭찬하며 삽시다. 가정에서도 부정적인 언어를 버리고 긍정적인 언어를 사용합시다. 교회에 오면 교회가 천국이 되게 합시다.

사도 바울은 "하나님이 위에서 부르신 부름의 상을 위하여 달려가노라" 고 했습니다. 우리 성도들도 이 세 가지를 1년 동안 실천하여 축복의 사람, 하나님이 기뻐하시는 사람, 상급을 받는 성도들이 됩시다.

더 생각해 보기: 말씀 이해를 위한 예화

칠레에 가면 '리노데르마르' 라는 개구리가 있습니다. 이 개구리는 다른 개구리 종류에 비해 번식률이 매우 강합니다. 일반적으로 개구리가 알을 낳으면 다른 동물이 와서 다 먹어 버립니다. 그런데 '리노데르마르' 라는 개구리는 암컷이 알을 낳으면 수컷이 기다리고 있다가 알을 입 속에 집어넣습니다. 이때부터 수컷은 먹지도 않고 울지도 않습니다. 알이 부화되기까지 기다렸다가 알에서 새끼가 부화되면 다 쏟아내고 그만 탈진하여 죽습니다. 새끼 개구리가 자라서 어른이 되었을 때 수컷 개구리는 아버지를 따라서 또 새끼를 보호합니다.

이 수컷 개구리의 희생적인 사랑 때문에 '리노데르마르' 라는 개구리는 왕성하게 번식해 나갑니다. 오늘 우리는 주님의 희생 때문에 예수를 믿게 되었습니다. 그 은혜를 잊지 않아야 합니다.

적용

1) 오늘 말씀의 주제 파악하기

2) 오늘 말씀 중 은혜 받은 부분 나누기

3) 삶에 구체적으로 적용하기

함께 드리는 기도 제목

1. 오직 예수 그리스도만을 푯대로 삼고 살아가게 하옵소서.
2. 겸손한 마음으로 주의 은혜를 사모하며 살아가게 하옵소서.
3. 하나님이 위에서 부르신 부름의 상을 위하여 달려가는 교회가 되게 하옵소서.

제4과

소금 기둥

✣ **본문** : 창세기 19장 23~26절
✣ **찬송** : 545장(이 눈에 아무 증거 아니 뵈어도, 통 344장)
✣ **요절** : "롯의 아내는 뒤를 돌아보았으므로 소금 기둥이 되었더라"(창 19:26)

소돔과 고모라의 심판은 지금부터 약 4,000년 전에 일어났던 사건입니다. 이 사건은 하나님의 명령을 만홀히 여긴 한 여인의 불행한 종말을 보여주고 있습니다. 롯의 아내는 "돌아보거나 들에 머물지 말고 산으로 도망하여 멸망함을 면하라"(창 19:17)는 명령을 무시하고 뒤를 돌아보다가 소금기둥이 되었습니다. 예수님께서도 누가복음 17장 32절에 "롯의 처를 기억하라"고 하셨습니다. 롯의 처의 이름은 성경에 기록되고 있지 않습니다. 이것은 그의 이름조차도 기록되기를 원치 않았던 하나님의 뜻입니다.

1. 기도의 힘이 중요합니다

아브라함과 조카 롯의 종들이 목축을 하는 문제로 다툼이 일어나자 아브라함은 조카 롯을 불러 산 위에 세우고 "네가 좌하면 나는 우하고 네가 우하면 나는 좌하리라"고 했습니다. 어디든지 마음에

드는 곳을 골라 가서 살라고 합니다. 롯이 보니 소돔과 고모라 쪽이 물이 풍부하고 비옥해 보였습니다. 그런데 소돔과 고모라 성은 죄악이 만연한 곳이었습니다. 하나님의 사람이 소돔과 고모라에 갔을 때에 이곳 사람들은 하나님의 사람들을 내놓으라고 하였습니다. 동성애를 하기 위함이었습니다. 이렇듯 죄악이 만연한 이곳을 하나님이 심판하기로 작정하셨습니다.

그런데 아브라함의 조카 롯은 하나님의 은혜를 입었습니다. 하나님께서 "롯이 거주하는 성을 엎으실 때에 아브라함을 생각하사 롯을 그 엎으시는 중에서 내보내셨다"고 했습니다. 조카 롯은 아브라함 때문에 생명을 구하는 은혜를 입었습니다. 이것은 무엇을 말합니까? 자녀를 위한, 친척을 위한 중보 기도의 힘을 말합니다. 여러분의 자녀가, 남편이 혹은 아내가 축복받지 못할 일을 하더라도 여러분의 중보 기도를 통해서 하나님께서는 기회를 더 주시고 길이 참으십니다. 한 가정에 한 사람이라도 기도하는 사람이 살아 있으면 그 가정은 살아납니다. 기도는 힘이 듭니다. 그러나 그 기도를 통하여 온 가족이 생명을 얻게 됩니다. 아브라함의 기도를 통해 하나님께서 롯을 생각하신 것을 기억하시기 바랍니다.

2. 세상에 애착을 가지지 않아야 합니다

롯은 사실 믿음이 부족한 사람이었습니다. 본문 앞 16절을 보면 롯이 지체를 했습니다. 소돔에는 그가 그동안 가졌던 재산이 있었습니다. 아끼고 사랑하는 것들이 있었습니다. 그래서 지체했습니다. "롯이 지체하매 그 사람들이 롯의 손과 그 아내의 손과 두 딸의 손을 잡아 인도하여 성 밖에 두니 여호와께서 그에게 자비를 더하심이었더라"고 했습니다. 하나님께서는 강권적인 인도하심으로 롯의 가족을 구출해 주셨습니다. 그런데 롯의 아내는 어떻습니까?

하나님께서 "도망하여 생명을 보존하라. 뒤를 돌아보지 말라" 고 했습니다. 이는 이 세상의 없어질 재물에 미련을 두지 말라는 말씀입니다. 그런데 뒤를 돌아보았습니다. 롯의 아내는 몸은 소돔 성에서 나왔지만 그 마음은 소돔 성에 머물고 있었습니다. 그래서 뒤를 돌아보았습니다. 롯의 아내가 실패한 것은 세상에 대한 애착이 너무 컸기 때문입니다. 그래서 살짝 한 번만 돌아본 것이 그만 소금 기둥이 되고 말았습니다.

요르단에 가면 소금 기둥이 있습니다. 물론 롯의 아내는 아니지만 성지를 순례하게 되면 롯의 아내의 소금 기둥이라 해서 관광을 합니다. 이 지역은 사해가 있는 곳입니다. 염분이 너무 많아 아무런 생물도 살 수 없는 사해가 이곳에 있습니다. 롯의 아내가 소금 기둥이 되었던 이곳에 사해가 있는 것은 상징적인 의미가 있습니다. 예수님은 "롯의 처를 기억하라" 고 하셨습니다. 사해를 보면서 우리는 롯의 아내를 기억해야 합니다. 세상은 그리 대단한 것이 아닙니다. 불신자들은 세상이 대단하다고 합니다. 하지만 권력이라는 것도 그리 대단한 것이 아닙니다. 역대 대통령을 보세요. 하루아침에 끝나는 것이 세상 권력입니다. 물질도 그리 대단한 것이 아닙니다.

세상의 것들은 다 유한합니다. 우리는 교회를 바라보아야 삽니다. 교회를 사랑해야 여러분의 영혼이 삽니다. 여러분의 영적인 문제가 해결되면 자동적으로 육적인 문제도 해결됩니다. 주님을 바라보지 않으면 시험에 듭니다. 하나님은 사람을 약하게 만드셨습니다. 작은 일에도 무너지는 것이 사람입니다. 사람을 믿지 마세요. 무너지는 날이 옵니다. 그러므로 하나님을 의지해야 합니다.

우리가 사는 이 세상은 하나님이 지켜 주셔야 합니다. 하나님을 믿으면 하나님께서 육신의 질병도 치료해 주시고, 가정도 치료해 주시고, 병든 이 세상을 치료해 주십니다. 하나님의 은혜를 사모하며 하나님만 바라보는 성도들이 됩시다.

3. 앞으로 나아가야 합니다

우리는 내가 가진 것이 아니라 주님을 바라보아야 합니다. 주님은 앞으로 나아가라고 하십니다. “앞으로 앞으로 천성을 향해 나가세. 모든 천사 너희를 영접하러 문 앞에 기다려 서 있네.” 과거를 이야기하는 것보다 미래를 이야기하는 사람이 복된 사람입니다. ‘과거에 무엇을 했느냐?’ 하는 것이 중요한 것이 아닙니다. ‘미래에 무엇을 할 것인가?’ 가 중요합니다.

과거에 얽매이지 마시기 바랍니다. 미래에 있을 복된 일들을 이야기해야 행복해집니다. 불평하지 마십시오. 그러면 내가 불행해집니다. 사람과 사람 사이에 왜 불행한 일이 일어납니까? 과거에 붙들려 있기 때문입니다. 과거에 싸웠던 이야기, 섭섭했던 이야기를 하다 보면 불화가 일어납니다. 미래가 잘되면 과거는 다 즐거운 추억이 됩니다.

그러므로 미래가 잘되게 해야 합니다. 미래를 생각하는 교회는 행복합니다. 미래가 있는 교회는 찬송이 힘있게 나옵니다. 말씀을 듣는 눈이 반짝반짝합니다. “하나님의 말씀이 내 마음에 떨어져 그 말씀을 다 이루어 주시옵소서” 하는 믿음이 보입니다. 그러나 과거 지향적인 교회는 어떻습니까? 찬송가를 불러도 옛날 스타일로 부릅니다. 옛날 우리 외할머니는 모르는 찬송이 없으셨습니다. 늘 찬송가를 펴놓고 앉아 찬송을 부르시는데 곡조는 다 비슷합니다. 그런데 젊은이가 많은 교회에서 찬송을 부르는데 힘이 없고, 느리게 부르면 그 교회는 벌써 뻔합니다. 찬송을 불러도 힘 있게 불러야 합니다.

교회는 새로워져야 합니다. 과거에 머물러 있는 교회가 되어서는 안 됩니다. 뒤에 있는 것은 잊어버리고 앞으로 나아가시기 바랍니다. 교회는 좋은 곳입니다. 교회에는 무한한 하나님의 축복이 있습니다. 그 축복의 미래를 향하여 앞으로 나아가는 자는 복된 미래의 주인공이 됩니다. 우리 성도들은 아픈 기억들, 좋지 못한 기억들은 다 잊어버리고, 복된 것을 바라보며 앞으로 나아가 축복의 미래를 차지하는 성도들이 됩시다.

"예수께서 이르시되 손에 쟁기를 잡고 뒤를 돌아보는 자는 하나님의 나라에 합당하지 아니하니라"(눅 9:62).

성도 여러분, 뒤돌아보고 싶을 때가 있습니까? 힘든 일들이 있습니까? 신앙생활하다가 시험 든 일이 있습니까? 소금 기둥이 된 롯의 처를 생각하시기 바랍니다. 세상은 원래 완전하지 않습니다. 늘 문젯거리가 있습니다. 그러므로 하나님을 바라보십시오. 그러면 더 큰 은혜가 임합니다. 소돔 성을 바라보지 마시고 하나님의 말씀을 바라보고 올 한 해도 힘차게 걸어가는 성도들이 됩시다.

더 생각해 보기: 말씀 이해를 위한 예화

"소금 기둥이 된 롯의 아내"라는 시가 있습니다.

그대를 생각한다.
하나님의 손길이
멸망하는 죄악의 도성
소돔에서 이끌어내던 그날

무엇을 잊지 못하여
뒤돌아보고 뒤돌아보며
유황불이 저주의 빛깔로 쏟아지는
소돔을 바라보아야 했는가를

너의 영혼보다
무엇이 그리도 욕심이 나고
무엇이 그리도 너의 마음을
잡아당기었기에
살길이 열리는 길을 가지 못하고

뒤돌아보고 뒤돌아보며
하나님의 명령을 어기어
소금 기둥이 되어 버리고 말았던가?

적용

1) 오늘 말씀의 주제 파악하기

___

___

___

2) 오늘 말씀 중 은혜 받은 부분 나누기

3) 삶에 구체적으로 적용하기

함께 드리는 기도 제목

1. 가정과 가족들을 위해 항상 기도하게 하옵소서.
2. 하나님의 은혜를 사모하며 하나님만 바라보는 성도들이 되게 하옵소서.
3. 하나님 말씀 위에 서서 미래를 향해 담대히 나아가는 성도들이 되게 하옵소서.

제5과

예수 외에는

✣ **본문** : 마태복음 17장 1~8절
✣ **찬송** : 94장(주 예수보다 더 귀한 것은 없네, 통 102장)
✣ **요절** : "예수께서 나아와 그들에게 손을 대시며 이르시되 일어나라 두려워하지 말라 하시니 제자들이 눈을 들고 보매 오직 예수 외에는 아무도 보이지 아니하더라" (마 17:7~8)

한국교회가 가진 독특한 것이 있는데 새벽기도와 산기도입니다. 미국과 유럽의 목사님들이 '한국교회가 부흥하는 비결이 어디에 있는가?'를 연구하다가 다른 나라에는 없는 특별한 것을 발견했습니다. 그것이 새벽기도와 산기도입니다. '이것이 바로 교회를 부흥시키는 비결이구나!' 하고 자기 나라에 가서 산기도와 새벽기도를 해보았습니다. 그런데 미국이나 유럽 사람들에게 새벽 5시에 나와서 기도하라고 하니 이 사람들이 나와서는 그저 졸고 앉아 있습니다. 또 산에 가서 기도하라고 하니 도저히 이해를 못 합니다. "집에서 기도할 수 있는데 왜 산에 가서 기도해야 되느냐?"고 합니다. 그래서 결국 실패했다는 이야기입니다.

우리나라는 예로부터 산이라 하면 영험한 곳으로 인식되어 왔습니다. 산에 가면 산신령이 있다고 생각했습니다. 새벽도 뭔가 다른 것이 있습니다. 그래서 예로부터 새벽에 정한수를 떠놓고 빌기도 했고, 산에 올라가 치성을 드리기도 했습니다. 이러한 문화 때문인지 우리나라 사람들은 산기도와 새벽기도를 통하여 신앙생활의 힘을 얻습니다. 이것을 보면 우리 대한민국은 하나님께서 특별히 은혜를 주시려고 택하신 민족입니다. 그런데 예수님도 새벽기도를 즐겨 하셨고, 산기도도 즐겨 하셨습니다. 오늘 본문 말씀에 보면 예수님께서 십자가 고난을 앞두고 제자들을 데리고 산에 기도하러 올라가셨습니다.

1. 예수님의 기도에는 두 가지 이유가 있습니다

첫째, 예수님의 십자가가 다가오기 때문에 기도하셨습니다. 주님께서는 이 십자가 시험을 이길 힘을 얻기 위하여 산에 기도하러 올라가셨습니다. 그렇습니다. 우리가 낙망될 때나 큰 문제가 있을 때에 무엇을 해야 하는지를 주님은 우리에게 가르쳐 주고 계십니다. 그것은 바로 기도입니다. 기도는 하나님의 뜻을 깨닫게 하고 우리로 그 뜻을 이루는 큰 믿음의 사람이 되게 합니다. 찰스 스펄전은 "10년을 염려하는 것보다 10분을 기도하는 것이 낫다"라고 하였습니다.

기도하지 않으면 문제에 부딪쳤을 때 주님을 잊어버리게 됩니다. 예수님의 제자들의 특징이 무엇입니까? 그들은 기도하러 가서 졸고 있습니다. 베드로와 안드레, 요한은 모두 졸음의 은사를 받았습니다. 성경 다른 곳을 보면 역시 졸았습니다. 그런 의미에서 예배시간마다 조시는 분들은 예수님의 제자들을 통해서 위안을 얻으시기 바랍니다. 졸다가도 성령 충만을 입으면 온 세계를 바꾸는 위대한 예수님의 제자가 될 수 있으니 위로를 받으시고 그만 조시기 바랍니다.

둘째, 제자들에게 용기를 주기 위해 기도하셨습니다. 예수님께서 고난을 당하시고 제자들을 떠나야 할 것을 말씀하시자 제자들은 걱정하고 실망하였습니다. 그래서 주님께서는 제자들을 데리고 산에 오르셨습니다. 제자들은 산에 올라가서 졸고 있을 때에 예수님은 기도하셨습니다. 피곤한 것으로 말하면 예수님이 더 피곤하셨겠지만, 예수님은 깨어서 기도하셨고, 얼굴이 해같이 빛나며 옷이 빛과 같이 희어졌다고 했습니다. 이 변화된 모습이 원래 주님의 모습이요, 장차 하늘에 오르실 모습입니다.

왜 변화된 모습을 제자들에게 보여주십니까? 제자들은 지금까지 딴 꿈을 꾸고 있었습니다. 그래서 주님께서는 "제자들아, 그것이 중요한 것이 아니다. 더 중요한 것이 있다"라는 사실을 보여주십니다. 이 영광스런 모습을 보아야 십자가를 질 수 있는 확신과 용기가 생기겠기에 변화된 모습을 보여주셨습니다. 잠시 받는 환난은 극히 가벼운 것이지만 우리의 누릴 영광은 한없는 것이기에 이 사실을 보여주십니다. 여러분도 하나님의 말씀을 통하여 하나님의 영광스러운 나라를 볼 수 있어야 합니다.

2. 주연을 잘 모셔야 합니다

예수님이 변화되실 때에 다른 두 사람이 함께 있었는데 모세와 엘리야입니다. 모세와 엘리야는 유대인들에게 상징적인 존재입니다. 모세는 이스라엘 백성들을 애굽에서 해방시킨 최고의 민족적 지도자요, 율법을 대표하는 사람입니다. 엘리야는 이스라엘 역사상 최고의 선지자로 여겨져 왔습니다. 이 두 사람을 동시에 만나게 되니 졸던 제자들의 두 눈이 번쩍 뜨여졌습니다. 그래서 베드로가 뭐라고 합니까? "주여 우리가 여기 있는 것이 좋사오니 만일 주께서 원하시면 내가 여기서 초막 셋을 짓되 하나는 주님을 위하여, 하나는 모세를 위하여, 하나는 엘리야를 위하여 하리이다"라고 말합니다.

"여기서 이런 영광스러운 광경을 보게 되니 내무부장관도 국방부장관도 다 필요 없습니다. 3년 동안 함께 고생한 밑에 남아 있는 제자들도 다 필요 없습니다. 그저 여기서 우리끼리 초막 셋을 짓고 모세와 엘리야와 주님과 더불어 모시고 살겠습니다"라고 말합니다. 그런데 여기서 베드로가 착각한 것이 있습니다.

영화를 보면 항상 주연이 있고 조연이 있습니다. 조연은 주연을 빛내 주기 위해서 존재합니다. 그런데 이 자리에 주연은 예수님이고 조연은 모세와 엘리야입니다. 그동안 주연이신 주님과 함께 다녔으면서도 이러한 감동이 없다가 조연을 만나 보고 감동했습니다. 이제 장차 복음 전할 사명을 감당할 힘을 얻으라고 미래의 영광스러운 모습을 보여주었더니 엉뚱한 생각을 합니다. 예수님께서 보여주시는 영광의 참뜻을 이해하지 못하고 여기에 초막 셋을 짓고 그냥 눌러앉아 살겠다고 합니다.

오늘 우리의 신앙이 그렇습니다. 가장 귀한 것이 무엇인지를 그만 잊어버리고 조연과도 같은 물질과 명예와 세상의 이를 탐하는 것이 우리의 모습입니다. 우리에게 가장 귀한 것이 무엇입니까? 그것은 우리의 생명이 구원을 얻는 일입니다. 그런데 이것을 잊어버리고 살다가 하나님께서 물질의 축복이나 명예의 축복을 좀 주시면 "하나님, 감사합니다" 하고 감격합니다. 물질이나 명예는 예수님께서 우리의 생명을 구원해 주신 것에 비하면 조연도 안 됩니다. 사도 바울은 이것을 깨달았기 때문에 학문과 가문과 물질을 분토만도 못하게 여기노라고 고백하였습니다. 여러분, 생명을 구원받은 감격이 있습니까? 이 기쁨을 가지고 계십니까? 이것이 여러분이 받은 것 중에서 가장 귀한 것임을 기억하시기 바랍니다.

3. 예수님만 바라보아야 합니다

제자들은 눈앞의 현상만 보고 여기에 빠지게 되었습니다. 그때 하늘에서 소리가 들리는데 "이는 내 사랑하는 아들이요 내 기뻐하는 자니 너희는 그의 말을 들으라"(5절)고 하였습니다. 무슨 말입니까? 예수님만 바라보라고 하십니다. 그래서 눈을 들고 보니 모세와 엘리야는 간곳없고 예수님만 계셨습니다.

우리가 깊은 신앙생활을 하게 되면 예수님만 바라보게 됩니다. 신앙의 깊은 경지를 체험하지 못할 때에 다른 것이 많이 보이게 됩니다. 예수님만을 바라보는 것을 방해받게 됩니다. 그래서 작은 일로 시험을 받고, 작은 일 때문에 신앙생활에 축복 받지 못합니다. 신앙생활은 예수님만 바라보는 것입니다. 우리는 신앙생활을 하면서 유혹을 받습니다. 그 유혹은 자꾸 다른 것을 보게 합니다. 예수님이 확연히 드러나게 해야 합니다. 그럴 때 주님은 여러분 곁에서 여러분을 도와주십니다.

오늘 본문에 '모든 것이 사라지고 예수님 외에는 다른 것이 보이지 않았다' 고 했습니다. 우리가 있는 가정에 예수님 외에 다른 것이 보이지 않으면 됩니다. 우리가 있는 교회에 예수님 외에 다른 것이 보이지 않으면 됩니다. 다른 것을 보지 마십시오. 세상에는 모두가 안 되는 것들만 가득 차 있습니다. 세상을 바라보다 세상 따라가면 나중에 돌아오기가 어렵습니다. 세상만 보이게 됩니다. 그러므로 주님을 바라보며 사시기 바랍니다. 여러분의 삶의 초점을 주님께 맞추어 주님의 눈을 통해 세상을 보면 똑같은 세상이 다르게 보이게 됩니다.

여러분, 교회는 예수님 바라보는 법을 전하는 곳입니다. 예수님만 먼저 바라보십시오. 예수님만 바라보면 풍랑이 있고 어둡던 세상이 밝아지고, 병들고 지쳤던 몸이 확신을 가지게 됩니다. 분쟁이 있는 곳에 찬송이 넘쳐나게 되고, 세상을 두려워하며 세상에 끌려가던 사람들이 세상을 이끌어 가는 주인공이 됩니다. 주님의 눈을 통해 이 세상을 바라보며 사는 성도들이 됩시다.

더 생각해 보기: 말씀 이해를 위한 예화

어떤 스페인의 화가가 "최후의 만찬"을 복제하여 보급하기로 마음먹고 열심히 그림을 그리기 시작했습니다. 그 그림이 완성되기도 전에 친구들이 와서 극찬을 했습니다. "야, 예수님의 술잔이 참 멋지게 그려졌다"라고 말을 합니다. 그러자 이 화가는 즉시 붓을 들어 그 술잔을 아예 지워 버렸습니다. 그 그림에는 예수님이 제일 중요한데 다른 것이 보이면 안 되기 때문입니다.

오늘 크리스천의 위기는 예수님이 희미하다는 데 있습니다. 아무리 험한 세상을 살아가더라도 그 가운데서 예수님을 똑똑히 바라보아야 합니다.

적용

1) 오늘 말씀의 주제 파악하기

2) 오늘 말씀 중 은혜 받은 부분 나누기

3) 삶에 구체적으로 적용하기

함께 드리는 기도 제목

1. 하나님 말씀을 통하여 하나님의 영광스러운 나라를 보게 하옵소서.
2. 예수 그리스도가 내가 받은 것 중에 가장 귀한 것임을 알게 하옵소서.
3. 주님의 눈을 통해 이 세상을 바라보며 사는 성도가 되게 하옵소서.

제6과

하나님이 택하신 그릇
(사순절 시작)

✣ **본문** : 사도행전 9장 15절
✣ **찬송** : 283장(나 속죄함을 받은 후, 통 183장)
✣ **요절** : "주께서 이르시되 가라 이 사람은 내 이름을 이방인과 임금들과 이스라엘 자손들에게 전하기 위하여 택한 나의 그릇이라"(행 9:15)

오늘 말씀에 두 명의 중요한 인물이 나옵니다. 아나니아와 사울입니다. 두 사람은 서로 원수입니다. 지금까지 사울은 예수 믿는 사람들을 잡아 죽이는 열성적인 바리새파 사람이었습니다. 아나니아는 예수님을 구주로 믿는 신실한 주의 종입니다. 그런데 하나님께서 아나니아에게 환상 중에 나타나셨습니다. "직가라 하는 거리로 가서 사울이라는 사람을 찾아 안수하여 낫게 하라"고 말씀하십니다. 아나니아에게는 이해할 수 없는 명령입니다. 그러나 이것이 하나님의 뜻입니다. 나로 하여금 그 사람을 위하여 기도하게 하시는 하나님의 뜻입니다.

1. 그릇이 되기 위해서는 기도가 필요합니다

지금 아나니아는 제발 사울 같은 사람은 안 만났으면 하는데, 하나님은 "사울에게 가라"고 하십니다. 아나니아는 순종합니다. 기도하는 사람이었기에 하나님의 뜻이 무엇인지를 깨달았기 때문입니다. 순종은 하나님의 뜻을 이루는 일입니다. 그래서 "순종이 제사보다 낫다"고 하셨습니다. 이때 사울은 무엇을 하고 있었습니까? 금식하며 기도하고 있었습니다. 성경에 사도 바울의 회심의 내용은 나타나 있지 않습니다. 다만 오늘 본문 앞에 나온 내용이 전부입니다. 사울은 금식하며 기도했습니다. 이 금식의 기도가 사울의 인생을 바꾸었습니다. 기도가 필요합니다. 때로는 금식도 필요합니다. 기도하지 않고 주의 일을 할 수 없습니다. 기도 없이 주의 일을 한다고 하면 방해만 될 뿐입니다.

사도 바울은 지금까지는 주의 길을 방해하는 자였지만, 지금 눈이 멀어 금식하며 기도하고 있습니다. 기도는 내 주장을 하는 것이 아닙니다. 그런 기도는 우상을 섬기는 자들의 기도입니다. 하나님의 백성의 기도는 먼저 하나님의 나라와 그 뜻을 구하는 기도입니다. "하나님의 뜻을 깨닫게 하여 주시옵소서" 하고 기도하는 것이 기도의 진정한 의미입니다. 기도는 하나님과 교제하는 시간입니다. 기도하면 성령님께서 찾아오십니다. 그러므로 이 기도의 기간을 통해 하나님께서는 사울의 내면을 청소하고 계셨습니다.

하나님께서는 또 다른 편에서 아나니아를 준비하고 계셨습니다. 한쪽에서는 사울이 기도하고 있고, 한쪽에서는 아나니아가 하나님의 음성을 들었습니다. 이스라엘 백성들이 노예생활로 인해 고통스럽게 신음하며 하나님께 부르짖기 시작하였을 때에 하나님께서는 한편에서 모세를 준비하고 계셨습니다. 여러분, 지금 하나님께서 우리 기도에 대한 응답을 하지 않으십니까? 기도 응답이 너무 늦습니까? 아닙니다. 하나님은 정확한 때에 이루시려고 지금 다 준비시키고 계십니다. 여러분의 기도 응답이 지금 다른 곳에서 준비되고 있습니다.

2. 그릇은 하나님께서 주십니다

오늘 말씀에 "이 사람은 내 이름을 이방인과 임금들과 이스라엘 자손들에게 전하기 위하여 택한 나의 그릇이라"고 하셨습니다. 하나님이 사울을 택하셨습니다. 예수님께서도 제자들을 택하실 때에 친히 다 찾아가셨습니다. 세상에서는 제자가 스승을 찾아갑니다. 그래서 "제자로 받아주십시오" 하고 엎드립니다. 그런데 주님은 늘 찾아가셨습니다. 이것이 세상의 방법과 하나님의 일하시는 방법의 다른 모습입니다.

하나님의 일은 노력으로 되는 것이 아닙니다. 하나님의 일은 재능으로 되는 일이 아닙니다. 하나님이 택하셔야 되는 일입니다. 우리가 하나님보다 앞서려고 할 때에 흔히 문제가 일어납니다. 하나님의 뜻을 묻기 전에 내가 먼저 생각하고 내가 먼저 행동합니다. 그러나 하나님께서 주실 그릇을 바라고 엎드리는 것이 필요합니다.

우리는 내가 하는 것으로 생각합니다. 그러니 불평이 나옵니다. 내가 주님 전에 나와 봉사를 해도 "하나님께서 나 같은 사람을 써 주시니 감사합니다" 하고 일하면 은혜가 넘치게 됩니다. 나 같은 사람에게 그릇을 주시고 주의 은혜를 채우시니 얼마나 감사합니까? 사도 바울은 고린도후서 4장에서 "이 보배를 질그릇에 담으셨다"라고 했습니다. 주님의 복음을 나 같은 질그릇에 담으셨다는 말입니다. 질그릇은 광채도 없습니다. 투박합니다. 잘 깨집니다. 우리는 조금만 피곤해도 육체가 깨어지고, 상처를 받으면 마음이 깨어집니다. 잘난 것도 없습니다. 그런데 주님이 이 질그릇에 보배를 담으시고 아름답게 가꾸어 주십니다. 질그릇 된 우리를 하나님의 도구로 불러 주셔서 복음의 보화를 채워 주신 은혜를 깨닫고 감사를 잊지 말아야 합니다.

3. 그릇을 크고 깨끗하게 준비해야 합니다

사울의 기도가 끝나갈 무렵, 즉 사울의 기도의 분량이 채워질 무렵 하나님께서는 아나니아를 만나게 하셨습니다. 사울이 얼마나 철저하게 회개했는지 알 수 있습니다. 성경의 많은 인물들이 하나님의 은총을 입은 후에도 죄를 지었습니다. 그러나 사울은 한 번 돌이킨 후에는 절대로 후회할 길로 가지 않았습니다. 매를 맞으면서도, 감옥에 갇히면서도, 돌에 맞으면서도 오로지 예수님만 바라보고 갔습니다. 그만큼 사도 바울이 큰 그릇이라는 말씀입니다.

이전에 사울은 작은 것에도 혈기를 부리는 사람이었습니다. 나의 힘으로 무엇인가 해보려는 사람이었습니다. 그러나 기도하고 바뀌었습니다. 본문 뒤 17절을 보면 사울이 아나니아에게 기도를 받고 성령이 충만하게 되었습니다. 성령님이 인도하시는 사람이 되었습니다. 사도 바울과 같이 주님을 모신 후에 성령님이 여러분의 마음을 인도하시도록 해야 합니다. 우리는 그릇이 커져야 합니다. 그릇이 커지면 작은 것에 연연해하지 않습니다. 모든 것을 하나님께 맡기고 복음을 중심으로 생각하는 사람이 됩니다. 하나님께서 그런 사람을 교회의 주역으로 세우시고, 그 자손에게 복을 주십니다.

두 사람이 다투었습니다. 한 사람은 3×9=27이라 하고, 다른 한 사람은 3×9가 어떻게 27이냐 28이지 하고 주장을 합니다. 두 사람이 서로 우기는 바람에 결국은 해결을 못 보고 두 사람이 원님 앞으로 갔습니다. 자초지종을 들은 원님은 판결을 내리기를 "야, 3×9=27이라고 한 놈아, 네 죄를 네가 알렸다. 이놈을 매우 쳐라"고 명령했습니다. 그것을 보던 신하들이 "아니, 나리, 어떻게 3×9=28이라고 한 사람을 쳐야지, 바르게 말한 사람을 때릴 수 있습니까?" 그랬더니 원님이 말하기를 "3×9=28이라고 우기는 놈하고 싸우는 자가 더 어리석은 바보가 아니냐? 저놈이 문제가 더 많다. 자기 죄를 알 때까지 매우 쳐라" 하였답니다.

작은 일에 연연하면 안 됩니다. 그릇이 작은 사람은 쓸데없는 일에 늘 신경을 씁니다. 그래서 해야 할 일을 못합니다. 크고 원대한 일을 바라보고 나아갑시다. 서로를 위하여 기도해 주며 서로 격려하며 나아갑시다. 여러분을 넘어뜨리려는 사탄 마귀의 역사를 물리치고 승리합시다.

심령의 그릇이 깨끗해야 주님이 보배를 담아 주십니다. 더러운 곳에는 성령님이 임하시지 않습니다. 여러분이 계속해서 하나님의 쓰임을 받기 원하신다면 그릇을 늘 정결하게 해야 합니다. 아무리 좋은 재료로 만든 그릇일지라도 더러워지면 귀한 일에 사용할 수 없습니다. 그러나 하찮은 풀뿌리로 만든 바구니일지라도 깨끗하면 보석함으로도 사용하고, 과일 바구니로도 사용하여 늘 주인의 가까이에서 사랑받게 됩니다.

사도 바울은 하나님께서 택하신 그릇으로 준비되었고 그 사명을 잘 감당했습니다. 그는 무려 13,000km 즉 우리 식으로 약 32,000리를 예수 이름을 전하며 걸었습니다. 성도 여러분, 하나님께서 여러분을 주님의 그릇으로 부르셨습니다. 그 음성을 듣고, 귀한 그릇으로 쓰임 받고, 상급을 받는 성도들이 됩시다.

더 생각해 보기: 말씀 이해를 위한 예화

신학교 시절 학교에서 사경회를 하는데 선배님들이 "주의 종이 되려면 소나무 세 그루는 뽑아야 된다"라고 이야기했습니다. 그래서 산에 올라가 소나무 앞에 자리를 잡았습니다. 그런데 소나무가 너무 커서 다시 자리를 옮겨 앉았습니다. 좀 뽑을 만한 소나무 앞으로 가서 앉았습니다. 그런데 소나무가 얼마나 단단한지 "주여!" 하고 한 번 밀어 보았더니 꿈쩍도 안 합니다. 별로 크지 않은 소나무인데 꿈쩍도 안 합니다.

다시 한 줌 정도 되는 소나무 밑으로 자리를 옮겨 잡았습니다. 그리고 "주여!" 하고 소나무를 밀었는데 이 소나무의 뿌리가 참 단단합니다. 나무는 흔들려도 꿈쩍을 안 합니다. 그날은 소나무를 흔드느라 기도는 못하고 소나무 송진만 손에 잔뜩 묻혀 내려왔습니다. 선배님들에게 완전히 속았습니다.

그런데 하나님께서 다 아십니다. 소나무는 못 뽑았지만 그다음 날 은혜를 주셨습니다. "하나님! 이 땅의 교회를 위하여 일하도록 불러 주십시오" 하고 기도할 때에 넘치는 은혜를 부어 주셨습니다. 기도에는 체험이 필요합니다.

적용

1) 오늘 말씀의 주제 파악하기

2) 오늘 말씀 중 은혜 받은 부분 나누기

3) 삶에 구체적으로 적용하기

함께 드리는 기도 제목

1. 믿음 안에서 기도하면서 하나님께서 택하신 그릇이 되도록 준비하게 하옵소서.
2. 질그릇인 우리를 불러 주셔서 하나님의 귀한 도구로 사용해 주심에 늘 감사하며 살아가게 하옵소서.
3. 하나님께서 택하신 그릇으로 쓰임 받고, 상급을 받는 삶을 살게 하옵소서.

제7과

네 자리를 정돈하라

❖ **본문** : 사도행전 9장 32~35절
❖ **찬송** : 421장(내가 예수 믿고서, 통 210장)
❖ **요절** : "베드로가 이르되 애니아야 예수 그리스도께서 너를 낫게 하시니 일어나 네 자리를 정돈하라 한대 곧 일어나니 룻다와 사론에 사는 사람들이 다 그를 보고 주께로 돌아오니라"(행 9:34~35)

베드로는 예루살렘에서 40리 가량 떨어진 '룻다'라고 하는 곳에 내려가게 되었습니다. 오늘 본문 바로 앞에는 예루살렘 교회가 크게 부흥하는 내용이 나옵니다. 그때에 베드로가 룻다에 가게 되었습니다. 당시 룻다에도 예수 믿는 사람들이 있었는데, 이곳은 빌립이 환난을 피하여 예루살렘을 떠나 복음을 전한 곳으로 알려지고 있습니다.

베드로는 룻다에서 '애니아'라 하는 중풍에 걸린 사람을 만나게 됩니다. 애니아는 8년 동안 중풍을 앓고 있는 사람이었습니다. "긴 병에 효자 없다"고, 가정에서도 많은 고통을 겪었고 낫겠다는 희망도 사라졌습니다. 그때 베드로의 소식을 듣게 됩니다. "베드로는 능력이 있다더라, 병든 자들이 베드로의 손수건만 가져다 몸에 얹어도 낫는다더라" 하는 소문을 들었습니다. 그래서 애니아도 희망을 갖게 되었습니다.

기독교는 희망의 종교입니다. 세상에는 희망이 없는 일이 참 많습니다. 질병 때문에 고통을 당합니다. 물질 때문에 어려움을 겪습니다. 우리가 사는 세상에는 늘 아픔이 있고 고통이 있습니다.

예수님께로 나와야 합니다. 시험 든 사람은 시험에서 빠져나와야 합니다. 문제가 있는 사람은 문제의 해결을 위해 예수님께로 나와야 합니다. 그 자리에 있으면 문제가 해결되지 않습니다. 지금 어려움이 있더라도 그곳에서 나와야 합니다. 애니아도 베드로의 소문을 듣고 사람들 틈에 끼여 베드로에게 왔습니다. 여기서 기적이 시작되었습니다.

1. "일어나라"

베드로는 "내가 너를 고치리라" 고 하지 않았습니다. 성전 미문에 앉은 걸인을 일으킬 때에도 나사렛 예수 그리스도의 이름으로 명하였습니다. 오늘도 "예수 그리스도께서 너를 낫게 하신다" 라고 했습니다. 예수님 없는 은혜는 은혜가 아닙니다. 예수님 없는 축복도 축복이 아닙니다. 예수님이 오늘도 교회를 이끌어 나가십니다. "안 된다, 못 한다" 하고 매사에 부정적으로 보시는 분이 있습니다. 왜 그렇습니까? '내가 한다' 고 생각하니 예수님을 가려버려서 그렇습니다. 교회의 일은 내가 하는 것이 아닙니다. 여러분이 이 자리에 나온 것도 여러분에게 힘이 있어 걸어서 나온 줄로 생각하십니까? 예수님께서 은혜를 주셔서 나왔습니다.

오늘 말씀에 중요한 단어가 있습니다. '일어나라' 는 말씀입니다. 일어나는 것은 내가 의지가 있어야 합니다. 일어날 것이라는 믿음이 있어야 합니다. '일어나다' 는 헬라어 '아니스테미' 는 '누군가 일으켜 준다' 는 의미보다는 '자기 스스로의 의지를 갖고 일어난다' 는 뜻이 강합니다. 즉 이 말씀은 믿음을 요구하는 단어입니다.

요한복음 5장에 보면 무려 38년 동안 베데스다 연못가에 누워 있던 사람이 나옵니다. 연못이 동할 때 누구든지 그 연못에 제일 먼저 들어가는 사람은 병이 낫는다는 소문이 있었습니다. 그러나 그는 연못에 들어갈 수가 없던 사람입니다. 일어설 수가 없었기 때문입니다. 그런데 예수님께서 "일어나 네 자리를 들고 걸어가라"(요 5:8)고 말씀하셨습니다. 그때 "나는 일어나 본 일이 없는데요" 하면 그는 일어날 수 없었습니다. 그러나 그는 "예, 믿습니다" 하고 일어났습니다.

여러분, 우리가 자리에서 일어날 일들이 있습니까? 주님께서 여러분에게 일어나라고 말씀하십니다. "예, 믿습니다" 하고 순종할 때 기적의 주인공이 됩니다. "예수의 이름으로 나는 일어서리라 주가 주신 능력으로 나는 일어서리라." 불가능의 자리에서 예수님의 이름으로 일어서는 성도들이 됩시다.

2. "네 자리를 정돈하라"

중풍병자는 손과 발을 사용하지 못합니다. 이 사람은 아예 침상에 누워 8년 동안 지냈으니 그 상태가 어느 정도인지 짐작할 수 있습니다. 8년 동안 움직여 보지 않았으니 갑자기 제대로 움직여질 리도 없습니다. 그런데 베드로는 "네 자리를 정돈하라" 고 하였습니다. 앞으로는 거기 누워 살지 말라는 말입니다. 이제 병자가 아니라는 말입니다. 지금까지는 다른 사람의 도움을 받아야 살 수 있었습니다. 다른 사람이 씻겨 주고, 옷을 입혀 주고, 먹여 주어야 살 수 있는 불쌍한 존재였습니다. 그런데 이제는 자리를 정돈하고 일어나 다른 사람을 살리는 존재로 변화되라는 말씀입니다.

우리 한국 기독교는 외국 교회의 도움을 많이 받았습니다. 이 땅의 복음화를 위해 많은 사람들이 우리나라에 와서 피를 흘렸습니다. 그래서 오늘 한국교회는 성인이 되었습니다. 이제 우리는 일어나 자리를 정돈하고 이웃에게로 나아가야 합니다.

"일어나 네 자리를 정돈하라"는 말은 이제 나가서 너의 할 일을 하라는 말씀입니다. 이제는 병상에 누워 다른 사람의 손길을 기다리는 존재가 아니라는 말씀입니다. 이 세상은 교회의 손길을 기다리고 있습니다. 성도들이 예배를 드리고 은혜를 받으면 나가서 이 세상의 어려운 이웃들을 잘 섬겨야 합니다. '나는 지금 평안히 살고 있으니 이것이 내 복이다' 라고 생각하는 것은 성경의 가르침이 아닙니다. 성경은 철저히 어려운 이웃과 함께할 것을 말씀하고 있습니다. 곡식을 추수할 때에도 고아나 과부를 위해 이삭을 남겨두라고 했습니다. 이웃을 자비롭게 여기는 민족에게 하나님께서 복을 주십니다.

3. "그를 보고 주께로 돌아오니라"

사람들이 애니아가 중풍에서 일어난 것을 보고 하나님을 찬양하고, 하나님께 돌아왔습니다. 애니아란 이름의 뜻은 '찬양한다' 는 뜻입니다. 이름이 얼마나 좋습니까? 그러나 지금까지 그 이름의 뜻대로 살지 못했습니다. 그러나 이제 애니아를 통해 사람들이 하나님을 찬양하게 되었습니다. 자신도 찬양의 삶을 살게 되었습니다. 이름대로 변화가 되었습니다. 애니아는 베드로를 만나 인생이 변했습니다. 8년 된 중병에서 일어나는 은혜를 입었습니다. 은혜를 받으면 다른 사람에게도 기쁨을 줍니다. 애니아가 은혜를 받고 나니, 지금까지 애니아 때문에 힘들었던 가족들이 모두 기쁨을 누리게 되었습니다.

이제 애니아가 나가서 복음을 전했습니다. 내가 이렇게 낫게 되었다고, 베드로 사도가 말씀하실 때에 내 마음에 믿음이 들어왔고, 내가 믿음으로 일어섰더니 일어나지더라고 간증을 하였습니다. 그래서 많은 사람이 애니아를 보고 예수를 믿게 되었습니다. 애니아는 지금까지 남에게 피해를 주는 존재였는데, 이제는 은혜를 끼치는 존재가 되었습니다.

여러분, 지금 나 때문에 다른 사람들이 예수님께로 오고 있습니까? 나 때문에 다른 사람들이 기뻐합니까? 은혜를 받습니까? 나 때문에 구원받는 사람이 늘어납니까? 애니아와 같이 자리를 정돈하고 일어나, 나가서 주님의 이름을 증거하는 삶을 살아가는 성도들이 됩시다.

더 생각해 보기: 말씀 이해를 위한 예화

공부를 열심히 하지 않는 고등학생이 있었습니다. 그런데 이 학생은 친구들을 집에 데리고 오면 어머니에게 소개하기를, "저 친구는 전교 2등하는 친구고, 이 친구는 전교 3등하는 친구예요"라고 말했습니다. 그러니까 진짜인 줄 알았습니다. 오는 친구마다 다 전교에서 한가락 하는 친구들입니다. 부모님은 친구들이 집에 올 때마다 열심히 통닭을 사주고, 자장면을 시켜 주었습니다. 친구 집에 공부하러 간다고 하면 용돈까지 꼭 주어서 보냈습니다. 왜요? 공부 잘하는 친구들을 사귀면 내 아들이 잘되리라 믿었기 때문입니다. 그런데 알고 보니 2등, 3등은 맞는데 다 뒤에서 2등, 3등 하는 친구들이었습니다. 그러니 공부를 잘했겠습니까?

'누구를 만나는가?' 가 중요합니다. 사기꾼을 만나면 나도 사기꾼이 됩니다. 도둑을 사귀면 나도 도둑이 됩니다. 아내도 남편을 닮고,

남편도 아내을 닮아갑니다. 부처를 만나면 절에 들어가게 되고, 예수님을 만나면 예수님의 제자가 됩니다.

적용

1) 오늘 말씀의 주제 파악하기

2) 오늘 말씀 중 은혜 받은 부분 나누기

3) 삶에 구체적으로 적용하기

함께 드리는 기도 제목

1. 불가능의 자리마다 예수 그리스도의 이름으로 일어서는 성도가 되게 하옵소서.
2. 우리 교회가 더욱더 이웃을 섬기는 교회로 소문난 교회가 되게 하옵소서.
3. 주님의 이름을 증거하는 삶을 살아가게 하옵소서.

제8과

좁은 문, 영생의 문

✣ **본문** : 마태복음 7장 13~14절
✣ **찬송** : 516장(옳은 길 따르라 의의 길을, 통 265장)
✣ **요절** : "생명으로 인도하는 문은 좁고 길이 협착하여 찾는 자가 적음이라"(마 7:14)

베드로는 우리 인생을 나그네 길이라고 했습니다. 나그네는 이곳 저곳을 다닙니다. 그러나 우리는 나그네 인생이지만 걸어가는 길은 넓은 길과 좁은 길, 두 길밖에는 없습니다. 누구나 두 길 중에 한 길을 선택하여 걸어가야만 합니다. 그런데 사람들은 넓은 길, 편한 길을 좋아합니다. 차를 운전해 보아도 좁은 길로 가면 매우 불편합니다. 그런데 우리 주님은 좁은 문으로, 좁은 길로 가라고 말씀하십니다. 사람들은 '이 길은 좁은 길, 험난한 길, 고통의 길, 남들이 가기 싫어하는 길, 재미없는 길이다' 라고 생각합니다. 그러나 이 좁은 길도 은혜를 깨닫고 나면 감사한 길이요, 쉬운 길이요, 행복한 길이 됩니다.

1. 좁은 길은 가는 사람이 적고 힘든 길입니다

좁은 길은 사실 일반적으로 가는 사람도 적고 가기도 힘든 길입니다. 그 이유가 있습니다. 내 힘으로 좁은 길로 가려면 힘이 듭니다. 예수 믿는 사람들은 "살인하지 말라, 간음하지 말라, 도둑질하지 말라" 등 믿지 않는 사람들보다 하지 말아야 할 것이 더 많습니다. 또 "안식일을 기억하여 거룩히 지키라, 네 부모를 공경하라, 네 이웃을 네 몸과 같이 사랑하라" 등 해야 할 일도 더 많습니다. 그러니 어렵습니다.

우리 주님은 우리들이 해야 할 일과 하지 않아야 할 일을 통해 우리를 훈련시키십니다. 이것이 훈련이 되면 그다음부터는 인생길이 쉬워집니다. 이 훈련이 무엇입니까? 좁은 길로 가는 것입니다. 좁은 길로 가면서 '아, 이것이 하나님의 은혜구나! 하나님의 자녀는 이 길로 가는 것이 맞구나!' 하면서 은혜를 깨닫게 됩니다.

어떤 할머니께서 병원에서 복도청소를 하는데 신이 나서 흥얼흥얼 노래를 부르며 일하고 있었습니다. 그 광경을 본 의사선생님이 "할머니, 즐거우십니까? 내일은 일요일이라 집에 가서 쉬시겠네요" 하자 이 할머니가 "아니요, 주일에는 더 일찍 일어나 말씀 읽고, 기도하고, 마음의 준비을 하고 교회에 가야지요"라고 대답했습니다. "아니, 일주일 동안 힘들게 일하셨으면 하루는 집에서 편히 쉬셔야지요"라고 의사가 말했더니 이 할머니는 "아니요. 저는 일주일 동안 일하면서 주일에 교회 가서 예배드리는 것을 기다리는 기쁨으로 삽니다" 하면서 찬송을 흥얼흥얼 불렀다고 합니다. 이것이 은혜 받은 자의 기쁨입니다.

은혜가 없으면 주일에 교회 오는 것이 고통이지만 은혜 받고 나면 예배시간이 너무나 기다려집니다. 우리가 좁은 길로 갈 때에 힘들어하면 우리 주님도 같이 안타까워하십니다. 그러나 "얘야, 조금만 참아라. 이것이 다 너를 위한 길이란다"라고 하십니다. "이 고통을 이기면 이것이 너에게 복이 되고, 너에게 기쁨이 되는 거란다"

하고 말씀하십니다.

2. 은혜를 알면 좁은 길이 쉬운 길이 됩니다

사도 바울은 율법과 은혜의 관계로 설명을 했습니다. 율법으로 하려면 그 많은 율법을 다 지킬 수 없습니다. 그러니까 율법으로 하면 재미도 없고 기쁨도 없습니다. 열심히 해도 잘 되지 않습니다. 그러나 은혜로 하면 할머니들이 즐겁게 뛰는 것처럼 좁은 길도 대로가 되고, 70 나이에도 펄쩍펄쩍 뛰면서 봉사하고 전도하게 됩니다. 우리 주님은 "이것을 너희에게 이름은 내 평안을 너희에게 주려 함이라"고 말씀하셨습니다. 주님이 계신 곳이면 그곳이 포탄이 쏟아지는 전쟁터라도 평안이 있고, 폭풍 속에서도 환난 속에서도 평안이 있습니다. 복음성가에도 "평안을 너에게 주노라……세상이 알 수도 없는 평안"이라고 노래하고 있습니다. 이 평안은 세상적인 공식으로는 알 수 없습니다.

사도 바울은 이 비밀을 알았기 때문에 매를 맞으면서도 그의 마음이 평안했습니다. 옥에 갇히면서도, 굶주리면서도 그의 마음속에는 기쁨이 넘쳤습니다. 내가 주님을 위하여, 복음을 전하기 위하여, 이 고난을 당한다는 사실을 알았기 때문에 좁은 길을 걸으면서도 평안이 늘 넘쳤습니다.

주님은 우리에게 "좁은 문으로 들어가라"(13절)고 말씀하십니다. 이 좁은 문은 생명으로 인도하는 문입니다. "생명으로 인도하는 문은 좁고 길이 협착하여 찾는 자가 적음이라"(14절)고 했습니다. 왜 이 길은 들어가는 사람이 적습니까? 내가 주인이 되려 하기 때문입니다. 내 물질, 내 가족, 내 지식 등 이 모든 것들이 주님께 속해 있다고 생각하는 것은 실제로 어렵습니다. 그래서 좁은 문이라고 성경은 말씀합니다. 문이 좁아서 소수의 사람만이 들어갈 수 있다는 말입니다. 이 문은 은혜를 깨달은 사람만이 들어갈 수 있습니다. 은혜를 모르면 신앙생활도 곤고합니다. 늘 신경 쓰이는 것이 많습니다. 율법으로 구원을 얻고자 하는 사람이 됩니다. 율법으로 구원을 얻고자 하는 사람은 어떤 사람입니까? 자기 죄의 짐을 지고 가는 사람입니다.

3. 죄의 짐을 지고는 좁은 문으로 들어갈 수 없습니다

자기의 죄 짐 보따리를 지고 가기 때문에 좁은 문으로 들어갈 수 없습니다. 죄의 짐을 청산하지 못하면 못 들어갑니다. 좁은 문으로 한 번 들어가면 계속해서 그 길로 가야 합니다. 그것은 계속 은혜 가운데 생활하는 일입니다. 한 번 은혜 받은 것 가지고는 안 됩니다. 신앙생활은 계속 은혜를 받아야 합니다. 이 사실을 잘 알아야 합니다. 기도도 계속 은혜 받아야 할 수 있고, 주일 출석도 계속 은혜 받아야 할 수 있습니다. 이 은혜는 한 번 받는다고 되는 것이 아니라 일생 동안 계속해서 받아야 합니다. 그래서 예수 믿는 사람들은 계속 은혜를 사모해야 합니다. 은혜 받기 위하여 계속 기도해야 합니다.

소나기 은혜라는 말이 있습니다. 한여름에 소나기가 내리듯이 은혜를 받고 나면 물불을 안 가리고 신앙생활을 하지만, 은혜가 말라버리고 나면 다시 시들시들해지는 신앙을 표현하는 말입니다. 계속 은혜 받지 않고도 신앙생활 적당히 할 수 있다는 것은 거짓말입니다. 가지고 있는 신앙도 다 팔아먹게 됩니다. 우리는 은혜 받아야 삽니다. 은혜를 계속해서 받아야 좁은 길로 평안히 갈 수 있는 힘이 생깁니다.

은혜를 계속 받는 비결이 무엇입니까? 예배를 사모해야 합니다. 예배시간마다 은혜를 사모해야 합니다. 하나님께서는 예배를 통하여 은혜를 내려 주십니다. 하나님은 주의 날에 예배를 통하여 우리의 정성을 받으시고 우리에게 큰 은혜를 주십니다. 예배를 사모하며 나아오는 자를 하나님은 결코 그냥 돌려보내시지 않습니다. 반드시 은혜를 주십니다. 오늘도 우리에게 은혜를 주십니다. 우리는 예배드릴 때에도 은혜를 받아야 하지만, 돌아가서도 이 은혜를 잘 관리해야 합니다. 예배를 마치고 돌아갈 때에 말씀을 생각하면서 가시고, 일주일 동안 생활하면서도 말씀을 생각하면서 좁은 길로 걸어야 합니다.

좁은 길로 가기 위해서는 내 힘과 내 능으로는 안 됩니다. 은혜받아야 이 길을 갈 수 있습니다. 사람의 눈에는 자꾸 큰 길이 보이게 되어 있습니다. 사탄이 자꾸만 여러분에게 큰 길을 보여줍니다. 그러나 좁은 길로 가야 합니다. 기도생활에도 좁은 길로 가야 합니다. 봉사하는 생활에도 좁은 길로 가야 합니다. 헌금생활에도 좁은 길로 가야 합니다. 이 길이 예수님과 함께 가는 길입니다. 좁은 길로 가다 보면 마지막에 좁은 문으로 들어가게 됩니다. 이 문은 주님을 만나는 문입니다. 영생을 얻는 문입니다. 좁은 길로 달려가 좁은 문으로 들어가는 성도들이 됩시다.

더 생각해 보기: 말씀 이해를 위한 예화

미국의 한 국립묘지에 무공훈장을 여러 개 달고 있는 백발의 노신사가 비를 맞으며 울고 서 있었습니다. 그래서 신문기자가 "왜 비를 맞으며 우시느냐?" 고 물었더니 "아버지 생각에 운다" 고 대답을 합니다. 이 신사가 아주 어렸을 적에 다리가 심하게 구부러져 제대로 달릴 수가 없었다고 합니다. 그런데 하루는 아버지가 나무판자와 볼트를 가지고 와서 판자를 양쪽 다리에 대고는 볼트를 연결하여 조이기 시작했습니다. 이 아이는 아프다고 소리를 지르며 울었습니다. 그런데 아버지는 묵묵히 볼트를 계속 조였습니다. "얘야, 조금만 더 참아라" 하시는 아버지의 눈에서도 눈물이 흘러내렸습니다. 그리고는 나무를 무릎에 댄 채로 살아야 했습니다.

세월이 흘러 이 아이는 육군사관학교에 들어가 군인이 되었고, 지금도 그때의 아버지의 눈물을 생각하면 너무도 고마워 눈물이 난다고 말했습니다.

적용

1) 오늘 말씀의 주제 파악하기

____

____

____

2) 오늘 말씀 중 은혜 받은 부분 나누기

____

____

____

3) 삶에 구체적으로 적용하기

함께 드리는 기도 제목

1. 하나님의 은혜 안에서 좁은 길로 갈 수 있는 믿음을 주옵소서.
2. 주님께서 주신 평안으로 생명의 문인 좁은 길로 걸어가는 성도가 되게 하옵소서.
3. 예수님과 동행함으로 영생을 얻는 좁은 길을 기쁨으로 걸어가게 하옵소서.

제9과

주님의 몸 된 교회

- **본문** : 골로새서 1장 24~25절
- **찬송** : 289장(주 예수 내 맘에 들어와, 통 208장)
- **요절** : "나는 이제 너희를 위하여 받는 괴로움을 기뻐하고 그리스도의 남은 고난을 그의 몸 된 교회를 위하여 내 육체에 채우노라"(골 1:24)

농촌을 다니다 보면 군데군데 흉가처럼 보이는 집들이 있었습니다. 집의 모양은 좋은데, 많은 돈을 들여 지은 집 같은데 어딘가 보기에 좋지 않았습니다. 왜 그런가 하면 그 집은 사람이 살지 않는 빈집이었기 때문입니다. 사람이 몇 년 동안 살지 않게 되면 아무리 좋은 집도 좋아 보이지 않습니다. 초라한 집이라도 그 집에 사람이 살면서 정성껏 가꿀 때 집에 생기가 돕니다.

아무리 큰 교회도 냉랭한 교회가 있는가 하면 작은 교회라도 따뜻한 교회가 있습니다. 그 교회에 어떤 사람들이 사느냐 하는 문제입니다. 오늘 본문에서 사도 바울은 "교회가 주의 몸이며, 주님의 몸 된 교회를 위하여 그리스도의 남은 고난을 받겠노라"고 말씀하고 있습니다. 이 말씀을 통하여 교회의 본질이 무엇인지 알 수 있습니다.

1. 교회는 살아 움직이는 교회가 되어야 합니다

이 세상에는 삶의 목표를 잃고 방황하는 수많은 영혼들이 있습니다. 교회를 비판하는 이들은 교회가 그들의 영혼에 안식을 주고, 평안을 주기를 간절하게 원하고 있습니다. 그러므로 교회는 세상 사람들에게 찾아가 예수의 이름으로 위로하고 평안을 주어야 합니다. 하나님께서 주신 기회를 놓치지 않아야 합니다.

세계적인 신앙잡지 〈Pulpit〉을 발행한 스피노스 목사님은 살아있는 교회와 죽어가는 교회를 다음과 같이 설명합니다.

> 살아있는 교회는 교실, 주차장 등 공간이 늘 모자라는 문제가 있다. 죽어가는 교회는 공간을 염려하지 않는다.
>
> 살아있는 교회는 항상 변화한다. 죽어가는 교회는 늘 똑같다.
>
> 살아있는 교회는 아이들과 청소년들의 떠들고 재잘거리는 소리로 늘 시끄럽다. 죽어가는 교회는 죽은 듯이 조용하다.
>
> 살아있는 교회는 언제나 일이 많아 일꾼이 부족하다. 죽어가는 교회는 일이 없기에 일꾼을 찾을 필요가 없다.
>
> 살아있는 교회는 언제나 예산을 초과해서 쓴다. 죽어가는 교회는 은행에 잔고가 많다.
>
> 살아있는 교회는 새 얼굴의 사람이 많아 이름을 알기가 어려워 애먹는다. 죽어가는 교회는 해를 거듭해도 그 사람이 그 사람이다.
>
> 살아있는 교회는 선교사업이 활발하다. 죽어가는 교회는 교회 안에서만 움직인다.
>
> 살아있는 교회는 드리는 자(giver)로 가득 차 있고, 죽어가는 교회는 티내는 자(tipper)로 가득 차 있다.
>
> 살아있는 교회는 믿음으로 운영되고, 죽어가는 교회는 인간적 판단에 의해 운영된다.

살아있는 교회는 배우고 봉사하기 위하여 바쁘고, 죽어가는 교회는 지내기가 편안하다.

살아있는 교회는 활발하게 전도하고, 죽어가는 교회는 점점 굳어져 화석화되어 간다.

여러분, 우리 교회는 살아있는 교회입니까, 죽어가는 교회입니까? 날마다 새롭게 살아 움직이는 교회가 되도록 함께 노력하는 성도들이 됩시다.

2. 교회의 수준은 영적 수준입니다

오늘 성경은 교회를 주님의 몸이라고 말씀하고 있습니다. 우리의 몸을 보면 균형이 있을 때 아름답습니다. 눈은 눈의 자리에, 코는 코의 자리에 있어야 아름답습니다. 이 말은 교회를 구성하고 있는 우리 모두가 제자리에서 아름다운 모습을 지니고 있을 때 우리의 교회가 아름답게 된다는 말입니다. 어떻게 하면 교회를 아름답게 할 수 있습니까? 어떻게 하면 주님의 몸 된 교회를 기쁘시게 할 수 있습니까? 우리는 사도 바울의 말씀을 통하여 교회의 아름다운 모습을 깨달아야 합니다.

아름다운 교회, 좋은 교회란 우리가 이 악한 세상에서 영적으로 승리할 수 있느냐 없느냐를 결정지어 주는 아주 중요한 요소입니다. 교회가 좋지 못하면 여러분의 신앙생활이 참 어려워집니다. 눈에 보이지 않아도 영적인 영양실조에 걸리게 됩니다. 그래서 마음이 강퍅해집니다. 기쁨이 사라집니다. 은사를 사모하지 않습니다. 그러나 좋은 교회는 성도들의 신앙이 살아나게 합니다. 날마다 복음 전파의 사명을 잘 감당하여 날로 부흥하는 교회가 됩니다. 하나님의 능력이 교회를 통하여 나타납니다. 성도들에게 있어서 좋은 교회를 선택하는 것은 대단히 중요합니다. 그래서 좋은 교회를 위해서 늘 기도해야 합니다.

교회의 수준은 공부를 많이 하거나 물질이 많거나 하는 문제가 아닙니다. 교회의 수준은 영적인 수준입니다. 과연 그 교회의 성도들이 하나님의 말씀에 순종하며 살며, 오늘 본문의 말씀과 같이 교회를 위하여 자신의 몸을 희생하는 성도들로 세워져 있느냐 하는 문제입니다. 사도 바울은 "그리스도의 남은 고난을 그의 몸 된 교회를 위하여 내 육체에 채우노라"고 했습니다. 예수 그리스도께서 우리를 위하여 고난을 받으시고 십자가까지 지셨는데 남은 고난을 내가 지겠다는 사람들이 많아질 때 교회가 세워집니다. 교회의 주인은 예수 그리스도이십니다. 이 사실을 잊지 않아야 합니다.

3. 성도의 교회생활을 위해서 반드시 깨달아야 하는 것이 교회론입니다

교회가 어떤 곳인지를 알아야 하나님의 뜻에 합당한 교회생활을 할 수 있습니다. 오늘 본문의 말씀은 교회론 가운데서 핵심적인 말씀입니다. 오늘 본문에 "그의 몸 된 교회"라고 했습니다. 즉 교회의 주인은 예수 그리스도라는 말입니다. 우리는 다 그리스도의 종입니다. 그리스도의 몸 된 교회의 종입니다. 주님은 종 된 우리를 자녀의 신분으로 삼아 주셨습니다. 이 교회론을 잘 세워야 교회가 삽니다. 교회는 하나님의 진리의 말씀을 듣고 나의 죄성을 닦아내는 곳이요, 천국으로 이사 갈 백성들이 말씀에 순종하며 사는 공동체라는 말씀입니다.

사도 바울은 이 사실을 분명히 알고 있었습니다. 그래서 "나는 이제 너희를 위하여 받는 괴로움을 기뻐하고 그리스도의 남은 고난을 그의 몸 된 교회를 위하여 내 육체에 채우노라"(24절)고 고백하고 있습니다. 그리스도의 고난이 무엇입니까?

첫째, 십자가의 고통입니다. 주님은 십자가의 잔을 피하지 않고 감당하셨습니다. 사도 바울이 이 십자가의 고난을 감당하겠다고 다짐합니다. 사도 바울은 일부러 고난을 찾아가지는 않았습니다만, 그러나 그에게 고난이 올 때에 두려워하거나 피하지 않았습니다. 오늘도 우리에게도 십자가가 있습니다. 이 십자가는 오늘 사도 바울의 표현을 빌리면 저와 여러분에게 남겨 주신 십자가입니다. 이 십자가를 외면하지 않아야 합니다. 우리에게 주신 십자가가 있습니다. 우리 교회가 져야 할 십자가가 있습니다. 이 십자가를 내가 외면하면 이것은 다시 주님으로 하여금 십자가를 지시게 만드는 일입니다. 우리에게 주신 십자가를 함께 지고 갑시다.

둘째, 예수님의 지상 사역 가운데 있는 고난입니다. 예수님은 굶주리셨고, 목말라하셨으며, 예루살렘의 불신 때문에 우셔야 했으며, 제자들과 친구들의 배신으로 인해서 마음에 상처를 받으셨고, 괴로워하셨습니다. 예수님은 이 고난의 몫을 남겨 두셨습니다. 사도 바울은 이 고난을 지겠다고 고백했습니다.

오늘 우리 교회가 담당해야 할 고난이 무엇입니까? 이 지역을 위해, 하나님을 알지 못하는 이 땅을 위해 우리가 고난을 받고, 우리가 섬겨야 할 것이 무엇입니까? 사도 바울은 이 일을 위하여 내가 그리스도의 일꾼이 되었다고 고백합니다. 교회에는 그리스도의 일꾼이 필요합니다. 우리가 일꾼으로 일할 때 하나님은 영광을 받으십니다. 이것이 교회론의 핵심입니다. 우리가 일을 할 때에는 교회를 통하여 일해야 합니다. 이웃을 섬길 때에도 주님의 이름으로 해야 합니다. 하나님은 교회를 통하여 하나님의 일을 하시고, 교회를 통하여 영광을 받으십니다.

사랑하는 성도 여러분, 우리 교회는 주님께서 이 땅에 하셨던 일을 계속하도록 주님께서 위임해 주신 거룩한 기관입니다. 우리에게 교회를 주심을 감사합시다. 이 교회를 통해 우리가 받는 은혜가 더 풍성해지기를 간구합시다. 이 교회를 통해 우리가 하나님의 말씀 안에 굳게 서서 복을 누리며 살도록 간구합시다. 주님이 친히 세워 주신 이 교회로 인하여 날마다 말씀의 은혜를 받고, 힘을 얻고, 복음을 전하며 이 땅에서 승리하는 성도들이 됩시다.

더 생각해 보기: 말씀 이해를 위한 예화

현대 기업은 광고비에 엄청난 비용을 지출합니다. 삼성 같은 기업은 연 2조 원을 넘나드는 광고비를 사용합니다. 현대 기업의 생존이 걸린 문제가 광고 즉 기업홍보에 관한 것으로, 우리나라의 각 기업은 전체 매출액의 약 4~10%를 광고비로 지출합니다. 20% 이상을 광고비로 지출하는 회사도 있습니다. 이것은 어마어마한 비용입니다. 그만큼 기업 이미지가 중요하다는 것입니다.

일본의 경제전문지 〈프레지던트〉는 삼성전자 하나가 일본의 소니, 히타치, 도시바 등 대표기업 9개의 영업이익을 합친 금액보다 많은 수익을 내는 이유를 분석했습니다. 후지모리 유지 씨는 "우수한 마케팅 능력을 토대로 소비자가 요구하는 것을 찾기 시작하고 그것을 구현시키는 뛰어난 매니저가 있다. 그리고 이것이 가능하도록 투자 판단을 신속하게 진행하는 최고 경영진이 있다. 정보 수집력과 의사결정 속도는 일본 기업과 엄청난 차이가 난다"라고 분석했습니다. 고객의 요구를 정확하게 파악하고 그 요구를 위해 신속하게 결정하고 투자하는 속도를 일본 기업들이 따라잡을 수 없다는 것입니다.

적용

1) 오늘 말씀의 주제 파악하기

2) 오늘 말씀 중 은혜 받은 부분 나누기

3) 삶에 구체적으로 적용하기

함께 드리는 기도 제목

1. 날마다 새롭게 살아 움직이는 교회가 되도록 노력하는 성도가 되게 하옵소서.
2. 우리 교회가 늘 좋은 교회가 되도록 기도하게 하옵소서.
3. 날마다 말씀의 은혜를 받고, 힘을 얻고, 복음을 전하며 이 땅에서 승리하는 성도가 되게 하옵소서.

제10과

하나님의 법

✣ **본문** : 누가복음 18장 9~14절
✣ **찬송** : 135장(어저께나 오늘이나, 통 133장)
✣ **요절** : “내가 너희에게 이르노니 이에 저 바리새인이 아니고 이 사람이 의롭다 하심을 받고 그의 집으로 내려갔느니라 무릇 자기를 높이는 자는 낮아지고 자기를 낮추는 자는 높아지리라 하시니라”(눅 18:14)

사순절은 자기 자신을 돌아보는 절기입니다. 소크라테스는 “너 자신을 알라”는 유명한 말을 남겼는데, 이 말은 나의 장점이나 능력을 알라는 말이 아니라 나의 부족함, 연약함을 깨달을 때 진실한 인간이 된다는 말입니다. 우리는 이 사순절 기간 동안에 나 자신에 대해 더 잘 깨닫게 되기를 바랍니다. 이 말은 ‘내가 주님께 가까이 가는 데 장애물이 무엇인가? 내가 하나님의 축복을 받는 데 장애물이 무엇인가? 내가 더 큰 은혜를 받는 데 막힌 담이 무엇인가?’를 깨달아 보자는 말입니다. 사순절 기간에 특별새벽기도회도 하고, 금식도 하는 이유가 바로 여기에 있습니다. 나에게 들려주시는 주님의 음성을 귀를 기울이고 들어 보자는 말입니다.

오늘 본문의 말씀은 자기 자신을 알지 못하는 사람들에게 주시는 주님의 비유의 말씀입니다. 예수님께서 말씀하신 바리새인들은 자기 의에 철저한 사람들이었습니다. 예수님도 인정할 만큼 이들은 율법을 열심히 지켰습니다. “너희 의가 서기관과 바리새인보다 더 낫지 못하면 결코 천국에 들어가지 못하리라"(마 5:20)고 말씀하셨습니다. 그런데 이들에게 큰 문제가 있었습니다. 그것은 자기 자신에 대해 잘 모른다는 점입니다. 자기를 의롭다고 믿고 다른 사람들을 무시하는 사람들이었습니다.

어느 날 성전에 두 사람이 기도하러 올라갔는데 한 사람은 바리새인이고 한 사람은 세리입니다. 바리새인은 매일 시간을 정해 놓고 기도하였는데 어느 날 기도하다 보니 한쪽 구석에 세리가 기도하는 모습이 보였습니다. 이때 바리새인은 기도하기를, "하나님이여! 나는 다른 사람들과 같이 토색, 불의, 간음을 하지 않고 살았습니다. 이 세리와도 같지 아니함을 감사하나이다" 하고 자랑스럽게 기도를 합니다. 바리새인은 서서 기도하였고, 따로 기도하였다고 했습니다. 다른 사람들이 기도하는 장소에서 앞서 나가 혼자서 기도하였다는 말입니다. 모든 사람들이 바라보는 가운데 기도하였다는 말입니다.

그런데 한쪽 구석에서는 세리가 역시 기도를 하는데 "하나님! 나를 불쌍히 여기소서. 나는 죄인이로소이다" 하고 기도를 합니다. 당시의 세리는 모든 사람들에게 멸시를 받던 사람들입니다. 자국민에게 세를 거두어서 로마에 바치는 역할을 하던 사람들이 세리입니다. 이 세리의 기도하는 모습을 보면 '멀리 서서' 라고 기록되어 있습니다. 다른 사람들이 볼까봐 성전의 구석에서 기도하였다는 말입니다. 세리는 눈을 들어 하늘을 우러러보지도 못하고 가슴을 치며 안타깝게 기도하였다고 했습니다.

예수님께서 이 두 사람의 기도를 보시면서 판단하십니다. "내가 너희에게 이르노니 이 사람이 즉 세리가 저 사람보다 즉 바리새인보다 더 의롭다 하심을 받고 집에 내려갔느니라. 무릇 자기를 높이는 자는 낮아지고 자기를 낮추는 자는 높아지리라."

바리새인과 세리의 다른 점이 무엇입니까?

1. 세리에게는 회개가 있었습니다

회개 없이는 주님을 만날 수 없습니다. 주님을 만나는 순간 나도 모르게 나오는 것이 회개입니다. 그래서 주님을 처음 영접하고 나면 대개 어떻습니까? 눈물이 나옵니다. 어떤 분은 통곡하기도 합니다. 주님을 만나는 순간 내 죄가 다 드러납니다. 숨기려야 숨길 수가 없습니다. 베드로는 주님을 만나게 되었을 때에 자기도 모르게 무릎을 꿇고 "주여, 나를 떠나소서. 나는 죄인이로소이다" 하고 고백하였습니다.

회개는 자발적입니다. 누가 가르친다고 되는 것이 아닙니다. 사람은 아무도 내 죄를 모르지만, 그것을 숨기면 내가 존경받을 수 있고 체면도 차릴 수 있지만 주님을 만나면 내 체면과 지위와 나이와 학식이 다 소용없습니다. 그저 엎드리게 됩니다. 우리와 주님 사이에는 담이 막혀 있는데 회개의 눈물이 흐르는 순간 그 담이 무너집니다. 회개하는 순간 주님이 내 안에 들어오십니다. 회개하면 나를 지배했던 죄가 무너지게 됩니다.

바리새인은 회개할 것이 없다고 생각했습니다. 다른 사람과 비교를 하니까 자신이 더 낫다고 생각했습니다. 성경은 "의인은 없나니 하나도 없다"고 했습니다(롬 3:10). 서로를 비교해서는 안 됩니다. 우리는 하나님 앞에 서면 다 죄인입니다. 바리새인은 봉사를 하면 그것이 자기의 의라고 생각했습니다. 그들은 "내가 십일조도 드리고 토색도, 불의도, 간음도 행하지 아니하였습니다"라고 기도했습니다. 왜 이런 기도를 합니까? 토색하는 사람, 불의를 행하는 사람, 간음하는 사람, 십일조를 드리지 않는 사람들과 자신을 비교했기 때문입니다.

신앙은 하나님과 나의 관계이지 다른 사람과 비교해서 상대평가를 하는 것이 아닙니다. 대학 성적에는 상대평가와 절대평가가 있습니다. 상대평가는 많은 사람 가운데서 비율을 정해 성적을 줍니다. 내가 시험을 잘못 치렀어도 다른 사람들이 다 못 치렀으면 좋은 성적을 거두게 됩니다. 그런데 절대평가는 등수에 관계없이 시험점수를 가지고 판단합니다.

하나님과의 관계는 상대평가가 아니라 절대평가입니다. 바리새인은 상대평가를 한 반면 세리는 절대평가를 했습니다. 내가 하나님 앞에 서니 나는 죄밖에 보이지 않는다는 말입니다. 내가 주님을 따른다고 했지만 주님의 발자취를 보면 나의 모습이 부끄러울 뿐입니다. 그래서 주님의 전에 나오면 늘 감사하고 죄송스럽습니다. 신앙생활은 죄인 된 내가 구원받은 은총을 감사하는 것이지, 나를 알아달라는 것이 아닙니다. 성도 여러분, 주님 전에 나올 때마다 감사의 제사를 드리시기 바랍니다.

2. 세리는 마지막에 의롭다 함을 받았습니다

인생에는 마지막이 중요합니다. 두 사람의 구두쇠가 있었는데 이들은 라면 한 그릇 먹는 것도 아끼면서 돈을 모았습니다. 그래서 수백억의 재산을 모았습니다. 그런데 한 사람은 죽을 때까지 그렇게 구두쇠로 살다가 돈 한 푼 사용해 보지 못하고 임종을 맞이하게 되었습니다. 사람들은 그의 장례식에 가서 참 불쌍한 사람이라고, 생전에 그렇게 짜게 지내더니 고생만 하다가 죽었다고, 그 많은 돈을 친척이나 이웃에게 좀 쓰고 죽지 구두쇠로 살면서 미움받고 욕만 먹고 죽었다고 이야기를 했습니다.

그런데 다른 한 사람은 같이 구두쇠로 살았지만 마지막에 생각이 바뀌었습니다. 그래서 모은 수백억의 전 재산을 모두 사회에 기증했습니다. 학교에 기증을 하고 고아원에 기증했습니다. 그리고 얼마 지나지 않아 임종을 맞이했습니다. 사람들이 뭐라고 합니까? 참 훌륭한 사람이라고, 자신을 위해서는 동전 한 푼도 안 쓰고 어렵게 돈을 모아 어려운 사람들을 위해 희생했다고 칭찬들을 합니다. 두 사람의 삶의 내용이 별로 다르지 않아도 한 사람은 마지막에 실패하고, 한 사람은 마지막에 성공한 삶입니다.

마지막을 잘해야 합니다. 인생도 그렇습니다. 중간에 잘 못했어도 마지막에 끝내기를 잘해서 역전을 시키면 됩니다. 지금까지 잘못 살았으면 어떻습니까? 앞으로 잘살면 됩니다. 지금까지 죄를 짓고 살았어도 앞으로 복된 삶을 살면 그것이 축복받은 인생입니다. 지금 잘하는 것도 중요하지만 마지막에 승리해야 합니다. 마지막에 승리한다는 것은 승리의 면류관을 쓰는 것입니다. 신앙에 승리하는 비결은 자기부정이 있어야 합니다. 주님께서 말씀하십니다. "자기를 부인하고 자기 십자가를 지고 나를 좇지 아니하면 천국에 들어올 수 없다"라고 말씀하십니다.

예수님은 "내가 의인을 부르러 온 것이 아니요 죄인을 부르러 왔노라"고 말씀하셨습니다. 하나님께서는 자신이 죄인인 줄 알고 하나님 앞에 불쌍히 여겨 달라고 엎드리는 세리를 의롭다고 하셨습니다. 이것이 하나님의 눈이요 하나님의 법입니다.

사순절은 나를 돌아보는 절기입니다. 주님을 통해서 나를 발견하는 절기입니다. 거울을 바라보면 나의 온몸이 비추이듯 주님의 말씀에 비추어 나의 죄를 깨닫고 속죄하는 기간입니다. 이 사순절 기간 동안에 나를 돌아보고 겸손히 주님 앞에 엎드리며 나의 죄 된 모습을 발견하고 주님께 나아가 은총을 입는 복된 성도들이 됩시다.

더 생각해 보기: 말씀 이해를 위한 예화

우리나라 바둑왕 중에 이창호라는 천재기사가 있습니다. 이창호 기사는 특히 초읽기에 강합니다. 다른 기사들은 끝내기에 들어가서 초읽기에 몰리면 평소에 쉽게 할 수 있는 것도 실수하고 맙니다. 그런데 이창호 기사는 초읽기에 몰려도 한 수, 한 수, 실수 없이 잘 두어 나갑니다.

어떤 기자가 이것을 보면서 이창호 기사의 내력을 조사했는데, 이창호의 부친이 시계점을 했다는 것을 알게 되었습니다. 그래서 이창호는 어머니의 뱃속에 있을 때부터 시계의 초침 소리를 들으며 태아교육을 받았고, 어릴 적부터 시계 소리를 들으며 자랐다고 합니다. 그래서 바둑을 둘 때에도 끝내기의 시계 초침 소리가 나면 다른 기사들은 주눅이 드는데 이창호 기사는 오히려 편안해진다고 합니다.

맞는 말인지는 모르겠지만 어쨌든 오늘의 이창호가 된 것은 마지막 끝내기를 잘해서입니다. 이창호 기사는 마지막에 역전을 잘 시킵니다. 모든 일은 마지막을 잘해야 합니다.

적용

1) 오늘 말씀의 주제 파악하기

2) 오늘 말씀 중 은혜 받은 부분 나누기

3) 삶에 구체적으로 적용하기

함께 드리는 기도 제목

1. 사순절 기간에 참된 회개를 통해 주님을 만나게 하옵소서.
2. 주님 전에 나올 때마다 감사의 제사를 드리게 하옵소서.
3. 사순절 기간 동안 나를 돌아보고, 겸손히 주님 앞에 엎드리며, 나의 죄 된 모습을 발견하고, 주님께 나아가는 은총을 입게 하옵소서.

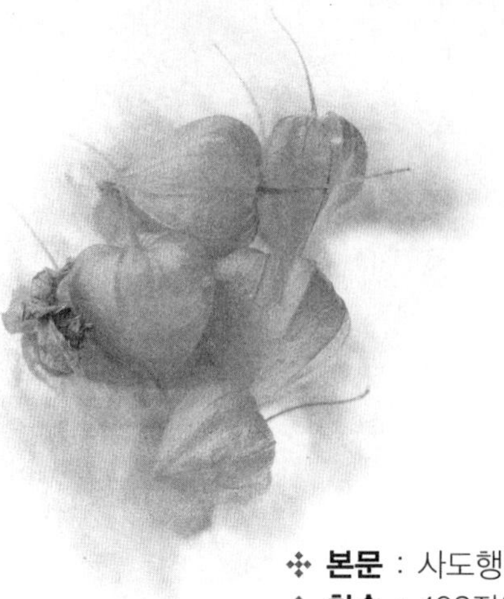

제11과

내 백성이 많음이라

✣ **본문** : 사도행전 18장 9~10절
✣ **찬송** : 498장(저 죽어가는 자 다 구원하고, 통 275장)
✣ **요절** : "내가 너와 함께 있으매 어떤 사람도 너를 대적하여 해롭게 할 자가 없을 것이니 이는 이 성중에 내 백성이 많음이라 하시더라"(행 18:10)

복음의 기회가 늘 있는 것이 아닙니다. 하나님께서 우리에게 기회를 주실 때에 복음을 전해야 합니다. 사도 바울은 "나는 때를 얻든지 못 얻든지 복음을 전한다"라고 했습니다. 세계 각국에서 발생하는 자연재해와 전쟁으로 많은 사람이 큰 고통을 겪습니다. 방송을 통하여 나타난 자연재해와 전쟁의 모습을 보면 안타까움을 금할 수가 없습니다. 인간이 얼마나 나약하고 부족한 존재인지를 다시 한 번 깨닫게 됩니다. 많은 사람들이 찰나에 죽어가는 것을 보면서 '저들에게 복음을 한 번만 전했더라면……' 하는 안타까움이 있었습니다.

1. 담대하게 전하십시오

오늘 주님께서는 환상 중에 바울에게 나타나셔서 "두려워하지 말며 침묵하지 말고 말하라"(9절)고 하셨습니다. 고린도는 복음을 전하기에 최악의 도시였습니다. 이곳에서 많은 핍박을 받았습니다.

8절에 "회당장 그리스보가 온 집안과 더불어 주를 믿었다"고 했습니다. 이 영향을 받아 많은 고린도 사람들이 예수를 믿고 세례를 받았습니다.

이 일은 복음을 전하는 데 중요한 영향을 미쳤습니다. 회당장이 예수를 믿은 사건은 유대인들에게 충격적인 사건이었을 겁니다. 회당은 유대인들의 예배장소입니다. 또한 유대인들의 율법과 교육을 담당하는 아주 굉장한 영향력이 있는 곳입니다. 그러므로 회당장은 유대인에게 존경받는 인물이었습니다. 이런 인물이 예수를 믿었으니 유대 사회가 발칵 뒤집히는 것은 당연한 일입니다. 유대인들이 어떻게 했겠습니까? "이 일이 바울로부터 일어났다. 저 바울을 죽이자" 하고 이야기를 했습니다.

바울은 늘 매를 맞고, 옥에 갇히고, 고난을 많이 당한 인물입니다. 바울은 매를 많이 맞아 보았기에 매에 대한 두려움이 있었습니다. 유대인들이 바울을 잡으러 온다고 하는데 옛날에 맞았던 기억이 떠오릅니다. 사도 바울이라고 안 아프겠습니까? 매우 두려운 상태입니다. 바로 이때 환상 중에 주님께서 나타나셔서 말씀을 주십니다. "바울아, 두려워하지 마라. 괜찮다. 침묵하지 말고 말하라"고 말씀을 주십니다. 우리가 전도하려고 하면 두려운 마음이 듭니다. '면박을 주면 어떻게 하나? 안 믿는다고 하면 어떻게 하나?' 하는 두려움이 있습니다. 이때 오늘 사도 바울에게 주신 주님의 음성을 여러분도 듣기를 원합니다. "두려워하지 마라. 침묵하지 말고 말하라."

이스라엘 백성들이 전쟁에 나갈 때에 하나님께서 주신 말씀이 "두려워하지 말라"는 말씀입니다. 세상을 두려워하지 마십시오. 여러분이 말할 때에 죽어가는 영혼이 살아 옵니다. 전도는 말로 하는 것입니다. "누구든지 주의 이름을 부르는 자는 구원을 받으리라 말씀을 전파하는 자가 없이 어찌 들으리요"라고 말씀하셨습니다(롬

10:13~14). 전해야 합니다.

임진왜란 때 가등청정이 백두산 호랑이를 생포했습니다. 풍신수길에게 선물로 보냈는데 일본에 도착할 때까지 배 안에서 잡아먹고 잘 지내라고 우리 안에 개 세 마리를 넣어 주었습니다. 그런데 일본에 도착해 보니까 백두산 호랑이는 죽어 있었고, 개 세 마리는 멀쩡히 살아 있었습니다. 그 개가 바로 진돗개였습니다. 세 마리가 힘을 합쳐 호랑이를 이겼습니다. 두려워하지 않으면 호랑이도 이길 수 있습니다.

'두렵다, 안 된다' 라고 생각하면 안 됩니다. 그러나 '된다' 라고 생각하고 될 줄로 믿고 기도하고 나아가면 하나님께서 복음의 문을 열어 주십니다. 우리 교회가 1만 명 초청잔치를 할 때 '안 된다' 고 생각하는 사람들이 있었습니다. 그러나 '된다' 고 생각하고 나가서 전도하는 사람들이 있으니 1만 명이 넘게 채워졌습니다. 두려워하지 말고 믿음으로 담대하게 나가 열매를 맺는 성도들이 됩시다.

2. 하나님께서 도와주십니다

"내가 너와 함께 있으매 어떤 사람도 너를 대적하여 해롭게 할 자가 없을 것이니"(10절)라고 말씀하십니다. 전능하신 주님께서 "내가 너와 함께한다" 는 말씀을 하십니다. 어떤 과 함께하십니까? 담대하게 전도하는 사람입니다. 말 잘하는 사람이 전도 잘하는 것이 아닙니다. 전도는 두려움 없이 전하는 사람이 잘합니다. 역사상 사도 바울 이후 최고의 전도자는 무디입니다. 무디는 말을 잘 못했습니다. 문법도 많이 틀렸습니다. 그러나 하나님이 함께하시니 그가 가는 곳마다 놀랍게 복음이 전파되었습니다. 전도하는 사람은 하나님의 능력을 깨닫게 됩니다. 그 능력은 크고 굉장한 능력입니다.

어떤 사람이 계곡에서 물에 떠내려가는 어린 아들의 손을 잡았습니다. 한 손으로는 나뭇가지를 붙잡고 매달려 필사적으로 아이를 끌어올리려 하는데 힘이 부칩니다. 그래서 그만 아이의 손을 놓쳐 버렸습니다. 이 아버지가 텔레비전에 나와 못난 아비를 용서하라고 우는 모습을 보았습니다. 사람을 의지하면 낭패를 볼 때가 반드시 옵니다. 세상의 권력은 반드시 지는 때가 옵니다. 사람의 힘은 약해지는 때가 옵니다. 그러나 하나님의 힘은 절대로 약해지지 않습니다.

지구상에 세워진 수많은 교회는 하나님의 능력으로 세워졌습니다. 그러나 하나님이 직접 세우신 것이 아닙니다. 하나님께서 세우신 사람들이 두려워하지 않고 나아가 일할 때에 그들을 통해 수많은 교회를 세워 주셨습니다. 도시에도 시골에도 어촌에도 교회들이 세워졌습니다. 복음이 한 번도 닿지 않았던 곳에 속속들이 교회가 세워지고 있습니다. 하나님의 능력으로 세워집니다. 내가 몸이 약해도 전도할 수 있습니다. 내가 지식이 부족해도 전도할 수 있습니다. 내가 가난해도 전도할 수 있습니다. 내가 전하기만 하면 하나님께서 그들의 마음을 움직여 주십니다.

3. 내 백성이 많다고 하셨습니다

2010년에 우리 교단이 '300만 성도운동'을 했습니다. 실제로 많은 사람들이 300만 운동을 통해 예수를 믿었습니다. 모든 교회가 함께 일어나 전도하려고 마음을 먹으니 부흥이 일어났습니다. 그러나 아직도 이 땅에는 믿지 않는 사람들이 훨씬 더 많습니다. 왜 전도가 안 됩니까?

첫째, 전도할 사람이 없다고 생각하는 사람은 전도하지 못합니다. 예수 믿을 사람이 없다고 보면 보이지 않습니다. 그러나 많다고 보면 주님께서 예수 믿을 사람을 자꾸만 보내주십니다.

둘째, 다음에 하겠다는 사람은 전도하지 못합니다. 다음에 하겠다는 것은 영원히 못할 수도 있다는 말입니다. 복음 전하는 일에는 다음이 없습니다. 세계 각국에 자연재해가 일어날 줄 누가 알았습니까? 우리는 미래를 모릅니다. 그러므로 기회가 있을 때마다 전도해야 합니다.

셋째, '다른 사람이 하겠지' 라고 생각하는 사람은 전도하지 못합니다. 전도는 내가 하는 것입니다. 다른 사람이 전도하기까지 기다릴 수 없습니다. 시간이 급합니다. 하나님께서 기회를 주실 때에 열심히 전도하시기 바랍니다. 등록 안 시켜도 괜찮습니다. 한 번만, 그저 한 번만 주님 앞에 데리고 오면 됩니다. 그러면 주님께서 그 마음을 인도해 주십니다.

전도하는 사람에게는 축복이 있습니다. 오늘 말씀에 "하나님이 함께하신다" 라고 하였습니다. 평소에 전도하고 사는 사람에게는 하나님이 평소에도 함께하십니다. 그래서 악한 마귀 사탄이 틈타지 못합니다. 가정을 지켜 주십니다. 일터를 지켜 주십니다. 자녀들을 보호해 주십니다. 이것이 전도하는 자가 받는 복입니다. 전도하는 자에게는 이 세상에서도 복을 주시고, 저 세상에서도 별과 같이 빛날 것이라고 하셨습니다.

주님께서는 "이 땅에 내 백성이 많다" 라고 말씀하십니다. 아직 주님의 음성을 듣지 못한 내 백성이 많다고 하십니다. 밭이 희어져 추수할 것이 많다고 하신 주님의 마음을 깨달을 수 있기를 바랍니다. 주님의 음성을 듣고 나가 복음을 전하여 칭찬받는 성도들, 열매 맺는 성도들이 됩시다.

더 생각해 보기: 말씀 이해를 위한 예화

어느 목사님께 들은 간증입니다. 아주 시골에서 자란 이 분은 얼마나 시골이었는지 군대에 가기 전까지는 교회를 한 번도 본 적이 없었답니다. 군에서 휴가를 나와 어머니와 함께 시골 논둑길을 걷고 있는데, 한 낯선 사람이 지나가면서 전도지를 어머니에게 주고 가더랍니다. 그런데 어머니는 걸음을 멈추고 한참 동안이나 그 전도지를 바라보고 있더랍니다.

"어머니, 왜 그러십니까?" 하고 다가서서 보니, 어머니의 눈에 눈물이 가득 고여 있었습니다. 어머니는 처녀 적에 시골에서 교회를 열심히 다녔는데 그만 교회가 없는 시골로 시집을 오면서 교회를 다니지 못하게 된 것입니다. 실로 오랜만에 예수님을 전하는 전도지를 보니 눈물이 나왔습니다. 어머니가 아들의 손을 잡고 말했습니다. "얘야, 나는 네가 목사가 되었으면 좋겠다." 이 청년은 아무 생각 없이 대답을 했습니다. "예, 제가 목사가 될게요."

그런데 휴가를 마치고 부대로 돌아간 이 청년은 청천벽력과도 같은 소식을 들었습니다. 어머니가 갑자기 돌아가셨다는 것입니다. 이 청년은 어머니의 유언과도 같은 말씀을 기억하며 공부를 하여 나중에 목사가 되었습니다. 지나가는 사람의 한 장의 전도지가 없었더라면 이분은 목사가 되지 못했을 것입니다. 또 많은 사람들에게 복음을 전하지도 못했을 것입니다.

적용

1) 오늘 말씀의 주제 파악하기

2) 오늘 말씀 중 은혜 받은 부분 나누기

3) 삶에 구체적으로 적용하기

함께 드리는 기도 제목

1. 두려워하지 말고, 믿음으로 담대하게 복음을 전파하게 하옵소서.
2. 하나님이 도와주심을 믿고 전도하여, 전도자의 복을 누리게 하옵소서.
3. 복음을 전파하여 별과 같이 빛나는 축복을 받는 성도가 되게 하옵소서.

제12과

그리스도의 고난에 동참하는 자

(종려주일, 고난주간)

✣ **본문** : 마가복음 14장 12~16절
✣ **찬송** : 151장(만왕의 왕 내 주께서, 통 138장)
✣ **요절** : "제자들이 나가 성내로 들어가서 예수께서 하시던 말씀대로 만나 유월절 음식을 준비하니라"(막 14:16)

예수님께서 이 땅의 마지막 사역을 감당하시려고 예루살렘에 오십니다. 이 병든 세상을 정화시키시기 위해 죄와 권력의 한복판, 중심지로 들어오십니다. 예수님께서 예루살렘에 오시는 이날을 우리는 종려주일이라고 부릅니다. 예수님의 행진의 내용이 4복음서에 나란히 기록되어 있고, 구약에는 스가랴 9장에 기록되어 있습니다. 이 시기는 예수님의 공생애를 정리하는 마지막 시기입니다. 종려주일 다음날부터 고난주간이 시작되고, 고난주간이 지나면 부활주일을 맞이하게 됩니다. 종려주일에서 고난주간으로, 다시 부활주일로 이르는 아주 짧은 기간이지만 이 일주일 동안 예수님의 목표를 향한 혼신의 땀과 기도를 볼 수 있습니다. 이 한 주간이 예수님의 공생애의 종착지요, 결론입니다.

고난주간에는 특별새벽기도회를 합니다. 새벽에 나와 기도하는 것이 얼마나 힘이 듭니까? 그러나 옛날 구약 시대에 새벽에 일찍 일어나는 자들만이 밖에 나가서 만나를 먹었던 것처럼 힘들더라도 1

년에 한 차례 있는 이 고난주간에 일찍 하나님 앞에 나와 말씀을 들을 때 깊은 은혜의 체험이 있습니다. 간절한 마음으로 하나님 앞에 기도하며 나 자신을 쳐서 복종시켜 깨끗하고 거룩한 그릇으로 만들어 예비해 놓고 기다리면 하나님께서 때가 되어 선한 일에 쓰임 받도록 복되고 좋은 일들을 만들어 주십니다.

1. 예수님께서 제자들에게 함께 유월절 식사를 할 집을 준비하라고 하셨습니다

예수님께서는 제자들을 동네로 보내시면서 물 한 동이를 가지고 가는 사람을 만날 텐데 그에게 "나의 객실이 어디 있느냐?" 라고 물으면 그가 너희를 인도해 줄 것이라고 하셨습니다. 바로 그곳이 예루살렘에 있는 마가의 다락방이었습니다. "나의 객실이 어디 있느냐" 라는 말씀은 본문 바로 앞 11장 3절에서 나귀 새끼 주인에게 "주가 쓰시겠다 하라" 하신 말씀과 일맥상통합니다. 나귀 새끼 주인에게 제자들이 말했습니다. "주가 쓰시겠다." 그러자 주인은 아무 말 없이 나귀 새끼를 내주었고, 주님은 그 나귀 새끼를 타시고 벳바게 마을을 떠나 예루살렘으로 마지막 행진을 하셨습니다.

여기서 우리는 중요한 한 구절을 발견하게 됩니다. "나의 객실을 달라" 는 말씀과 "주가 쓰시겠다" 는 말씀입니다. 이 말의 헬라어 원뜻은 '빌려 달라' 는 의미입니다. 주님이 쓰실 터이니 빌려 달라는 말입니다. 오늘 우리도 주님께서 쓰시겠다 하실 때에 "예, 그렇습니다. 아멘입니다" 라고 대답해야 합니다.

장로교 교리의 중심에는 은혜와 섭리의 교리가 서 있습니다. 우리가 받은 것은 내가 잘나서 받은 것이 아니라 모두가 하나님의 은혜로 된 것임을 깨닫는 것이 은혜입니다. 섭리는 나에게 주신 모든 것이 다 이유가 있고 뜻이 있다는 것을 깨닫는 것입니다. 하나님께서 사용하시려고 우리에게 건강도 주시고, 믿음도 주시고, 지식도 주시고, 은혜도 주시고, 물질도 주셨습니다. 그냥 된 것은 없습니다. 이것을 깨달아야 섭리의 교리를 깨닫게 됩니다.

주님께서 오셔서 나의 시간, 나의 재능, 나의 건강, 나의 물질을 빌려달라고 하십니다. 말씀을 보십시오. 우리 주님은 그냥 달라고 하시지 않습니다. 빌려 달라는 것입니다. 내가 더 많은 것으로 갚아 줄 터이니 빌려 달라고 하십니다. 여러분, 주님께서 여러분의 것을 쓰시겠다 할 때에 주저 하지 말고 드리는 성도들이 됩시다.

2. 주님의 말씀에 즉시 순종해야 합니다

당시 예루살렘에는 웅장한 왕궁과 성전과 저택들이 있었습니다. 다락방은 호화주택도 아니었고, 쓸 만한 건물도 아니었습니다. 그러나 "나의 객실이 어디 있느냐?" 라고 하셨을 때 주인은 두말없이 그 다락방을 내놓았습니다. 그날 그 사건 이후 그 다락방은 세계 기독교인이 찾는 명소가 되었습니다. 성지를 순례하는 사람치고 만찬을 베풀었던 다락방을 방문하지 않는 사람은 없습니다. 힘없는 나귀도 주님을 태우니 유명해졌고, 값싼 다락방도 예수님께 빌려 드리고 세계적 명소가 되습니다.

제자들은 예수님께서 승천하신 후 감람산에서 돌아와서 바로 이 마가의 다락방으로 들어갔습니다. 거기서 간절히 기도했더니 예수님께서 약속하신 성령이 이 마가의 다락방에 임해서 120문도가 성령 충만을 받고 위대한 예루살렘 초대교회가 탄생하게 되었습니다. 바로 마가의 집이 첫 교회가 되었습니다.

또한 마가는 어떻습니까? 마가는 베드로와 바울에게 귀한 존재가 되었습니다. 이후에 바울이 순교하자 알렉산드리아로 가서 기독교를 널리 전하고 나중에는 위대한 순교로 생을 마감했습니다. 믿는 자의 최고의 헌신이 무엇입니까? 주를 위해 순교하는 일입니다.

여러분, 어떻게 마가라는 한 청년이 이런 놀라운 사역자가 되었습니까? 주가 쓰시겠다 하실 때 주저 없이 다락방을 내어드렸기 때문입니다. 이로 말미암아 하나님께서 마가의 인생을 놀랍도록 변화시켜 주시고 축복해 주셨습니다. 여러분, 주님께서 여러분을 쓰시겠다고 할 때 여러분을 주저 없이 내어드리시기 바랍니다. 시간을 내어드리고, 건강을 내어드립시다. 그것이 바로 주님이 원하시는 여러분의 다락방입니다.

3. 고난의 종으로 가시는 주님을 바라보아야 합니다

본문 바로 앞의 11장 3절에 보면 나귀를 빌려 달라고 하시는 말씀이 나옵니다. "나귀가 있거든 풀어 끌고 오라. 누가 왜 이리하느냐 묻거든 주가 쓰시겠다 하라" 하셨습니다. 주님께서 쓰시겠다 할 때에 마가가 다락방을 내어드린 것처럼 이 사람도 주님께서 쓰시고자 할 때에 나귀 새끼를 내어놓습니다. 이 사람의 이름은 성경에 나타나지 않지만 이 나귀는 귀한 역할을 했습니다. 그저 곡식이나 갈며 밭이나 갈아야 할 나귀가 평화의 왕을 태우고 입성하는 고귀한 역할을 담당했습니다. 이 나귀의 주인은 평생 동안 이 일을 회상하며 즐거워했을 것입니다. '내 어린 나귀가 그때 주님을 태우고 예루살렘으로 갔노라' 고 늘 회상했을 것입니다.

주님이 왜 나귀를 빌려 달라고 하셨습니까? 하나님의 말씀을 이루시기 위하여 빌려 달라 하셨습니다. 예수님께서 나귀 새끼를 타신 것은 스가랴 선지자의 예언을 이루시기 위함이었습니다. 예수님은 칼과 창으로, 말을 타고 오는 세상의 심판자로서의 왕이 아니라 평화의 왕으로 오셨습니다. 그래서 나귀를 타고 행진을 하십니다. 그 행진에는 세상 왕의 행진처럼 번쩍거리는 창과 방패도 없었고, 전쟁이나 피 흘림의 흔적도 없었습니다. 예수님께서는 하늘나라에 속한 그 나라를 보여주시기 위해 사람이 한 번도 타지 않은 나귀 새끼를 타셨습니다. 사람들이 보기에는 종려나무를 흔드는 영광의 행진이었지만, 사실은 십자가로 향하는 고통의 행진이었습니다.

예수님께서는 예루살렘 성 앞에 오셔서 우셨다고 했습니다. 그저 눈물을 뚝뚝 흘린 것이 아니라 구원을 잃어버린 예루살렘의 미래를 바라보며 "예루살렘아, 예루살렘아" 하고 부르짖으며 우셨습니다. 예루살렘 성의 비참한 최후를 이미 바라보신 예수님께서 그동안 함께 지냈던 백성들을 생각하며 통곡하셨습니다. 예수님을 따르던 백성들과 제자들은 이 갑작스런 예수님의 눈물을 이해하지 못했습니다. 예수님은 예루살렘 궁궐의 높은 자리가 아니라 골고다 언덕의 십자가를 바라보며 나귀를 타셨습니다. 세상의 왕이 되기 위하여 가시는 것이 아니라 고난의 종의 되기 위하여 가고 계십니다. 고난의 종으로 가시는 주님을 바라보는 사람만이 부활의 주님을 맞이할 수 있습니다. 그리스도의 남은 고난에 참여하는 자만이 부활의 주님을 만날 수 있습니다.

고난주간은 특별히 예수님을 바라보며 그 당하신 고난에 동참하는 기간입니다. 그리고 신랑을 기다리는 신부처럼 깨끗한 마음으로 예수님의 부활을 준비하는 기간이기도 합니다. 여러분, 정결한 모습으로 오시는 주님을 예비하시기 바랍니다. 고난이 없으면 면류관도 없습니다. 고난이 없으면 부활도 없습니다. 고난이 없으면 영광도 없습니다. 이 세상에서 자랑할 것이 아무리 많아도 부활하는 데는 아무 유익이 없습니다.

여러분, 종려주일은 고난을 넘어 부활의 영광으로 나아가는 결전의 시간입니다. 고난의 주님과 함께 이 고난주간을 헤치고 부활의 아침을 함께 맞이하는 성도들이 됩시다.

더 생각해 보기: 말씀 이해를 위한 예화

인도의 성자 선다 싱이 히말라야 산맥을 오르다가 본 광경입니다. 한 마을에 불이 났는데 불을 끄던 동네사람들이 불 끄기를 중단하고 나무 위를 쳐다보는 것이었습니다. 나무 위에 있는 새 둥지로 불이 타올라가니 새끼들은 둥지에서 짹짹거리며 울고 있고, 어미 새는 둥지 주위를 뱅뱅 돌았습니다. 결국 불길이 그 새 둥지를 덮치자, 어미 새가 날개로 새끼들을 품고 함께 불에 타 죽었습니다.

선 다싱은 그때 깨달음을 얻었습니다. '그렇구나! 죽을 줄 알면서 새끼들과 함께한 그 어미 새처럼, 하나님께서도 우리를 살리기 위해 예수 그리스도를 보내서 십자가에 죽게 하셨구나!' 그는 하나님의 사랑에 감격해 울었습니다.

적용

1) 오늘 말씀의 주제 파악하기

____

____

____

2) 오늘 말씀 중 은혜 받은 부분 나누기

3) 삶에 구체적으로 적용하기

함께 드리는 기도 제목

1. 고난주간 동안 기도하는 가운데 하나님의 은혜를 체험하게 하옵소서.
2. 주가 쓰시겠다 하실 때 주저 없이 내어드리는 믿음을 갖게 하옵소서.
3. 고난의 주님과 함께 이 고난주간을 헤치고 부활의 아침을 함께 맞이하는 성도가 되게 하옵소서.

제13과

예수 귀한 이름

(부활주일)

✣ **본문** : 사도행전 10장 34~43절
✣ **찬송** : 166장(싸움은 모두 끝나고, 통 156장)
✣ **요절** : "우리는 유대인의 땅과 예루살렘에서 그가 행하신 모든 일에 증인이라 그를 그들이 나무에 달아 죽였으나 하나님이 사흘 만에 다시 살리사 나타내시되 모든 백성에게 하신 것이 아니요 오직 미리 택하신 증인 곧 죽은 자 가운데서 부활하신 후 그를 모시고 음식을 먹은 우리에게 하신 것이라"(행 10:39~41)

성경에는 예수님에 관한 이야기가 기록되어 있습니다. 구약 39권은 오실 메시아에 대한 말씀이고, 신약 27권은 오신 메시아와 다시 오실 메시아에 대한 말씀입니다. 이렇게 모든 성경이 예수님에 대하여 증언합니다. 성경이 일관되게 증언하고 있는 것이 무엇입니까? 그것은 놀랍게도 예수 그리스도께서 이 땅의 죄인들을 위하여 오셨다는 사실입니다. 1,400년이란 오랜 기간 동안 예수님에 관한 이야기가 쓰여졌습니다. 그리고 40여 명의 사람들에 의해 서로 각기 다른 곳에서 예수님의 이야기가 쓰여졌습니다. 이 많은 성경이 한 가지 일관된 내용을 기록하고 있는데, 바로 예수님의 오심과 다시 오실 재림에 대하여 기록하고 있습니다.

예수님은 이 땅에서 고난의 십자가를 지셨으나 3일 만에 부활하시고, 이 땅을 심판하시기 위하여 다시 오십니다. 이것이 성경이 일관되게 증언하는 내용입니다. 오늘 본문도 예수 그리스도에 대하여 증언하는 베드로의 설교입니다. 하나님께서 나사렛 예수에게 성령과 능력을 기름 붓듯 하셨으며, 예수께서 두루 다니시며 선한 일을 행하시고 마귀에게 눌린 자를 고치셨다고 합니다. 그런데 "그를 그들이 나무에 달아 죽였으나 하나님이 사흘 만에 다시 살리사 나타내시되 모든 백성에게 하신 것이 아니요 오직 미리 택하신 증인 곧 죽은 자 가운데서 부활하신 후 그를 모시고 음식을 먹은 우리에게 하신 것이라"(39-40절)고 증언하고 있습니다.

1. 베드로는 예수님의 부활을 증거하고 있습니다

베드로는 제자 중의 제자요, 예수님으로부터 천국 열쇠를 받은 제자입니다. 물 위로 걸어오시는 예수님을 바라보며 뛰어내린 제자는 베드로뿐이었습니다. 예수님을 잡으려고 하는 무리들을 향해 칼을 휘두르며 저항한 사람도 역시 베드로뿐이었습니다. 한마디로 예수님을 화끈하게 믿었습니다. 베드로가 다 좋았는데 단 한 가지, 죽음에 대한 공포가 있었습니다. 그래서 어린 소자가 "당신 예수의 무리 아니냐?" 할 때에 예수님을 저주까지 하며 부인했습니다. 죽음이 두려워 예수님을 부인하던 베드로가 어느 순간 담대해졌습니다. 이전에는 어린아이 앞에서도 못하던 신앙고백을 이제는 모든 사람들 앞에 찾아다니며 담대히 전합니다. 그 이유는 부활하신 예수 그리스도를 만났기 때문입니다.

오늘 본문에 죽은 자 가운데서 일어나신 후 우리에게 나타나셨고 음식을 함께 드셨다고 증언하고 있습니다. 분명히 십자가에 못 박혀 돌아가신 것을 보았는데, 죽으신 주님이 다시 오셔서 음식을 드시고, 제자들을 위로해 주시는 것을 목격한 후에 베드로는 그의 삶이 180도 변화되었습니다.

그렇습니다. 부활하신 주님을 만나야 확신이 있습니다. 부활하신 주님을 만나야 세상을 이길 힘이 생깁니다. 바울이 만나고, 베드로가 만난 것이 중요한 것이 아닙니다. 내가 부활하신 예수님을 만나야 합니다. 우리 성도들 모두가 부활하신 주님을 분명히 바라볼 수 있기를 바랍니다.

2. 부활의 첫 열매이신 주님을 따라 죽음을 이길 수 있습니다

예수님께서는 십자가에 달려 돌아가신 후 3일 만에 부활하셨습니다. 이 세상의 모든 종교들은 무덤을 자랑하지만, 예수님은 무덤이 없습니다. 부활하셨기에 무덤이 없습니다. 예수님은 부활하셔서 제자들에게 나타나셨고 하늘로 승천하셨습니다. 그리고 지금도 성령님을 통해 우리에게 역사하고 계십니다. 지금도 여러분을 지켜 주시고, 교회를 지켜 주십니다. 우리는 이 사실을 믿습니다. 그러므로 교회는 어떠한 환난과 역경 속에서도 흔들리지 않았습니다. 공산주의가 그렇게 교회를 말살하려 했어도 교회는 없어지지 않습니다. 오히려 교회는 더욱더 확장되어 갑니다.

성도들은 죽음에 대한 두려움이 없습니다. 우리는 반드시 천국에 들어갑니다. 여러분을 천국으로 인도하기까지 하나님은 여러분을 지켜 주십니다. 이 믿음을 잃지 마시기 바랍니다.

믿음은 들음에서 난다고 했습니다. 예수를 믿는 믿음, 내가 구원받을 믿음은 오로지 말씀에서 나옵니다. 그러므로 늘 말씀을 사랑하시기 바랍니다. 말씀을 귀하게 여기시기 바랍니다. 내가 좀 먹고 살 만하게 되었다고, 내가 걱정이 없다고 말씀 앞에 교만하면 안 됩니다. 하나님은 교만한 자를 버리십니다. 믿음은 겸손한 자에게만 주시는 선물입니다. 말씀을 멀리하면 죄가 찾아옵니다. 이스라엘 백성들이 말씀을 멀리하였을 때 어김없이 죄가 찾아왔습니다. 말씀을 가까이할 때가 가장 축복받은 때입니다.

오늘날 한국교회가 왜 어려움을 겪고 있습니까? 한국교회가 교만해졌습니다. 어렵고 힘들 때에는 오로지 하나님만 바라보았는데, 이제는 다른 것을 바라봅니다. 하나님 외에는 다른 길이 없음을 믿어야 합니다. 우리는 초대교회로 다시 돌아가야 삽니다. 말씀 중심으로 돌아가야 합니다. 그래야 순결한 믿음이 생깁니다. 말씀이 없는 믿음은 가짜입니다. 사탄 마귀는 말씀을 사모하지 않아도 믿음이 있는 것처럼 우리를 속입니다. 말씀을 사모해야 믿음이 생깁니다. 말씀이 여러분의 죄를 정결하게 씻어 주고, 말씀이 여러분의 심령의 문제를 치유해 줍니다. 말씀이 인생의 문제를 해결해 줍니다. 그리고 말씀을 믿을 때에 구원의 주인공이 됩니다.

3. 부활의 증인으로 살아야 합니다

부활의 주님께서 우리에게 명하신 것이 무엇입니까? 42절에 "우리에게 명하사 백성에게 전도하되"라고 하였습니다. 무엇을 전도합니까? 종말에 산 자와 죽은 자의 재판장이 되실 분이 바로 주님이시요, 이 주님을 믿는 자는 죄 사함을 입어 심판을 받지 아니할 것을 전해야 합니다. 우리 삶의 목적이 바로 여기에 있습니다. 부활의 주님을 전해야 합니다.

"주 예수를 믿으라 그리하면 너와 네 집이 구원을 받으리라"(행 16:31). 이 사실을 우리는 증거해야 합니다.

여러분은 예수를 만난 증인들입니다. 남편을 예수 믿게 만들려면 내가 집에서 증인의 삶을 살아야 합니다. 이웃집을 예수 믿게 하려면 내가 예수 믿는 증인의 삶을 살아야 합니다. 믿지 않는 사람들이 여러분을 보면 부러워해야 합니다. 이것이 증인의 삶입니다. 내가 먼저 죽어야 다른 사람을 살립니다. 한 알의 밀이 땅에 떨어져 죽어야 많은 열매를 맺듯이 내가 죽어야 예수 그리스도가 삽니다. 내가 죽으면 가정이 살고 교회가 삽니다. 내가 죽으면 영원한 생명으로 오히려 살게 됩니다. '죽어도 살겠고' 라는 바울의 말은 죽음으로 사는 부활의 역설적인 진리입니다. 예수 믿는 사람들이 죽지 않으려 하니 문제입니다.

옳은 것이 다 옳은 것이 아닙니다. 가정에서 아버지가 자녀를 회초리로 때리면 어머니가 말립니다. 조금 심하게 때린다 싶으면 어린아이를 꼭 끌어안고 차라리 나를 때리라고 어머니는 울면서 막아섭니다. 그럴 때 어머니가 옆에서 "참 고소하다. 너 말 안 듣더니 아주 잘 맞는구나. 내가 보니 너 30대는 맞아야 할 것 같다" 하고 있으면 그 가정은 깨어집니다. 아이가 잘해서 그런 것입니까? 아닙니다. 잘못한 것을 알지만 감싸줍니다. 교회는 어머니와 같은 곳입니다. 세상이 법으로 심판하고, 감옥에 보내고, 잘못한 것을 지적해도, 그들을 감싸주고 위로해 주는 곳이 교회입니다.

예수님께서 우리의 죄를 밝히고 책벌하는 일을 하신 것이 아닙니다. 죄에서 해방되도록 애쓰셨고, 마지막에는 예수님의 몸을 십자가에까지 내어주셨습니다. 십자가 밑에서 내려오라고 야유하는 이들을 바라보시며, "저들의 죄를 용서하여 주소서" 라고 하나님께 중보하신 분이 예수님입니다. 이것이 은혜입니다. 율법은 잘못한 것을 지적합니다. 그리고 형벌이 있습니다. 그러나 은혜는 용서해 줍니다. 내가 더 안타까워합니다. 예수님께서 여러분을 은혜로 대해 주셔서 이 자리에 있습니다.

예수님은 부활하셨습니다. 예수님의 부활은 우리에게, 죽어도 다시 사는 축복, 사탄과 사망의 권세에서 승리하는 축복, 영생을 소유하는 축복입니다. 이 복을 소유하는 성도들이 됩시다.

더 생각해 보기: 말씀 이해를 위한 예화

교회 앞에 사는 어떤 할아버지가 스스로 교회에 나왔답니다. 그 전에는 아무리 전도해도 믿지 않던 분이었습니다. 어느 날 집 앞에 앉아 교회 가는 사람들을 바라보고 있는데 이들의 얼굴에 모두 기쁨이 있더랍니다. 길을 가는 다른 사람들은 얼굴이 기쁘지 않은데 교회로 올라가는 사람들은 모두가 행복한 얼굴이었습니다. 충격을 받았습니다.

'저 교회에는 분명히 무엇이 있구나. 나도 예수 믿고 행복해져야겠다' 라고 생각하고 교회에 나왔다는 이야기입니다.

적용

1) 오늘 말씀의 주제 파악하기

2) 오늘 말씀 중 은혜 받은 부분 나누기

3) 삶에 구체적으로 적용하기

함께 드리는 기도 제목

1. 세상을 살아가면서 부활하신 주님을 분명히 바라보게 하옵소서.
2. 세상을 바라보지 않고 오직 하나님 말씀만을 바라보며 살아가게 하옵소서.
3. 부활의 증인으로 살아가며 하나님께 영광 돌리게 하옵소서.

제14과

미래를 세우는 교회

✣ **본문** : 시편 84편 1~8절
✣ **찬송** : 301장(지금까지 지내온 것, 통 460장)
✣ **요절** : "주의 집에 사는 자들은 복이 있나니 그들이 항상 주를 찬송하리이다"(시 84:4)

하나님께서는 사람들을 통해 하나님의 일을 이루어 나가십니다. 황무지와 같았던 초대교회에 12사도와 제자들을 세우시고 이들을 통해 교회를 세워 나가셨습니다. 이 복음이 전 세계에 전해지며 수많은 주의 백성들을 택하시고, 이들을 통해 주의 교회들을 세워 오셨습니다. 하나님께서는 우리 교회가 오늘에 이르기까지 수많은 사람들을 택하시고 이들의 헌신을 통해 오늘의 교회를 이루어 오셨습니다. 그러므로 여러분은 모두가 하나님께서 택하신 일꾼이요, 미래를 세우는 주역들입니다.

하나님께서는 교회의 부흥을 원하십니다. 부흥한다는 것은 꿈을 가진다는 이야기입니다. 꿈은 도전이요, 새로운 세계를 향한 개척의 정신입니다. 꿈이 있으면 남들보다 어려움이 있습니다. 남들이 흘리지 않는 땀을 흘리고, 남들이 하지 않는 일들을 합니다. 칼빈은 시편 84편을 다윗이 기록했다고 보고 있습니다. 다윗은 하나님의 나라를 향한 꿈과 비전을 가졌습니다. 이 꿈이 없었다면 그저 양이

나 치고 그의 인생이 편안하게 끝났을 것입니다. 그러나 꿈이 있었기에 그의 인생이 별과 같이 빛나게 되었습니다. 다윗의 꿈이 바로 여러분의 꿈이 되어야 합니다.

1. 더 나은 꿈을 가져야 합니다

오늘에 만족하는 사람은 더 발전하기가 어렵습니다. 늘 새로운 마음으로 하나님께서 새롭게 주실 은혜를 구하며 살아가는 사람이 믿음의 사람입니다. 교회가 잘되는 비결은 잘되는 교회를 바라보는 데 있습니다. 더 높은 수준의 교회가 되기 위해서는 높은 수준의 교회를 바라보고 그렇게 되기 위해 싸워야 합니다. 끊임없이 자기를 비워내고 끊임없이 싸워야 합니다. 영적으로도 자기보다 나은 사람들과의 만남이 있어야 합니다. 그래야 내가 도전을 받고 내가 영적으로 부흥합니다.

우리의 신앙은 언제나 미완성입니다. '나는 더 이상 발전할 것이 없다. 나는 더 이상 배울 것이 없다'고 생각한다면 이 사람은 지금 심각한 위험에 처해 있는 사람입니다. 이 사람은 이미 교만해진 사람입니다. 이 사람은 이미 하나님의 능력의 손을 떠나가고 있는 사람입니다.

"말세에 내가 내 영을 모든 육체에 부어 주리니 너희의 자녀들은 예언할 것이요 너희의 젊은이들은 환상을 보고 너희의 늙은이들은 꿈을 꾸리라"(행 2:17)고 했습니다. 자녀들이 예언을 한다는 것은 미래를 바로 바라본다는 말입니다. 노인들이 꿈을 꾼다는 것은 비전을 가진다는 말입니다. 이것이 믿음입니다. 대개 나이 70~80이 되면 꿈을 꾸지 않습니다. 사업을 구상해도 젊을 때에 하지 나이 80이 되어서 새로운 사업을 하겠다는 사람들이 별로 없습니다. 그런데 믿음이 들어가면 노인들이 꿈을 가지게 됩니다.

무슨 꿈입니까? 믿음 안에서의 꿈입니다. 육신은 연약해져도 영은 날로 강해지고 새로워져서 주님의 나라를 향한 꿈을 꾸고 비전을 가집니다. 세상의 사업은 그만두었어도 주님을 향한 사업, 복음을 향한 사업은 더 강하게 꿈꿉니다. 믿음이 있으면 그렇습니다.

우리 교회도 꿈과 비전이 있습니다. 오늘 성경이 말씀하는 시온의 대로가 이것입니다. 하나님의 전, 주의 성전으로 가는 대로가 열리기를 원해야 합니다. 길이 좁으면 많은 사람들이 올 수가 없습니다. 그래서 주의 전으로 가는 대로가 열리기를 원해야 합니다. 이 일을 위해 오늘 여러분을 이 시대의 교회에 세워 주셨습니다.

2. 나의 꿈을 가져야 합니다

다윗의 꿈은 형들의 꿈과 달랐습니다. 그래서 많은 인생의 어려움을 겪었습니다. 여러분, 꿈은 남의 것을 따라간다고 되는 것이 아닙니다. 다윗은 남의 꿈을 따라가지 않았습니다. 적국에 끌려가서도, 이리저리 거지 떼처럼 방황하면서도 하나님께서 나를 기름 부어 왕으로 세워 주셨다는 꿈을 잊지 않았습니다.

사랑하는 성도 여러분, 가난하십니까? 육신에 병이 있습니까? 외모에 문제가 있습니까? 꿈을 가지시기 바랍니다. 하나님은 여러분이 가진 환경과 한계를 뛰어넘어 역사하시기를 기뻐하십니다. 세상의 힘으로 할 수 없는 것을 하나님은 믿음의 사람을 통해 이루시기를 기뻐하신다는 사실을 깨닫는 자가 꿈을 가지고 기도합니다.

우리 교회에 문제가 있습니까? 특별히 약한 부분이 있습니까? 그 문제를 위하여 집중적으로 꿈을 가지고 기도하십시오. 꿈이 없는 사람은 불평하기를 먼저 합니다. 그러나 꿈의 사람은 문제를 하나님께서 주시는 기회로 생각합니다. 문제가 있으면 그 문제를 통하여 내가 복을 받아야지, 그 문제 때문에 내가 시험에 걸리고 넘어지면 실패자가 되고 맙니다.

여러분의 가정에 꿈이 있습니까? 하나님께서 여러분의 가정을 통해 영광 받으시기를 원하시는 꿈을 깨닫게 되기를 바랍니다. 우리 교회에 꿈이 있습니까? 하나님께서 우리 교회를 통하여 영광 받으시기를 원하시는 꿈을 깨닫게 되기를 바랍니다. 그리고 그 꿈을 향하여 함께 나아가시기를 바랍니다.

3. 꿈을 가진 사람은 목표를 향해서 전진합니다

다윗은 청소년 시절에 골리앗과의 싸움을 통해 하나님께 감동을 드렸던 사람입니다. 기골이 장대한 군인들이 모두 두려워 도망하려 할 때에 다윗은 골리앗을 향해 용감히 달려 나갔습니다. 다윗은 싸움에 이기기 위한 것이 아니었습니다. 골리앗이 하나님의 영광을 모욕하는 것에 분을 참지 못하고 달려 나갔습니다. 객관적으로 보면 다윗은 그때 이미 죽었어야 했습니다. 그러나 하나님께서는 하나님을 위해 죽음의 자리에 달려가는 다윗을 너무나 귀하게 여겨주셨습니다.

여러분이 싸워야 할 곳이 어디입니까? 먼저 싸워야 할 곳이 있다는 것을 알아야 합니다. 먼저 예배에서 승리해야 합니다. 예배에서 승리하지 못하면 세상에서도 결코 승리하지 못합니다. 다윗은 주의 전을 너무나 사랑했습니다. 영혼이 쇠약해지기까지 주의 전을 사모했습니다. 이것이 다윗이 영적으로나 육적으로나 승리하게 된 비결입니다.

지금 여러분은 영적인 싸움을 싸우고 있습니다. 상대편이 누구입니까? 보통 상대가 아닙니다. 악한 영입니다. 적당히 싸워서는 결코 이길 수 없는 상대입니다. 지금도 많은 성도들이 성령님께서 말할 수 없는 탄식으로 도와주시니 이 정도도 가능하다는 것을 알아야 합니다. 악한 영은 지금도 여러분의 마음에 의심을 주고, 육신을 졸리게 합니다. 이 싸움에 져서는 안 됩니다. 예배를 드릴 때마다 있는 힘을 다하여 싸워야 합니다.

성도 여러분, 하나님께서는 주의 자녀들이 꿈꾸는 것을 기뻐하십니다. 그리고 그 꿈대로 이루어 주시려고 준비하고 계십니다. "네 입을 크게 열라 내가 채우리라"(시 81:10)고 말씀하셨습니다. 오늘 본문말씀 6절에도 "그들이 눈물 골짜기로 지나갈 때에 그곳에 많은 샘이 있을 것이며 이른 비가 복을 채워 주나이다"라고 하였습니다. 꿈을 향한 눈물이 있을 때에 하나님께서 풍성한 샘과 이른 비로 우리에게 복을 부어 주십니다. 하나님께서는 성도들이 함께 꿈꾸는 것을 좋아하십니다. 우리 교회를 통하여 이 민족을 변화시키는 위대한 꿈을 가지고, 미래를 세우는 교회로 날마다 나아가는 성도들이 됩시다.

더 생각해 보기: 말씀 이해를 위한 예화

경남 거창에 거창고등학교가 있습니다. 이 학교는 단지 공부를 잘한다는 것만이 아니라 이 학교에 들어가면 인격적으로 훌륭한 학생들이 만들어집니다. 이 학교가 유명하게 된 데에는 전영창 교장 선생님의 헌신적인 봉사가 있었습니다. 이분은 매일 학생들에게 꿈을 외쳤습니다. 마틴 루터 킹, 로버트 슐러, 땅콩박사 카버, 안창호 선생님 등의 이야기를 늘 들려주셨습니다.

한번은 학생들에게 훈시를 하는데 포기하지 말라고 영어로 "Don't give up, never give up, never, never, never" 하고 외치다가 마지막으로 "Don' t give up"을 외치는데 얼마나 열정적으로 외쳤는지 "Don' t"를 하다가 그만 틀니가 앞으로 튀어 나왔습니다. 그러자 학생들이 "와" 하고 웃었습니다. 그런데 교장선생님은 떨어진 틀니를 주워 집어넣은 후에 있는 힘을 다해 나머지 "give up"을 외쳤습니다. 그 모습을 본 학생들은 더 이상 웃지 못하고 눈가에 눈물이 맺혔습니다.

틀니가 마룻바닥에 떨어진 것이 아니라 바로 학생들의 가슴에 비수처럼 꽂힌 것입니다.

적용

1) 오늘 말씀의 주제 파악하기

2) 오늘 말씀 중 은혜 받은 부분 나누기

3) 삶에 구체적으로 적용하기

함께 드리는 기도 제목

1. 주님을 향한 더 나은 꿈을 꾸게 하옵소서.
2. 하나님이 영광 받으시기를 원하시는 꿈을 깨닫게 하옵소서.
3. 주님의 몸 된 교회가 위대한 꿈을 가지고, 미래를 세우는 교회로 나아가게 하옵소서.

제15과

여호와를 기뻐하라

✣ **본문** : 시편 37편 1~4절
✣ **찬송** : 428장(내 영혼에 햇빛 비치니, 통 488장)
✣ **요절** : "또 여호와를 기뻐하라 그가 네 마음의 소원을 네게 이루어 주시리로다"(시 37:4)

시편 37편은 다윗이 자신의 일생을 회고하면서 하나님의 은혜에 감사하여 쓴 시편입니다. 다윗은 나이가 들어갈수록 하나님의 은혜를 깊이 깨달았습니다. 복된 사람은 시간이 지날수록 더 기뻐하고, 더 감사하고, 더 큰 은혜를 깨닫고, 더 많은 축복을 받는 사람입니다.

다윗은 목동이었습니다. 그런데 하나님의 은혜로 이스라엘의 2대 왕이 되었습니다. 다윗은 목동 시절의 생활을 늘 잊지 않았습니다. 그러기에 감사할 수 있었습니다. 우리가 좋은 음식을 먹을 때에 옛날을 생각하면 감사할 수 있습니다. 좋은 차를 타고 다니면서 옛날을 생각하면 감사할 수 있습니다. 하나님의 은혜를 잊지 않고 감사하는 사람에게 하나님은 더 큰 감사를 허락해 주십니다. 오늘의 말씀은 하나님의 은혜를 더 크게 누리는 비결을 말씀해 주시고 있습니다.

1. 행악자를 인하여 불평하지 말라, 불의를 행하는 자들을 시기하지 말라

세상에서 악한 일을 하는 사람들이 잘되는 경우를 봅니다. 불의한 자들이 잘되는 경우를 봅니다. 시편 73편에도 보면 "악한 자들이 죽을 때에도 고통이 없고, 그 힘이 강건하며"라고 말씀합니다. 말씀대로 살려고 애쓰는 사람들이 가정적으로 어려움을 당하고 육신의 고통을 당할 때에 하나님이 정말 살아 계실까 하는 마음이 듭니다. 그러나 그들을 보면서 불평도 하지 말고 시기도 하지 말라고 하십니다.

오늘의 말씀은 다윗의 신앙의 체험입니다. 다윗은 사울 왕에게 쫓겨 다녔습니다. 사울은 악한 일을 하는데도 왕좌에 앉아 잘살았습니다. 그런데 다윗은 하나님의 말씀대로 살려고 애썼는데, 하나님 을 위해서 목숨까지 걸었는데 늘 쫓겨 다닙니다. 다윗은 자신이 벼룩과 같이 되었다고 했습니다. 이리 뛰고 저리 뛰고, 그저 죽지 않으려고 뛰어다닙니다. 이때 다윗이 잠시 불평을 했습니다. 그리고 이 일을 회개하며, "내가 미끄러졌었다"라고 고백했습니다. 이후에 성소에 들어가면서 다윗은 깨달았다고 했습니다. '아하, 하나님께서 40년 동안이나 나를 연단시키셔서 인물을 삼으시고 백성의 고통을 알게 하셨구나!' 하고 깨달았습니다.

훈련받지 않은 군인은 약합니다. 믿음의 사람도 그렇습니다. 훈련받지 않고 연단받지 않은 크리스천은 강해지지 않습니다. 우리는 물질로, 질병으로 연단을 받을 때에 '하나님께서 나를 단련시키셔서 어떻게 쓰시려고 그러시나!' 하고 믿음으로 하나님의 뜻을 기다려야 합니다.

믿음의 사람은 행악자나 불의한 자와는 사는 방식이 다르고 가는 길이 다릅니다. 그들은 악한 일을 하면서 그 길로 계속 가다 보면 하나님 앞에 서는 날이 반드시 옵니다. 그때는 후회해도 소용이 없습니다. "그들은 풀과 같이 속히 베임을 당할 것이며 푸른 채소같이 쇠잔할 것임이로다"(2절)라고 말씀하십니다. 믿음의 사람들이 참는 것은 머지않아 하나님 앞에 서게 되는 날이 반드시 올 것을 확신하기 때문입니다. 그때 하나님께서 위로해 주시고 다 갚아 주실 것이기 때문입니다.

우리는 모두가 행복하게 살고 싶어 합니다. 인생에 가장 행복할 때가 언제입니까? 사랑하는 사람에게 사랑을 받을 때가 제일 행복합니다. 미련한 사람은 사랑받는 행복의 기쁨을 모르고 인생을 사는 사람입니다. 이 세상에서 가장 행복한 사람이 누구인가 하면 하나님의 사랑을 받고 사는 사람입니다. 하나님이 이 사람을 보면 행복해하십니다. 하나님은 다윗을 보며 "이 사람은 내 마음에 맞는 사람이다"라고 하셨습니다. 그러면 그의 인생이 복된 길로 가게 되어 있습니다. 여러분은 가정에서 사랑받는 사람이 되십시오. 사랑받는 아내, 사랑받는 남편이 되십시오. 교회에서도 사랑받는 사람이 되십시오. 우리 모든 성도들은 사람에게도 사랑을 받고, 하나님께도 사랑을 받는 성도들이 됩시다.

2. 믿음의 사람들은 어떻게 살 것인가?

오늘 성경은 "여호와를 의뢰하고 선을 행하라 땅에 머무는 동안 성실을 먹을 거리로 삼을지어다"(3절)라고 말씀하고 있습니다. 선을 행하라는 말씀은 하나님의 뜻대로 살라는 말씀입니다. 하나님을 의뢰하고, 하나님을 믿음으로 이 땅에 머무는 동안 하나님의 뜻을 행하라는 말씀입니다. 우리가 이 땅에 사는 동안 선하게 살고 성실하게 살라고 말씀하십니다. 믿음의 사람들은 선하게 살아야 합니다. 사람들이 악한 방법으로 돈을 벌고, 다른 사람들의 고통을 기뻐하여도 그들을 따라가서는 안 됩니다.

예수님께서는 "세상이 악하나 내가 세상을 이겼다"라고 말씀하셨습니다. "뱀처럼 지혜롭고 양처럼 순결하라"고 말씀하셨습니다. 그런데 양처럼 순결하기만 해서는 사나운 들짐승의 밥이 되고 맙니다. 그래서 예수님께서는 "뱀처럼 지혜로우라"고 하셨습니다. 세상 사람들의 길을 따라가다 보면 어느 순간 나도 그렇게 변하게 됩니다. 그러나 힘들어도 예수님을 닮으려고 애를 쓰다 보면 나도 모르는 사이에 예수님을 닮게 되어 있습니다. 우리 교회에도 보면 존경할 만한 장로님도 계시고, 집사님도 계시고, 권사님도 계십니다. 이런 분들이 어느 날 갑자기 된 것이 아닙니다. 매주일 하나님 앞에 나와 겸손하게 말씀을 듣고 주님과 교제하다 보니 주님을 닮게 되었습니다.

여러분이 매주일 쉬지 않고 하나님 앞에 나와 예배드리다 보면 자기도 모르게 강팍했던 마음이 온유해지고, 더러운 마음이 깨끗해지고 예수님을 닮아 가게 됩니다. 예수님은 이 땅에 사시는 동안 가난한 사람들의 친구가 되어 주셨습니다. 소외된 세리와 창녀의 친구가 되어 주셨습니다. 병든 자들을 불쌍히 여기시고 치료해 주셨습니다. 그리고 주님은 이 일을 우리에게 맡겨 주시고 하늘로 올라가셨습니다.

믿음의 사람들은 성실하게 살아야 합니다. 성경을 보면 하나님께서 쓰신 사람은 모두가 성실한 사람들이었습니다. 열심히 고기 잡던 어부들을 제자로 부르셨습니다. 세관에서 열심히 일하던 사람을 제자로 쓰셨습니다. 예수 믿는 것도 성실해야 합니다. 주일을 성실하게 지켜야 합니다. 봉사를 해도 성실하게 해야 합니다. 세상에서는 성실한데 주님의 일을 하는 데 게으르면 안 됩니다. 주님의 일을 하는 데도 바빠야 합니다. 바쁘게 씨를 뿌린 자만이 열매를 먹을 자격이 있습니다. 성도 여러분, 성실하게 사시고 이 땅에서도 늘 잘되고 형통한 성도들이 됩시다.

3. 여호와를 기뻐하라

"여호와를 기뻐하라 그가 네 마음의 소원을 네게 이루어 주시리로다"(4절)라고 하였습니다. 하나님을 기뻐하는 최고의 방법이 무엇입니까?

첫째, 하나님께 예배드리는 일입니다. 예배는 하나님을 기뻐하는 자가 드립니다. 불신자들은 예수 믿는 사람들을 이해하지 못합니다. 예수 믿는 사람들은 일주일 동안 일하고 주일은 쉬어야 하는데 새벽부터 교회에 갑니다. 돈을 내면서 은혜 받았다고 하고, 감사하다고 합니다. 일을 하면서도 대가를 받지 않습니다. 그런데도 기뻐합니다. 세상 사람들 가운데는 돈을 주면서 기뻐하는 사람은 없습니다. 공짜로 일하면서 기뻐하는 사람은 없습니다. 그런데 예수 믿는 사람들은 기뻐하며 하나님께 나와 예배드립니다.

둘째, 하나님의 말씀으로 세상을 살아갑니다. 예수님께서는 "너희는 세상의 빛이라 소금이라" 하셨습니다. 빛은 어둠을 밝히고 소금은 썩지 않게 합니다. 믿음의 사람들이 가는 곳마다 어둔 세상이 밝아지고, 부패한 세상이 정화되어야 합니다. 우리가 빛으로 소금으로 살면 세상이 복음화가 됩니다. 이 세상은 돈 벌기 위해 사는 곳이 아닙니다. 이 세상은 남보다 높은 자리에 앉기 위해 사는 곳도 아닙니다. 이 세상은 우리가 이 땅에 사는 동안 하나님을 기쁘시게 해드리는 가장 소중한 기회입니다. 그럴 때 하나님은 우리에게 네 마음의 소원을 이루어 주시겠다고 했습니다.

여러분의 마음의 소원이 무엇입니까? 영적인 소원이 있습니까? 마음의 무거운 짐을 벗고 평안의 복을 누리기를 원하십니까? 육적인 소원이 있습니까? 이 땅에서도 하나님을 기뻐하는 자는 30배, 60배, 100배의 복을 주신다고 했습니다. 하나님을 기쁘시게 함으로, 하나님 앞에 나와 예배드리며 기도한 모든 마음의 소원들이 다 이루어져 응답 받는 성도들이 됩시다.

더 생각해 보기: 말씀 이해를 위한 예화

고등학교 때 코카콜라 회사에서 아르바이트생으로 일했던 학생이 있었습니다. 그가 하는 일은 바닥에 흘러내린 콜라를 닦아내는 것이었습니다. 한 번은 50개의 콜라병이 든 상자가 터졌습니다. 아무도 이것을 닦아낼 생각을 하지 않았는데 검은 피부의 한 소년이 바닥에 꿇어 엎드려 콜라를 열심히 닦아내고 있었습니다. 이 소년은 자메이카 출신이었습니다. 가정은 항상 가난했고 학교성적도 하위권이었습니다. 그러나 이 소년에게는 남들이 갖지 못한 장점이 있었습니다. 그는 정직하고 성실했습니다.

결국 이 소년은 정직과 성실을 자산 삼아 미국의 합참의장이 되었습니다. 이 사람의 이름은 걸프전의 검은 영웅인 '콜린 파월' 입니다. 그는 백인도 아니고 앵글로색슨족도 아닙니다. 그러나 미국인들로부터 가장 존경받는 인물로 손꼽히고 있습니다. 콜린 파월은 걸레질을 하는 아르바이트 시절부터 성실을 무기로 삼아 성공한 사람입니다.

적용

1) 오늘 말씀의 주제 파악하기

2) 오늘 말씀 중 은혜 받은 부분 나누기

3) 삶에 구체적으로 적용하기

함께 드리는 기도 제목

1. 삶 속에서 사람들과 하나님께 사랑과 인정을 받는 성도가 되게 하옵소서.
2. 믿음 안에서 성실하게 살아 이 땅에서 형통한 인생을 살아가게 하옵소서.
3. 하나님을 기쁘시게 함으로 마음의 소원들이 응답 받는 복을 누리게 하옵소서.

제16과

전도의 문을 열어 주소서

✣ **본문** : 골로새서 4장 2~4절
✣ **찬송** : 500장(물 위에 생명줄 던지어라, 통 258장)
✣ **요절** : "또한 우리를 위하여 기도하되 하나님이 전도할 문을 우리에게 열어 주사 그리스도의 비밀을 말하게 하시기를 구하라 내가 이 일 때문에 매임을 당하였노라" (골 4:3)

골로새서는 사도 바울이 옥중에서 쓴 서신입니다. 사도 바울은 복음을 전하는 일로 매임을 받았다고 했습니다. 영혼 구원하는 일, 생명 살리는 일에 결사대가 되었습니다. 죽을 자리에도 들어가는 최후의 결사대가 되었습니다. '복음을 위해 죽을 각오를 하고 있으니 불평하지 말아 달라' 는 말입니다. 도와주고 기도해 달라는 부탁입니다. 기도를 계속하고 감사함으로 깨어 있으라고 했습니다.

1. 기도를 계속해야 합니다

오늘 말씀에 "기도를 계속하고"라고 했습니다. 기도는 하나님과 가까이 지내는 방법입니다. 사람이 친하게 지내려면 자주 만나고 대화해야 합니다. 가까웠던 사람도 잘 만나지 않으면 사이가 멀어집니다. 기도는 하나님과의 대화입니다. 하나님이 옆에 계시는 사람은 늘 하나님과 대화를 합니다. 기도를 계속하는 좋은 방법은 기도시간을 정해 놓고 하는 방법입니다. 사도 바울, 베드로, 고넬료와 같은 믿음의 사람들은 기도시간을 정해 놓고 기도를 계속했습니다.

기도하면 하나님의 힘이 내게로 옵니다. 이 세상은 힘이 있어야 살 수 있습니다. 기도해야 교회 나올 힘도 생기고, 봉사할 힘도 생기고, 전도할 힘도 생깁니다. 일주일에 한 번 교회 나오는 것이 힘이 듭니까? 교회에 나올 힘을 달라고 기도해야 합니다. 전도하기가 힘이 듭니까? 내 힘으로 전도하는 것이 아닙니다. 기도하셔야 합니다. "나도 전도하게 해주십시오"라고 기도하면 하나님께서 힘을 주십니다. 그 힘으로 전도합니다. "내 기도 하는 그 시간 그때가 가장 즐겁다." 이 기도의 기쁨을 깨달아야 합니다.

기도 없이 주의 일을 할 수 없습니다. 기도를 쉬면 영적인 통로에 거미줄이 쳐지게 됩니다. 그래서 하나님의 능력이 오지 않습니다. 우리 성도들은 기도를 쉬지 말아야 합니다.

2. 기도에 감사함으로 깨어 있어야 합니다

기도도 감사하는 것을 말합니다. 기도하는 사람은 감사합니다. 불평이 있고 매사에 부정적인 사람은 기도하지 않습니다. 기도를 해도 일방적인 기도만 합니다. 영적으로 잠들어 있기 때문입니다. 기도는 하나님과 나의 통로를 여는 것인데, 나의 기도가 올라가면 하나님의 능력이 내려옵니다. 하나님의 능력이 내게로 오면 감사하는 사람이 됩니다. 감사가 얼마나 하나님이 기뻐하시는 일인지 그 비밀을 깨달아야 합니다. 감사하지 못하는 사람은 교만해서 감사하지 못합니다. 내 입술이 감사의 입술이 되지 못하고 불평이 나온다면 '내가 교만하구나!' 하고 내 자신을 말씀으로 닦아야 합니다. 교만하면 하나님과 점점 더 멀어지게 됩니다.

자녀를 키우는데 자녀들이 불평하는 입술, 부정적인 입술을 가지는 것을 보면 얼마나 걱정이 됩니까? 자녀가 불평하면 기분이 좋지 않습니다. 불평은 영적인 습관입니다. 그래서 불평이 한 번 붙으면 쇳가루가 자석에 붙듯이 잘 떨어지지 않습니다.

새안산 레포츠교회의 김학중 목사님은 부정적인 사고를 교회에서 제거하기 위하여 당회원들에게 인형을 열 개씩 주었습니다. 누구든지 불평을 하거나 교회에 대하여 부정적인 이야기를 하면 즉시 듣는 사람마다 인형을 그 사람에게 한 개씩 주었습니다. 가만히 보니 한두 사람에게로 그 인형이 다 가더랍니다. 결국 그 사람으로부터 불평이 시작되었습니다. 그래서 그분이 회개하고 불평하는 입술에서 칭찬하는 입술이 되었다는 이야기입니다.

기도도 감사해야 받으십니다. 미국사람들이 자녀를 교육하는 것을 보면, 자녀가 아주 어릴 때부터 먹을 것을 주었다가 자녀가 손을 내밀어 받으려고 하면 다시 그것을 거두어들입니다. "Thank You!" 이 말을 요구합니다. 그래서 자녀가 다시 손을 내밀며 "Thank You!" 하면 그때 먹을 것을 줍니다. 아주 간단한 일을 하면서도 "Thank You!"를 훈련시켜 자기도 모르게 "Thank You!"가 나오게 합니다. 어릴 적에 수없이 반복하여 훈련된 이 말은 어른이 되어서도 자기도 모르게 나옵니다.

사실 우리는 "감사합니다"라는 말을 잘하지 않습니다. 칭찬을 해도 "감사합니다"라고 잘하지 않습니다. 감사는 훈련입니다. 부정적인 말, 불평하는 말은 우리 공동체를 어둡게 만듭니다. 그러나 감사하는 말은 우리 모두를 환하게 만들고 복된 공동체로 만듭니다. 예수님께서는 "비판하는 자마다 그 비판을 받게 될 것이다"라고 하셨습니다. 입술로 감사하면 하나님께서 감사의 열매를 주십니다. 사업에 주시고, 자녀에게 주시고, 신앙에 감사할 일들을 주십니다. 이것이 영적인 비밀입니다. 그러므로 기도에 감사함으로 깨어 있는 성도들이 됩시다.

3. 전도할 문을 열어 주시기를 기도합시다

우리는 모두가 과거가 있는 사람들입니다. 죄 된 과거입니다. 예수님이 아니었다면 우리는 죄의 사슬에 묶여 끌려다니는 사람들이었습니다. 그런데 예수님께서 우리를 위해 피를 흘려 주셨고 우리의 죄를 용서해 주셨습니다. 우리의 인생이 바뀌었습니다. 옛날에 도둑질을 했어도, 옛날에 사기꾼이었어도, 옛날에 나쁜 짓을 많이 했어도 관계가 없습니다. 주님의 양이 되기만 하면 구원을 받습니다. 구원을 받기 위해서는 인생의 터닝 포인트가 있어야 합니다. 바로 예수 그리스도입니다.

이 땅에는 아직 하나님을 알지 못하고 흑암 중에 있는 백성들이 있습니다. 짧은 인생, 잠시 지나가는 인생에 모든 것을 걸고 살아가는 사람들이 있습니다. 이들에게 그리스도의 비밀을 말해야 합니다. 그들이 죽기 전에, 내가 죽기 전에 전도해야 합니다. 각 교회마다 전도왕들이 있습니다. 이분들이 뛰어나서 전도를 잘하는 것이 아닙니다. 전도는 순종입니다. 순종하고 하나님께 "전도의 문을 열어 주시옵소서!" 하고 기도하고 나가면 전도할 사람들을 내 앞에 보내 주십니다.

예수님께서는 누가복음 14장에 잔치비유를 통해 "길과 산울타리 가로 나가서 사람을 강권하여 데려다가 내 집을 채우라"고 하셨습니다. 사람들을 다 초청하다가 안 되면 길에서도 초청하라고 하십니다. 산에 사람이 어디 있습니까? 그래도 가서 혹시 사람이 있으면 데려오라고 하십니다. 그저 데려오라는 것이 아닙니다. "강권하여 내 집을 채우라"고 하셨습니다. 내가 인생을 살면서 10명 정도 초청할 수 없다면 내 인생을 다시 한 번 생각해 보아야 합니다. 믿든지 안 믿든지 초청할 수 있어야 합니다. 사도 바울은 이 복음을 전하는 일에 매임을 당하였습니다. 여러분이 그저 초청만 하면 그다음은 하나님께서 책임지십니다. 하나님께서 여러분 곁에 두신 영혼들을 주의 전으로 초청하여 하나님 나라 확장에 귀한 도구로 쓰임받고, 축복을 받는 성도들이 됩시다.

더 생각해 보기: 말씀 이해를 위한 예화

2011년 후쿠시마 원전의 원자로 1, 2, 3호기가 냉각장치 고장으로 그냥 방치할 경우 폭발하게 되는 위급한 상황에 처했습니다. 이 폭발은 일본뿐 아니라 주변국에도 큰 재앙을 가져오게 될 위급한 상황이었습니다. 원자로의 폭발을 막기 위해 마지막 수단으로 사람들이 수동으로 작업을 하고 있습니다. 모두가 철수한 가운데 마지막 50인 결사대가 자원하여 죽음을 무릅쓰고 일을 하고 있습니다.

러시아 체르노빌 원전 사고 당시 복구에 참여했던 사람들 28명 전원이 3개월 이내에 사망했습니다. 지금 50인의 결사대는 모두 죽을 줄 알면서도 일본을 살리는 이 일에 목숨을 내어놓고 참여하였습니다. 결사대 중 한 명이 친구에게 보내온 휴대폰 문자의 내용입니다.

"우리들이 죽더라도 폭발은 절대로 일어나지 않게 할게" 였습니다. 이 친구는 이 글을 읽고 통곡을 했습니다. 그리고 "불평하고 있는 사람에게 전해 주세요. 모두 노력하고 있습니다"라고 글을 남겼습니다.

적용

1) 오늘 말씀의 주제 파악하기

2) 오늘 말씀 중 은혜 받은 부분 나누기

3) 삶에 구체적으로 적용하기

함께 드리는 기도 제목

1. 주의 일을 하면서 기도를 쉬지 않는 믿음을 주시옵소서.
2. 세상 살아갈 때에 기도에 감사함으로 깨어 있는 성도들이 되게 하옵소서.
3. 전도의 문을 열어 주셔서 주변에 주님을 알지 못하는 사람들을 주의 전으로 초청하여 하나님의 백성이 되는 역사를 경험하게 하옵소서.

제17과

별과 같이 빛나는 사람

✣ **본문** : 다니엘 12장 1~4절
✣ **찬송** : 360장(행군 나팔 소리에, 통 402장)
✣ **요절** : "지혜 있는 자는 궁창의 빛과 같이 빛날 것이요 많은 사람을 옳은 데로 돌아오게 한 자는 별과 같이 영원토록 빛나리라"(단 12:3)

다니엘은 기원전 605년에 바벨론에 포로로 잡혀간 사람입니다. 에스겔도 같은 시대에 살면서 포로로 잡혀갔는데 에스겔은 영적인 지도자였습니다. 이에 반해 다니엘은 귀족 출신의 소년으로 바벨론에 잡혀가 바벨론의 학문을 배우고 나중에 총리에까지 이른 인물입니다. 기름 부음을 받거나 선지자로 부르심을 입지 않은 사람입니다. 그럼에도 불구하고 다니엘이 성경에 기록된 것은 우리에게 많은 의미를 주고 있습니다.

본문은 다니엘이 미래에 있을 큰 환난에 대해 예언한 내용입니다. 큰 환난이 오게 될 것이라는 말씀입니다. 실제로 수리아의 안티파네스가 유대를 침략하여 성전을 무너뜨리고 우상을 세우고 수많은 유대인들을 학살했습니다. 개국 이래 그런 환난이 없을 것이라 했습니다.

인간은 하나님의 창조물 중에 가장 교만하지만 또한 가장 약한 것이 인간입니다. 환난이 오면 고통스러워합니다. 이러한 환난의 때에 수치를 당하여 영원히 부끄러움을 당하는 사람도 있고, 구원을 받는 사람도 있을 것이라 했습니다. 우리가 사는 이 세상에는 부끄러움을 당할 일이 많습니다. 그 부끄러움은 영원한 것이 아닙니다. 영원한 부끄러움은 영혼의 죽음을 말합니다.

1. 기도에 힘씁시다

전도의 문이 활짝 열리기를 기도해야 합니다. 전도는 힘으로 하는 것이 아닙니다. 학식으로 하는 것도 아닙니다. 기도의 문이 먼저 열려야 합니다. 전도하다 보면 시험들 일도 많이 생깁니다. 어려운 일도 만납니다. 그래서 먼저 기도로 무장하고 나아가야 합니다.

머리에 피가 소통되지 않는 병을 뇌경색이라고 말합니다. 몸에 피가 잘 소통되지 않는 것을 중풍이라고 합니다. 심장에 피가 소통되지 않는 것을 심근경색이라고 합니다. 그런데 몸에만 피가 소통되지 않아서 병이 오는 것이 아닙니다. 인간관계도 그렇고, 영적인 관계도 그렇습니다. 우리가 하나님과의 소통이 원활할 때에 하나님의 능력이 내게 옵니다.

기도는 하나님과의 소통입니다. 기도는 하나님의 능력을 내게 임하게 합니다. 기도하면 하나님께서 능력을 주십니다. 내게 없던 것을 주십니다. 겁 많던 사람에게는 담대함을 주십니다. 약한 사람에게는 강한 힘을 주십니다. 지혜가 부족한 사람에게는 지혜를 주십니다. 물질 때문에 고통을 겪는 사람에게는 물질의 복도 주십니다. 하나님은 기도할 때에 우리의 필요를 채워 주십니다.

기도 없이는 전도가 안 됩니다. 기도부터 해야 합니다. 교회가 크면 더 많이 기도해야 합니다. 우리가 기도하면 하나님의 뜻을 깨닫게 됩니다. 그래서 늘 행복하게 됩니다.

문제가 생기면 기도하라는 사인입니다. 불평이 생기면 '내가 기도하라고 하나님께서 사인을 주시는구나!' 하고 깨달아야 합니다. 기도하는 것은 나를 떠나 하나님께로 가는 것을 의미합니다. 이스라엘 백성들이 광야에 살면서 고생을 했습니다. 광야생활은 고생길입니다. 그래서 불평과 원망을 했습니다. 여러분, 성경을 잘 보셔야 합니다. 이들이 계속해서 불평하고 원망했더라면 이들은 광야에서 계속 더 살아야 했습니다. 이들은 광야를 떠나기 위해 믿음으로 여리고 성을 돌았습니다. 하나님께서 기회를 주실 때에 그 기회를 놓치지 않아야 합니다. 하나님께서는 우리 교회에 많은 축복을 주셨습니다. 모두가 함께 기도하면서 축복의 가나안 땅 여리고 성으로 들어가는 성도들이 됩시다.

2. 복된 말을 전해야 합니다

기도하고 나아가면 전도의 대상자를 보내 주십니다. 영혼을 사랑하는 마음으로 기도하고 나아가면 준비된 영혼을 보내 주십니다. 여러분의 가정에, 이웃에게, 친척들에게 나아가서 복음을 전해야 합니다.

어느 손자가 할아버지에게 전도를 했습니다. "할아버지, 이제 할아버지도 예수 믿으세요." "그래, 너는 예수 믿으니 좋더냐?" "예, 예수 믿으면 너무너무 좋아요." "예수 믿으면 어떤 것이 좋으냐?" "예. 예수 믿으면 예수님이 함께하시고, 이 세상에서도 복을 주시고, 영원한 천국을 선물로 주셔요. 예수 안 믿으면 지옥 간대요." 손자의 말을 한참 듣던 할아버지는 대뜸 손자의 뺨을 때렸습니다. "이 못된 놈, 그렇게 좋은 예수를 왜 이제야 전하느냐?"

오늘도 이 세상에는 예수를 듣지 못해 믿지 못하는 이웃들이 많이 있습니다. 믿는 우리가 제대로 전하지 못해서 그렇습니다. 지혜롭게 전도대상자에게 다가가야 합니다. 예수님께서는 제자들에게 "너희는 비둘기처럼 순결하고 뱀처럼 지혜로워라"고 하셨습니다. 이웃에게도 마찬가지입니다. 그저 "안녕하세요? 잘 지내셨어요?" 이런 인사만 하면서 지내서는 안 됩니다. 백 마디의 말보다 그의 영혼을 살리는 말을 해야 합니다. 신앙생활을 하면 할수록 입에서는 더 귀한 말이 나와야 합니다.

불이 났습니다. 사람들이 연기 속에서 신음하며 우왕좌왕하고 있습니다. 이때 복음이 무엇입니까? "여기로 오세요, 여기 비상구가 있습니다"라고 비상구에 서서 외치는 것이 복음입니다. 여러분은 모두가 구원받은 백성들입니다. 지금 지옥으로 가는 사람들을 보며 그곳으로 가면 안 된다고, 여기 비상구가 있다고, 여기로 오라고 외쳐야 합니다. 죽을 길로 가는 것을 뻔히 보면서도 가만히 있으면 어떻게 되겠습니까? "복음을 전하지 않으면 내게 화가 있을 것이라"고 성경은 말씀하였습니다.

"마지막 때에는 사람이 빨리 왕래하며 지식이 더하리라"고 하셨습니다(4절). 사람이 빨리 왕래한다는 것은 자동차나 비행기 같은 교통수단을 말합니다. 지금부터 2,600년 전에 어떻게 사람들이 빨리 왕래하고 지식이 더하여질 것을 사람이 알았겠습니까? 우리 성도들은 하나님을 알지 못하는 모든 사람들에게 나아가서 복된 소식을 전하는 성도들이 됩시다.

3. 포기하지 않아야 합니다

미국소매상인협회에서 세일즈에 대한 연구발표를 한 적이 있습니다. 대부분의 세일즈맨들은 물건을 팔 때에 한 번만 권한다고 합니다. 48%가 한 번만 권하고 포기를 합니다. 25%의 세일즈맨이 두 번을 권하고 포기를 합니다. 12%의 세일즈맨이 네 번 이상을 권한다고 합니다. 그런데 이 12%의 세일즈맨이 전체 판매의 80%를 차지한다고 합니다. 예수님께서는 "문을 두드리라"고 하셨습니다. 두드린다는 것은 한 번 두드리고 마는 것이 아닙니다. 계속해서 열어줄 때까지 두드립니다. 우리가 낙심하지 않고 전도의 문을 두드리면 그 문이 다 열리게 됩니다. 전도 많이 하시는 분들은 포기하지 않는 분들입니다. 안 된다고 포기하지 마십시오. 하나님께서 구원하지 못할 사람은 없습니다. 우리가 믿고 나아갈 때에 하나님께서는 전도의 문을 열어 주십니다.

오늘 성경에 "많은 사람을 옳은 데로 돌아오게 한 자는 별과 같이 영원토록 빛나리라"(3절) 말씀하셨습니다. 하나님 나라에서 별과 같이 빛나는 영광을 누리는 사람은 많은 사람을 죽음의 길에서 인도한 자라고 하셨습니다. 이 세상의 별은 떨어지는 날이 옵니다. 그 빛이 쇠하는 날이 옵니다. 이 세상이 아끼던 것은 다 없어지는 날이 옵니다. 내가 지킬 수 없는 날이 옵니다. 그러나 하나님 나라에는 결코 쇠함이 없습니다. 그날에 그곳에서 영원토록 빛나는 상급을 받는 자는 많은 사람에게 복음을 전한 자입니다. 우리 성도들 모두가 많은 사람을 복음으로 인도하여 별과 같이 빛나는 축복의 주인공들이 됩시다.

더 생각해 보기: 말씀 이해를 위한 예화

경북 상주의 어느 권사님의 이야기입니다. 이분의 가정이 망했습니다. 집 몇 채를 다 팔아먹었습니다. "목사님, 밥 먹을 것도 없는데 어떡합니까?" 하시기에, "권사님은 어차피 할 일도 없으니 전도대원으로 날마다 나와서 전도를 하십시오"라고 했습니다. 당신은 다른 방법이 없으니, 하나님께서 복 주셔야 되니 전도하라고 했습니다. 권사님이 순종을 했습니다.

다음 날부터 자전거를 가지고 와서 자전거 뒤에 전도지를 가득 싣습니다. 그리고 길거리에 나가서 시장에 나가서 전도를 합니다. 사람들이 "저 권사 먹을 것도 없는데 전도하며 돌아다닌다"고 수군수군댑니다. 그 모습을 보니 얼마나 안타깝습니까? 그래서 그 가정을 위해 기도했습니다.

그런데 2년이 지날 무렵 권사님이 사무실로 달려왔습니다. "아니, 목사님, 목사님, 우리 남편이 성경을 읽고 있어요." 예수 안 믿고 교회 나오라면 억지로 나오던 술 고주망태 남편이 예수 믿고 그해에 성경을 2독을 했습니다. 아들 셋이 다 예수도 안 믿고 직장도 없이 놀았는데, 큰아들은 부부가 함께 죽어라 안 나오던 교회를 나오는데, 신앙생활을 얼마나 열심히 하는지, 며느리는 예배 시간마다 말씀을 들으며 웁니다. 그리고 봉사하겠다고 해서 주일학교 보조교사로 임명했습니다. 둘째도 취직을 하고 신앙생활을 시작했고, 막내아들은 경찰 시험에 합격하고 경찰이 되어서 장가도 갔습니다.

권사님은 날마다 날아다닙니다. 권사님은 지금도 열심히 전도하고 계시며, 전도자의 복을 누리고 계십니다.

적용

1) 오늘 말씀의 주제 파악하기

2) 오늘 말씀 중 은혜 받은 부분 나누기

3) 삶에 구체적으로 적용하기

함께 드리는 기도 제목

1. 기도하면서 축복의 땅으로 들어가는 성도들이 되게 하옵소서.
2. 하나님을 알지 못하는 모든 사람에게 복된 소식을 전하게 하옵소서.
3. 많은 사람을 복음으로 인도하여 별과 같이 빛나는 축복의 주인공이 되게 하옵소서.

제18과

마땅히 행할 길

(어린이주일)

✣ **본문** : 잠언 22장 5~6절
✣ **찬송** : 569장(선한 목자 되신 우리 주, 통 442장)
✣ **요절** : "마땅히 행할 길을 아이에게 가르치라 그리하면 늙어도 그것을 떠나지 아니하리라"(잠 22:6)

예루살렘 함락을 눈앞에 두고 유대 지도자들이 모여서 회의를 했습니다. 주후 70년 예루살렘이 함락되고 이스라엘의 역사가 중단되는 날, 유대인 랍비였던 '벤 자카이'는 로마의 '베스파시안' 사령관을 만나서 항복할 테니 교육의 도시 '야브네'만은 남겨 달라고 애원합니다. 모든 건물을 다 부수어도, 젊은이를 다 죽여도 책이 보관된 도서관만은 남겨 두기로 약조를 받았습니다. 유대인들은 예루살렘이 함락되어도, 그 성전이 불타 버려도, 나라를 다 빼앗겨도 교육이 계속되는 민족은 언젠가 역사에서 재기할 날이 있다는 것을 믿었기 때문입니다. 유대의 어머니들도 울며 기도하며 하나님과 함께하면 산다고 자녀들에게 가르쳤습니다. 지금 로마는 역사에서 사라져 버린 지 오래이나, 600년을 나라 없이 떠돌이로 살았던 유대인은 또다시 모여 국가를 이루고 세계사의 중심에 서 있습니다.

오늘 말씀에 "마땅히 행할 길을 아이에게 가르치라 그리하면 늙어도 그것을 떠나지 아니하리라"(6절)고 했습니다. 마땅히 행할 길을 아이에게 가르치라고 했는데 '마땅히 행할 길' 이 무엇입니까?

1. 성경, 즉 하나님의 말씀을 가르쳐야 합니다

어려서부터 하나님 중심, 교회 중심, 성경 중심을 가르치는 것이 성경이 말씀하는 교육의 출발입니다. 기독교 교육의 목표 중 하나는 하나님의 말씀을 마음속에 새기는 일입니다. 성경은 능력이 있습니다. 그래서 성경은 사람을 변화시켰습니다. 여러분이 무엇으로 변화되었습니까? 예수 믿고 어떻게 달라졌습니까? 바로 말씀이 변화시켰습니다. 내가 성경을 읽는 것이 아니라 성경이 오히려 나를 읽습니다. 그래서 성경을 읽는 동안 내 마음이 변화되고 주님의 음성을 듣게 됩니다.

우리 자녀들이 어릴 때부터 말씀 가운데 자라나는 교육을 시켜야 합니다. 내 자녀지만 내 마음대로 안 되는 것이 사실입니다. 부모의 뜻대로, 부모의 계획대로 자녀들이 살아 준다면 참으로 좋겠지만 계획대로 되지 않습니다. 그래서 말씀을 가르치는 것은 그 교육을 하나님께 맡기겠다는 고백입니다. 여러분, 전능하신 하나님께서 지도하시니 얼마나 잘 가르치시겠습니까? 우리는 자녀와 항상 함께 살 수 없습니다. 지금 아무리 자녀들을 사랑해도 자녀들을 다 놓고 떠나가야 합니다. 그러나 여러분의 자녀들을 평생토록 지켜 주고, 동행해 주고, 대화해 주고, 위로해 주고, 의논해 주는 것은 하나님의 말씀입니다. 성경밖에 없습니다. 지금이라도 늦지 않습니다. 여러분들의 자녀들이 성경을 읽을 수 있도록 해야 합니다.

미국에서 다시 하나님께로 돌아온 50세 이상의 사람들을 대상으로 설문조사를 했습니다. 그랬더니 놀랍게도 90% 이상이 어릴 때에 주일학교에서 말씀을 배웠다고 합니다. 마땅히 행할 길, 하나님의 말씀을 아이에게 가르치면 늙어서도 그것을 떠나지 않습니다. 자녀들이 성경을 붙들도록 해야 합니다. 그러면 성경이 자녀들을 붙들어 인생이 승리하게 됩니다.

2. 자녀들에게 꿈을 가르쳐야 합니다

꿈이 없는 백성은 망한다고 하였습니다. 이 말은 비전이 없는 백성은 망한다는 말입니다. 꿈이 없는 교회도, 꿈이 없는 가정도, 꿈이 없는 개인도 그 꿈이 없다면 미래가 제대로 될 수 없습니다. 지금 우리 대한민국을 세워 온 50대 이상의 어른들은 배고픈 시대를 살았습니다. 먹을 것이 어디 있었습니까? 과일 한 번 제대로 먹고 살았습니까? 우유는 상류층이나 먹는 음식이었습니다. 운동화가 있었습니까? 대부분이 검정 고무신을 신고 살았습니다. 한겨울에 양말도 없이 눈길에 검은 고무신 신고 다니는 아이들도 있었습니다. 내복도 없이 겨울을 지내는 아이들도 있었습니다. 아시아에서 가장 비참한 나라 중 하나였습니다.

그런데 이들에게는 꿈이 있었습니다. 우리도 한번 잘살아 보겠다는 꿈이 있었습니다. 그래서 열심히 일을 했고, 자녀들을 키울 때 내가 배를 곯아도 죽을 힘을 다해서 자녀들을 학교에 보냈습니다. 그래서 오늘 교육대국인 대한민국이 만들어졌습니다. 오늘날 연세드신 분들을 보면 대한민국 사람들은 무조건 존경해야 합니다. 이들의 땀과 수고로 오늘 대한민국이 만들어졌습니다.

지금은 옷이 너무나 많아서 조금만 마음에 안 들면 버립니다. 유행이 지났다고 버립니다. 한겨울에도 과일이 풍성합니다. 그런데도 아이들이 꿈이 없어져 갑니다. 조금만 힘들어도 짜증을 냅니다. 이 자녀들을 어떻게 교육시킬 것입니까? 자녀들의 마음에 믿음이 들어

가면 꿈이 생깁니다. 가장 훌륭한 교육이 무엇입니까? 믿음을 집어넣는 일입니다.

우리 교회의 꿈이 어디에 있습니까? 바로 우리의 자녀들에게 있습니다. 이들이 자라나서 이 땅을 복음화시키고, 이들로 인해 이 민족이 축복받는 땅이 되고, 이들이 대한민국의 중심 인물들이 되고, 이들이 교회를 이끌어 갈 기둥들이 될 것이라는 꿈이 바로 우리에게 있기를 바랍니다. 우리 자녀들이 자라서 대통령과 장관과 이 나라를 이끌어 갈 수많은 대들보가 되기를 기도하는 꿈이 바로 우리에게 있어야 합니다. 그 꿈대로 이루어집니다. 우리의 자녀들에게 하늘나라의 위대한 꿈을 심어 주시기 바랍니다.

3. 징계를 가르쳐야 합니다

잠언 13장 24절에 보면 "매를 아끼는 자는 그의 자식을 미워함이라 자식을 사랑하는 자는 근실히 징계하느니라"고 했습니다. 성경이 말씀하는 자녀교육의 방법은 엄하게 가르칩니다. 요즘 젊은 부모들은 아이들을 야단치면 기가 죽는다고 하여 싫어합니다. 기가 살아 있다는 것과 방종은 구별되어야 합니다. 참된 기란 엄한 상황에서도 매를 맞으면서도 그 눈빛이 살아있는 것이 진짜 기입니다. 보호받으면서 사는 것이 아니라 자기 힘으로 부딪치며 살아가는 것이 진짜 기입니다. 자녀들을 무조건 보호하면서 키우다 보니 물건을 절약할 줄도 모르고, 서로 협동하면서 살아야 하는 공동체 생활도 모르고, 부모에게도 불효하는 자녀들을 양육하게 되었습니다.

성경이 말하는 '징계'란 훈계입니다. 이것은 폭력을 뜻하는 것이 아닙니다. 성경은 네 자녀를 노엽게 하지 말라고 했습니다. 훈계는 사랑의 매입니다. 사랑의 책망입니다. 훈계는 하나님의 방법입니다.

성경에서 가장 많이 훈계하신 분은 하나님이십니다. 이스라엘 백성들이 잘못했을 때 하나님은 한 번도 그냥 두지 아니하셨습니다. 반드시 짚고 넘어가셨습니다. 여러 방법을 통해 책망을 하셨습니다. 어려움을 당하게 하고, 침입을 받게 하고, 비를 내리지 않고, 재앙을 내려 깨닫게 하셨습니다. 그래도 말을 듣지 않으면 앗수르나 바벨론 등 이방 나라를 사용하여 망하게 하셨습니다. 물론 회개하고 돌아오면 다시 회복시켜 주시는 하나님이십니다. 하나님은 이렇게 강하게 이스라엘 백성들을 징계하시며 훈계하셨습니다. 그래서 이스라엘 백성들을 강하고 바르게 양육하셨습니다.

오늘날 자녀들이 우상이 되어 버렸습니다. 자녀들을 훈계로 가르치고 다스려야 합니다. 우리는 자녀들을 훈계하지 않고, 하나님의 말씀대로 양육하지 아니한 죄를 회개해야 합니다. 성경대로 하지 않는 것이 죄입니다. 훈계가 없으면 복종하지 않습니다. 가르치고 교육시켜야 합니다. 이것이 바로 부모가 마땅히 행해야 할 일입니다. 내가 먼저 성경말씀에 서서 자녀들을 가르쳐야 합니다. 내가 본이 되지 아니하면 내 자녀가 내 모습이 되고 맙니다. 믿음도 본이 되어야 합니다.

내 자녀의 영혼을 지켜야 합니다. 패역한 자의 길에는 가시와 올무가 있다고 했습니다. 자녀들이 하나님의 말씀을 매일 먹게 하고, 순종하는 자녀로 길러야 합니다. 어린이는 씨앗과 같은 존재입니다. 그 씨앗을 심고 말씀으로 양육하고, 믿음의 비전을 가지고 바른 길로 걷게 할 때 훌륭한 거목으로 성장합니다. 여러분의 자녀를 바라볼 때마다 씨앗을 심는 마음으로 대하시기 바랍니다. 여러분이 이 세상을 떠나도 자녀들은 믿음을 떠나지 않습니다. 그 씨앗 속에서 잎을 보고 열매를 보고 거목을 보시기 바랍니다. 여러분의 자녀를 잘 양육하여 여러분의 가정과 교회와 민족을 잇는 큰 기업으로 키우시기 바랍니다.

더 생각해 보기: 말씀 이해를 위한 예화

미국에 이민 간 우리 한국인들이 열심히 일해서 유대인들이 하던 과일가게, 채소가게, 세탁소 등을 점령했어도 유대인들의 교육을 따라가지 못한다고 합니다. 그들의 교육은 어릴 때부터 가정에서 철저히 종교교육으로 시작됩니다. 생후 8일 만에 할례를 받고 나서 이름을 짓습니다. 하나님과의 성결된 관계가 맺어지는 할례 전에는 아이의 이름을 부르지 않습니다. 40일이 되면 어린 양을 잡아 번제를 하나님께 드립니다. 어릴 때부터 신명기 6장과 11장, 민수기 15장의 말씀을 암송하게 합니다.

어릴 때 아이가 말을 알아들을 만하면 아빠가 다정스럽게 자녀를 부른다고 합니다. 그래서 아이가 손을 들고 아버지께 안기면 사정없이 내동댕이친다고 합니다. 그리고 또다시 자녀를 부릅니다. 자녀가 울음을 터트리면서 다시 부모에게 오면 또다시 사정없이 집어 던집니다. 배신감으로 어쩔 줄 몰라 하는 자녀에게 이렇게 이야기한다고 합니다. "세상에 믿고 의지할 분은 하나님밖에는 없다. 이것을 기억해라." 이 확실한 교육을 통해서 어릴 때부터 하나님이라는 존재를 심어 준다고 합니다. 이것이 유대인의 자녀교육의 독특성입니다.

적용

1) 오늘 말씀의 주제 파악하기

2) 오늘 말씀 중 은혜 받은 부분 나누기

3) 삶에 구체적으로 적용하기

함께 드리는 기도 제목

1. 하나님 중심, 교회 중심, 성경 중심으로 자녀를 양육하게 하옵소서.
2. 자녀들이 하늘나라의 위대한 꿈과 비전을 갖게 하옵소서.
3. 말씀 안에서 자녀를 훈계하며 신앙으로 양육하게 하옵소서.

제19과

네 부모를 공경하라
(어버이주일)

✣ **본문** : 신명기 5장 16절
✣ **찬송** : 579장(어머니의 넓은 사랑, 통 304장)
✣ **요절** : "너는 네 하나님 여호와께서 명령한 대로 네 부모를 공경하라 그리하면 네 하나님 여호와가 네게 준 땅에서 네 생명이 길고 복을 누리리라"(신 5:16)

하나님께서는 우리 모두에게 하루 24시간을 주셨습니다. 강한 자나 약한 자나, 건강한 자나 병든 자나, 부한 자나 가난한 자나 모두 공평하게 하루 24시간씩을 주셨습니다. 욕심이 많다고 해서, 돈이 많다고 해서 하루 25시간을 쓸 수 있는 것은 아닙니다. 1년 365일을 똑같이 주셨고, 70~80년의 세월을 살다가 하나님께서 부르시면 누구나 가야 합니다. 우리가 이 땅에 사는 동안 하나님께 해야 할 일이 있고, 이웃들에게 해야 할 일이 있고, 부모님께 해야 할 일이 있습니다.

성경은 이 해야 할 일을 십계명을 통해 주셨습니다. 처음 네 계명은 하나님께 대한 것이요, 뒤의 여섯 계명은 인간의 관계입니다. 그런데 인간의 계명 중 제일 먼저 나오는 것이 부모에 대한 계명입니다. 오늘 성경에서는 이 계명을 첫 번째 계명이라고 부르고 있습니다. 인간관계에 있어서 가장 중요하고 먼저 지켜야 할 계명이 제5계명입니다.

우리나라는 예로부터 부모를 공경하는 것을 귀하게 여겨 왔습니다. 효경에 나오는 바대로 '신체발부(身體髮膚)는 수지부모(受之父母)니 불감훼상(不敢毁傷)이 효지시야(孝之始也)' 라 하여 '몸이나 머리털 피부는 부모에게 받은 것이니 감히 몸에 상처를 내지 않는 것이 효의 출발이라' 할 정도로 효를 중시해 왔습니다. 그러나 근래에 들어서 이 효가 땅에 떨어지고 있습니다.

어버이주일에 하나님께서 말씀하시는 부모 공경은 무엇입니까?

1. 부모님의 은혜를 깨닫는 사람이 되시기 바랍니다

부모님의 사랑은 내가 그 위치에 설 때까지 깨닫지 못하는 기묘한 사랑입니다. 학생 시절 부모님의 은혜를 깨닫지 못하다가 내 자식이 학교에 다니며 속을 썩이기 시작하면 그제야 옛날에 부모님이 얼마나 힘드셨겠는가 생각이 납니다. 자식이 20대가 되어 결혼을 하고 나면 그제야 내가 옛날에 신혼 시절 깨소금 쏟아지게 살 때는 몰랐는데 그때 부모님이 얼마나 서운하셨겠는가 생각이 듭니다. 그때 왜 내가 부모님의 마음을 이해하지 못했을까 깨닫게 되는 것이 사람의 마음입니다. 부모님의 마음은 자식의 입장에서는 잘 이해할 수가 없습니다.

평생 동안 먹고 싶은 것 먹지 못하고, 입고 싶은 옷도 입지 못하고 연탄값을 아끼느라고 따뜻하게 잠 한번 제대로 못 자고 모은 돈을 자식에게 다 줘버리고는 기뻐하는 것이 부모의 마음입니다. 이 마음을 자식들은 자꾸만 잊어버립니다. 그래서 명심보감에 이런 글이 실려 있습니다.

"새벽에 가게에 들러 떡을 사고, 떡가루를 사는 것을 보니, 부모에게 드린다는 것은 듣지 못하고, 자식에게 준다는 것만 들은 것 같소.

어버이는 아직 씹지도 아니하였는데 자식들은 먼저 배가 불렀으니 자식의 마음은 부모의 마음이 좋아하는 것에 비하지 못하리라. 그대에게 권하노니 떡을 살 돈을 더 많이 내도록 하라. 늙은 부모 살 날이 얼마 남지 아니했으니 잘 받들어 봉양하라."

부모님께 잘하시기 바랍니다. 오늘 부모님의 은혜는 우리가 갚으려 해도 갚을 수가 없는 은혜입니다. 우리는 다 은혜 받은 사람입니다. 부모님은 여러분이 어릴 때에 한 숟가락씩 밥을 떠먹이며 여러분을 길러 주셨습니다. 몸이 아프면 밤새 끌어안고 밤을 새우며 다독거려 주셨습니다. 그릇된 길로 가면 회초리를 들어 여러분을 인도해 주셨습니다. 그래서 오늘 여러분이 이 자리에 있게 되었습니다. 어버이날을 맞이하여 다시 한 번 부모님의 은혜를 깊이 깨닫게 되시기를 바랍니다.

2. "네 부모를 주 안에서 순종하라"고 말씀하십니다

순종이란 무엇입니까? 성경에는 순종에 대한 많은 이야기가 나옵니다. 예수님께서는 겟세마네 동산에서 성부 아버지께 순종하셨습니다. "내 뜻대로 마시고 아버지의 뜻대로 하옵소서"라고 하셨습니다. 내 뜻이 아니라 아버지의 뜻대로 하라는 순종의 고백입니다. 오늘날 왜 우리의 가정에 불순종이 일어납니까? 내 뜻대로 하려 하기 때문입니다. 십자가를 지는 것이 내게 어렵지만, 아버지의 뜻이기에 지고 가는 것이 순종입니다.

이삭은 아버지 아브라함이 100세가 넘어 연로한 몸으로 자신을 잡아 제물로 드리기 위해 결박하려 할 때에 거부하거나 도망하지 않았습니다. 청소년의 나이에 상상할 수 없는 아름다운 순종을 보여주고 있습니다. 이 순종은 아버지 아브라함의 믿음의 순종의 모습이고 이것이 이삭에게, 다시 야곱에게 전달되었습니다.

그러므로 지금 나의 모습은 내 아버지의 모습입니다. 내 자녀의 미래의 모습이 궁금하십니까? 지금 내 모습을 보면 됩니다. 내가 지금 자녀와 대화하지 않고 있다면 내 자녀도 미래에 그 자녀와 대화가 막혀 있을 수 있습니다. 내가 지금 자녀들을 위하여 신앙적으로 가르치지 않는다면 내 자녀들도 자라서 내 손자 손녀들에게 신앙으로 가르치지 않을 수 있습니다.

이삭은 아버지 아브라함에게 순종했습니다. 이 순종은 아버지께 배웠습니다. 아버지 아브라함이 하나님의 명령을 따라 고향과 친척과 아버지 집을 떠나고 아들까지도 바치는 그 신앙의 모습을 배웠습니다. 순종이란 나 자신을 드리는 것입니다. 나 자신을 포기하는 일입니다.

그런데 그냥 순종하라는 것이 아닙니다. "주 안에서 순종하라"고 하십니다. 동양에서의 효가 순종하는 것이라면, 성경이 가르치는 효는 주 안에서 순종입니다. 아무리 부모를 기쁘게 하여도 하나님을 떠나 기쁘게 하면 그것은 주 안에서의 순종이 아닙니다. 육신적으로 부모님을 편하게 해드리고, 물질적으로 풍요롭게 해드린다 해도 영적인 문제를 소홀히 하면 이는 순종이 아닙니다. 기독교인은 부모님께 대한 효도를 마땅히 해야 합니다. 특별히 반드시 해야 할 효도는 부모님의 영혼을 구원하는 일입니다. 여러분의 가정마다 주 안에서 순종하여 온 가족이 구원에 이르는 은총을 입으시기 바랍니다.

3. "네 부모를 공경하라"고 말씀하십니다

부모 공경은 도덕적 차원의 문제가 아닙니다. 하나님과의 관계입니다. 그래서 성경은 말씀합니다. "그의 부모를 경홀히 여기는 자는 저주를 받을 것이라"(신 27:16), "아비를 조롱하며 어미 순종하기를 싫어하는 자의 눈은 골짜기의 까마귀에게 쪼이고 독수리 새끼에게 먹히리라"(잠 30:17)고 말씀하고 있습니다. 그러나 부모를 공경하는 자에게는 본문에서 다음과 같은 약속을 주십니다. "네 하나님 여호와가 네게 준 땅에서 네 생명이 길고 복을 누리리라"고 하십니다. 하나님께서는 약속을 반드시 이루어 주시는 분이십니다.

성경을 읽어 보면 하나님의 약속은 인간의 약속처럼 그때그때 이루어지지 않습니다. 하나님께서 그 약속을 잊으셨나 의심이 가기도 하지만, 사실은 우리가 제일 필요한 순간에, 가장 정확한 순간에 들어주시는 분이십니다. 하나님께서는 아브라함에게 내가 너로 큰 민족을 이루게 하겠다고 하셨는데 그 약속이 금세 이루어진 것이 아닙니다. 믿음의 사람 여호수아와 갈렙은 가나안 땅에 들어가고 순종하지 못한 사람들은 그 후손들만이 가나안 땅에 들어가게 되었습니다. 하나님께서는 그 후손을 축복하셨습니다.

오늘날 신앙인들 중에도 자식이 영적인 축복을 받는 것보다 육적으로 잘되는 것만을 좋아하는 이들이 많습니다. 그래서 교회 가는 것보다 도서관 간다고 하면 더 기뻐합니다. 그러나 여러분, 분명히 기억하시기 바랍니다. 자식이 영적으로 바르게 서 있으면 반드시 축복을 받습니다. 그 자식의 자식까지 축복을 받습니다. 이것이 성경에 약속하신 하나님의 언약입니다.

가정에서 부모에게 허물이 있어도 덮어 주시기 바랍니다. 부모님이 연세가 드시면 작은 일에도 슬퍼집니다. 내가 강할 때에는 괜찮았는데 약해지니 작은 일에도 상처를 받습니다. 교회에서도 그렇습니다. 연세가 드시고 나면 괜히 섭섭하고 슬퍼지는 일들이 많습니다. 그런데 이 모습이 바로 우리 모두의 미래의 모습입니다. 부모님께 불순종하고 부모님을 가슴 아프게 했으면 그 죄에서 돌이키시기 바랍니다. 지금은 내가 풍요하고 건강하지만 내가 힘없고 늙었을 때에 하나님께서도 나에게 그렇게 갚으실 것이 두렵기 때문입니다. 우리 모두 효도하는 성도들이 됩시다. 하나님께서 여러분에게 "이 땅에서 생명이 길고 복을 누리리라"고 약속해 주셨습니다. 가정마다 하나님의 축복이 대를 이어가는 성도들이 됩시다.

더 생각해 보기: 말씀 이해를 위한 예화

제가 어릴 적에 이웃집의 감나무에 올라가 감을 따 먹었습니다. 그러자 아버지께서는 맛있게 먹는 저를 보고 "그게 무슨 감이냐?"라고 물으시기에 옆집 나무에서 땄다고 말씀드렸습니다. 아버지께서는 "목사의 아들이, 그리고 앞으로 목사가 될 사람이 남의 것에 쉽게 손을 대었으니 이는 부모의 잘못이다" 하며 회초리로 제 종아리를 몇 대 때리시고는 아버지의 무릎을 치셨습니다. 얼마나 때리셨는지 무릎이 새까맣게 터져 올랐고 며칠 동안 걸음을 걷지 못하셨습니다. 그 후로 길에 떨어진 물건만 보아도 그때의 기억이 나서 줍지 못했습니다.

"너는 기도 중에 환상을 보고 하나님께서 바치라 하여 바친 아들이니 목사 만드는 것까지는 부모 책임이다" 하여 제가 고등학교를 졸업하고, 대학을 마치고, 목사가 되기까지 10여 년 동안을 아침 금식을 쉬신 적이 없었습니다. 생신 때에조차 아침을 안 드셨습니다. 그리고 늘 담요 한 장 뒤집어쓰고 교회 강단 앞에 엎드려 기도하셨습니다. 저는 여러모로 부족한 사람이지만 부모님의 기도로 인해 하나님의 사람으로 쓰임 받지 않았나 생각하게 됩니다.

적용

1) 오늘 말씀의 주제 파악하기

2) 오늘 말씀 중 은혜 받은 부분 나누기

3) 삶에 구체적으로 적용하기

함께 드리는 기도 제목

1. 항상 부모님의 은혜를 깨닫고, 부모님께 효도하게 하옵소서.
2. 우리 가정이 주 안에서 순종하여 온 가족이 구원에 이르게 하옵소서.
3. 우리 가정이 효도하는 가정이 되어 하나님의 축복의 대를 이어가게 하옵소서.

제20과

새사람을 입으라
(성령강림주일)

✣ **본문** : 에베소서 4장 17~24절
✣ **찬송** : 287장(예수 앞에 나오면, 통 205장)
✣ **요절** : "너희는 유혹의 욕심을 따라 썩어져 가는 구습을 따르는 옛 사람을 벗어 버리고 오직 너희의 심령이 새롭게 되어 하나님을 따라 의와 진리의 거룩함으로 지으심을 받은 새사람을 입으라"(엡 4:22~24)

예배 시간은 하나님을 만나는 시간입니다. 우리 인생에 있어 가장 행복한 시간입니다. 돈이 많다고 행복이 비례하지 않습니다. 높은 자리에 있다고 해서 행복하지 않습니다. 우리 인생은 누구나 죄에 얽매여 살아가는 존재입니다. 죄를 벗어나고 싶지만 내 마음대로 되지 않습니다. 사탄 마귀는 틈만 나면 우리를 죄 가운데로 끌고 가려고 합니다. 돈 많은 사람도, 지위가 높은 사람도, 학식이 높은 사람도 죄의 사슬 앞에는 꼼짝 못합니다. 이 죄의 사슬을 우리 하나님께서 끊어 주셔야 합니다. 예배는 여러분을 죄에서 자유롭게 하는 시간입니다.

오늘 말씀은 "새사람을 입으라"는 말씀입니다. 새사람으로 변화되라고 하십니다. 세상에서도 군자가 되려면 변해야 한다고 말합니다. 공자는 일곱 번을 변해야 한다고 가르쳤습니다. 하지만 성경이 말씀하는 변화는 그런 변화가 아닙니다. 영혼의 변화, 속사람의 변화입니다. 본문은 새사람을 입기 위해 경계해야 할 세 가지를 말씀합니다.

1. 옛사람은 마음이 허망합니다

오늘 성경은 옛 사람에 대하여 말씀하고 있는데 마음이 허망하다고 합니다. '허망하다' 는 말은 헬라어에서 '방향이 없다' 는 뜻입니다. 오늘 많은 사람들이 방향 없이 살아갑니다.

'스프링폭스' 라는 산양은 수천 마리가 떼를 지어 사는데 수천 마리가 풀을 뜯고 지나가다 보니 풀이 적을 때는 뒤에 있는 양들은 풀을 뜯지 못할 때가 있습니다. 이때 뒤에 있는 양들이 좀 더 좋은 풀을 뜯기 위해 앞으로 달립니다. 그러면 서로 달리기 시작하는데 뛰다 보면 왜 뛰는지를 잊어버리고 모두가 그저 있는 힘을 다해 달립니다. 그러다가 간혹 절벽으로 향하게 되면 앞의 양은 뒤의 양이 미니까 뛰고, 뒤의 양은 앞의 양이 뛰니까 뛰고, 이렇게 함께 뛰다가 모두가 절벽에 떨어져 몰사합니다. 참 어리석은 양입니다.

그런데 우리 인생도 방향 없이 그저 뜁니다. 앞의 사람이 뛰니 함께 뛰며 살아갑니다. 우리는 왜 사는지를 알아야 합니다. 사람은 남보다 더 잘 먹기 위해서 사는 것이 아닙니다. 무엇이 되기 위해 사는 것이 목적이 아닙니다. 남보다 정직하게 사는 것이 목적이 아닙니다. 사람이 정직하면 얼마나 더 정직하겠습니까? 바리새인들이 이런 기준으로 살았기 때문에 실패했습니다. 내가 다른 사람보다 조금 더 성실하고, 다른 사람보다 조금 더 법을 지키고 살았다는 교만으로 하나님을 바라보지 못했습니다. 우리는 전능하신 하나님을 바라보아야 합니다.

하나님을 만나면 인생이 새롭게 보입니다. 하나님을 만나면 우리의 일그러지고 상처난 인생들을 바로잡아 주시고 고쳐 주십니다.

우리는 인생의 허망한 것을 벗어야 합니다.

2. 옛사람은 총명이 어두워집니다

'총명' 이란 헬라어 '포루시스' 로 총명이 어두워졌다는 것은 '마음이 어두워졌다, 돌이 되었다' 는 뜻입니다. 얼마 전 지방에 내려갔는데 유명한 한의원이 있으니 꼭 다녀가야 한다고 말씀을 합니다. 그래서 가 보았더니 이분이 교회 집사님이랍니다. 그러면서 제 생일을 묻습니다. 음력인지 양력인지 묻고, 몇 시에 태어났는지 묻습니다. 그리고 이야기를 하는데 "30대에 인생이 한 번 크게 바뀌었지요?" 합니다. 그래서 가만히 생각해 보고 "그래요, 맞습니다" 했더니 또 "40대 후반에 크게 바뀌었지요?" 합니다. "그래요, 40대 후반이면 도림교회에 부임한 일이 있으니 맞습니다" 했습니다. 가만히 보니 목사 사주를 보고 있었습니다. 참 어이가 없었습니다. 30대에 인생이 크게 안 변한 사람이 누가 있겠습니까? 피곤하지 않은 사람이 누가 있겠습니까?

오늘날 사람들은 무엇인가 믿고 싶어합니다. 의지하고 싶어합니다. 비행기를 만드는 세상에 살고 있으면서 비행기를 만들어 놓고 고사를 지내는 사람들이 있습니다. 첨단 장비가 들어간 자동차를 타고 다니면서 새 자동차를 사서 안에다 북어대가리를 실에 묶어 달고 다니는 사람도 있습니다. 어떻게 북어가 안전을 보장해 줍니까? 북어는 내 마음대로 하라고 하나님께서 주셨습니다. 구워먹든 찜을 해서 먹든 국을 끓여 먹든 내 마음대로입니다. 이런 것이 우리를 인도하고 복을 준다고 생각하니 총명이 어두워졌습니다.

총명이 어두워지면 어리석어집니다. 어떤 유명한 학자가 텔레비전에 나와서 "기독교는 서양종교다. 우리나라 종교도 있는데 우리 민족은 우리나라 것이 더 잘 맞는다" 라고 말했습니다. 그 반대로 생각하면 원래 처음부터 우리나라 것이 어디 있습니까? 또 기독교가 이 땅에 들어온 지 100여 년 만에 인구의 4분의 1이 믿고 있으니 이 지구상에 기독교만큼 우리 민족하고 정말 잘 맞는 종교가 어디 있습니까? 이렇게 똑똑한 양반이 한 번만 더 생각을 해 보면 알 수 있는데 총명이 어두워지면 안 되는 것을 느끼게 됩니다.

3. 옛사람은 무지하고 마음이 굳어집니다

사탄은 작은 것부터 미혹을 합니다. 시험에 빠지는 성도들을 보면 대개 작은 것부터 넘어집니다. 작은 것이 무너지면 큰 것도 무너집니다. 그래서 마음이 점점 굳어집니다. 예수님께서는 마태복음 13장에서 네 가지 밭의 비유를 해주셨는데 길가와 같은 밭이 있고, 돌밭과 같은 밭이 있고, 가시떨기와 같은 밭이 있고, 옥토가 있다고 하셨습니다. 이중에 길가와 같은 밭에 떨어진 씨앗들은 새들이 와서 먹어 버린다고 했습니다. 새들이 무엇입니까? 사탄 마귀입니다. 씨앗이 자라지 못하니 그 밭은 점점 더 딱딱한 박토가 되고 맙니다.

성도는 모두 마음의 밭을 가지고 있습니다. 날마다 하나님의 은혜를 받아야 그 땅이 부드러워집니다. 교회는 하나님께서 은혜를 주시는 곳입니다. 그러므로 교회를 소중히 여기고 사랑해야 합니다. 예배를 드릴 때에도 은혜를 받아야 하고, 집으로 돌아갈 때에도 받은 은혜를 잘 간직하고 가야 합니다. 예배를 드리고 나서는 은혜를 잘 간직하기 위해 애를 써야 합니다. 예배드리고 나오며 사탄 마귀가 시험할 것을 대비하고 살아야 합니다. 길을 가도 기도하며 걸어가야 합니다. 설교말씀을 녹음하여 차에서 늘 듣고 다니고 말씀을 읽어야 합니다. 특히 말씀의 초점을 잘 맞추어야 더 큰 은혜를 받습니다.

이렇게 오늘 성경은 새사람을 입기 위해서 경계해야 할 세 가지를 말씀합니다. 허망함과 총명이 어두워지는 것과 무지함과 마음의 굳어짐입니다. 그러면 어떻게 해야 합니까? "너희가 지금 예수님의 말씀을 듣고 가르침을 받지 아니하였느냐?" 그러므로 "너희는 유혹의 욕심을 따라 썩어져 가는 구습을 따르는 옛 사람을 벗어 버리고 오직 너희의 심령이 새롭게 되어 하나님을 따라 의와 진리의 거룩함으로 지으심을 받은 새사람을 입으라"(22~24절)고 말씀합니다. 심령이 새롭게 되어야 새사람을 입을 수 있습니다.

오늘 성경은 "오직 심령이 새롭게 되어"라고 했습니다. 다른 것으로 되지 않는다는 말씀입니다. 심령은 마음과 영혼입니다. 마음은 하나님을 모시는 그릇입니다. 마음과 영혼이 새롭게 되는 방법은 하나님을 내 마음에 모시고 사는 길뿐입니다. 하나님을 모시면 우리의 마음과 영혼을 의와 진리의 거룩함으로 채워 주십니다. 하나님의 말씀으로 마음과 영혼이 새사람을 입어 진리의 길을 걸어 천국까지 가는 성도들이 됩시다.

더 생각해 보기: 말씀 이해를 위한 예화

미국의 남북전쟁 때 한 군인이 탈영을 했습니다. 전시에 탈영을 하면 사형입니다. 이 군인이 사형 판결을 받았습니다. 이 청년은 과부의 외아들이었습니다. 혼자 남은 어머니가 이 소식을 들으니 기가 막혔습니다. 아들을 살리려면 대통령의 특사밖에는 없다는 소리를 어디서 들었습니다. 애를 써서 겨우 대통령을 면회하여 "한 번만 용서해 주시면 제 아들을 바로 인도할 테니 한 번만 용서해 주십시오"라고 간절히 구했습니다. 대통령이 용서한다는 특사를 내렸습니다.

그 어머니는 너무 기뻐서 백악관을 나오면서 혼자 하는 말이 "나는 그게 거짓말인 줄 알고 있었어"라고 했답니다. 그래서 같이 나오던 사람이 "무슨 말이 거짓말인 줄 알았단 말입니까?" 하고 물었습니다. 그러자 이 부인이 하는 말이 "다른 사람들이 하는 말이 링컨 대통령은 아주 못생긴 사람이라고 하던데, 실제로 링컨 대통령을 직접 보니 그 사람처럼 아름답게 생긴 미남은 없습디다"라고 했다고 합니다.

사진에 나타나 있듯이 링컨의 얼굴은 미남이 아닙니다. 그러나 죽을 사람을 살리라는 문서에 사인을 하는 링컨의 모습은 그 누가 봐도 사랑이 넘치고 아름다웠습니다. 이 링컨 대통령은 "나이가 들면 자기 얼굴에 책임을 져야 한다"는 유명한 말을 했습니다.

적용

1) 오늘 말씀의 주제 파악하기

2) 오늘 말씀 중 은혜 받은 부분 나누기

3) 삶에 구체적으로 적용하기

___

___

___

함께 드리는 기도 제목

1. 영혼의 변화, 속사람의 변화를 통해 새사람으로 변화되게 하옵소서.
2. 말씀 위에 든든히 서서 허망한 삶을 살지 않게 하옵소서.
3. 우리의 마음과 영혼이 새사람을 입어 진리의 길을 걸어가게 하옵소서.

제21과

복을 받는 가정

✣ **본문** : 역대상 4장 9~10절
✣ **찬송** : 559장(사철에 봄바람 불어 잇고, 통 305장)
✣ **요절** : "야베스가 이스라엘 하나님께 아뢰어 이르되 주께서 내게 복을 주시려거든 나의 지역을 넓히시고 주의 손으로 나를 도우사 나로 환난을 벗어나 내게 근심이 없게 하옵소서 하였더니 하나님이 그가 구하는 것을 허락하셨더라"(대상 4:10)

오늘 성경에 나오는 야베스라는 이름의 뜻은 '고생하다' 입니다. 야베스를 낳으면서 어려움을 겪어 그런 이름을 지은 것으로 보입니다. 주경학자들은 '야베스가 지체장애인이 아니었을까?' 하고 추측을 합니다. 이름만으로 본다면 좋은 이름이 아닙니다. 그러나 그는 축복의 사람입니다. 형제보다 존귀한 자가 되었습니다. 귀한 사람은 내가 주장해서 되는 것이 아닙니다. 다른 사람이 저절로 나를 존귀하게 대접해 주는 사람이 존귀한 사람입니다. 복을 받은 사람인 야베스의 복이 우리 가정에 넘쳐야 합니다. 야베스는 우리에게 복 받는 가정의 비결을 보여주고 있습니다.

1. 기도하는 가정이 되시기 바랍니다

오늘 야베스는 기도하는 사람으로 알려져 있습니다. 역대상은 1장에서 9장까지 족보에 대한 소개가 나옵니다. 1장에서부터 계속해서 사람 이름이 나오다가 야베스를 소개하면서 갑자기 야베스의 기도가 나옵니다. 그것은 야베스는 기도가 특별한 사람이었다는 말입니다. 아주 짧은 구절이지만 성경은 그 기도를 기록하고 있습니다.

복이란 '바라크' 라는 말인데 '하나님 앞에 엎드린다' 는 뜻입니다. 우리가 어떠한 상황에 있든지 하나님 앞에 나와 엎드릴 수 있는 것이 복입니다. 여러분은 모두가 복 받은 가정입니다. 가정에 건강의 문제가 있을 수 있습니다. 물질의 문제, 자녀의 문제가 있을 수 있습니다. 그러나 하나님 앞에 나아와 엎드려 기도하면, 하나님께서 그 문제를 해결해 주십니다. 그러므로 기도하는 사람이 복된 사람입니다.

한 도시에 재판관이 있었는데 이 재판관이 문제가 좀 있습니다. 그런데 어떤 과부가 매일 찾아옵니다. 예수님께서 말씀하시길 "이 재판관이 과부의 소원을 들어준다. 왜냐하면 들어주지 않으면 계속 찾아올 것이기 때문에 귀찮아서라도 들어준다" 라고 하셨습니다. 예수님께서 강청하는 기도를 말씀하신 것이 바로 이런 것입니다. 온 가족이 모여서 같은 꿈을 가지고 끊임없이 기도하면 하나님께서 들어주십니다. 예수님의 옷자락을 함께 붙드는 일입니다.

기도는 영적인 호흡이라고 했습니다. 숨이 끊어지는 순간 살아 있는 생물은 썩기 시작합니다. 하마같이 덩치 큰 동물도 숨이 끊어지면 썩기 시작합니다. 그래서 하이에나도 와서 뜯어먹고, 독수리도 와서 뜯어먹고, 까마귀도 덤벼들어 뜯어먹습니다. 하마는 사자도 악어도 다 무서워하는 동물입니다. 보기에는 둔해 보여도 달리기도 잘하고 아주 무섭습니다. 그런데 숨이 끊어지면 이놈도 뜯어먹고, 저놈도 뜯어먹습니다. 영적으로 기도가 멈추면 이와 같이 사탄 마귀가 떼로 몰려와 여러분의 영혼을 뜯어먹습니다. 그러므로 기도해야 시험도 이기고, 기도해야 영혼도 풍성해집니다. 기도는 여러분의 영혼을 강하게 합니다.

기도하면 하나님의 영이 내게 임합니다. 그래서 내가 깨끗해집니다. 기도하는 사람은 영적으로 깨끗해지고 육적으로도 깨끗해지는 축복을 받습니다. 기도하면 영적인 힘이 생깁니다. 그래서 사탄 마귀의 시험에 넘어지지 않습니다. 기도는 더 나아가 축복의 통로입니다. 기도를 통해서 하나님의 창고에 있는 보화를 얻습니다. 하나님께서는 우리들이 복되게 사는 것을 원하십니다. 그래서 우리에게 기도라는 선물을 주셨습니다. "네 입을 크게 열라 내가 채우리라"(시 81:10)고 말씀하셨습니다. 야베스는 하나님께 기도했습니다. 그리고 존귀한 사람, 축복의 사람이 되었습니다.

2. 잘되는 가정이 되시기 바랍니다

야베스는 존귀한 자가 되었습니다. 당시 사회에서 모든 사람에게 존경받는 인물이요, 가정이 잘되었다는 말입니다. 역사에 의하면 후대에 야베스를 기념하여 그가 살던 마을을 '야베스' 라 명명하였습니다. 러시아에 가면 '페테르부르크' 라는 도시가 있습니다. 베드로 사도를 기념하여 지은 이름입니다. 우리나라에도 도산 안창호 장로님을 기념하여 도산로도 있고, 퇴계로, 세종로, 수원에 가면 박지성로가 있습니다. 야베스는 처음부터 대단한 사람이 아닙니다. 성경의 내용을 보면 그의 삶에는 환난이 있었습니다. 많은 땅을 소유했던 사람도 아닙니다. 그러나 기도로 그 삶을 변화시킨 사람이 야베스입니다.

그가 살던 시대도 어려운 시대였습니다. 가나안 개척시대였고, 이민족의 침입으로 환난을 겪던 시기였습니다. 그러나 야베스는 살면서 점점 존귀하게 되었습니다. 야베스는 지역이 넓어지기를 기도

했습니다. 땅의 경계가 넓어지기를 기도했습니다. 어떤 사람들은 부자가 되는 것과 기독교인이 되는 것을 다른 것이라고 생각하는데, 성경을 잘 몰라서 그렇습니다.

하나님께서는 하나님의 자녀들이 이 땅에서 존귀하게 되고 잘되는 것을 원하십니다. 그래서 하나님의 백성들에게 끊임없이 복을 주시겠다고 약속하고 있습니다. 청빈하게 사는 것과 궁핍하게 사는 것은 다릅니다. 없어서 못사는 것과 있어도 검소하게 사는 것은 다릅니다. 기독교인은 낭비하며 살아서는 안 됩니다. 그러나 이웃에게 나누어 주고 베풀어 주는 복된 삶을 사는 것이 성경적입니다. 가난한 집안에 태어나 부하게 되는 것이 복입니다. 유명하지 않은 집안에 태어나 유명하게 되는 것이 복입니다. 야베스가 이 복을 받았습니다. 야베스와 같이 오늘의 어려움을 이기고 모두가 복을 받는 가정이 됩시다.

3. 평안한 가정이 되시기 바랍니다

야베스는 "주의 손으로 나를 도우사 나로 환난을 벗어나 내게 근심이 없게 하옵소서"라고 기도했습니다. 인생에는 계획에 없는 환난이 찾아옵니다. 그래서 우리는 기도해야 합니다. 기도하는 사람에게도 환난이 찾아옵니다. 그런데 성경은 말씀하시기를 피할 길도 주시고, 시험을 이기도록 힘도 주신다고 하였습니다. 시험에 빠져 넘어지지 않게 하십니다. 환난이 와도 가정이 평안하면 이기고 나아갑니다. 이 평안을 어디에서 얻을 것입니까? "평화 평화로다 하늘 위에서 내려오네." 이 땅의 진정한 평화는 하나님께서 주십니다. 그러므로 여러분은 교회에 와서 평안을 구해야 합니다.

그런데 교회가 평안하지 못하면 어떻게 여러분에게 평안을 주겠습니까? 요즘 어려운 교회들이 참 많습니다. 목사님들이 모이면 한국교회 걱정을 합니다. 앞으로 일어날 일들을 걱정합니다. 여러분, 기근이 있고 사막이 생겨나는 것이 걱정이 아닙니다. 교회가 평안하면 모든 것이 다 해결됩니다. 그런데 교회가 평안하지 못하니 문제가 되고, 더 큰 문제가 일어납니다. 한국교회의 평안을 위하여 기도를 많이 해야 합니다. 우리 교회의 평안을 위하여 기도해야 합니다. 여러분 가정의 평안을 위하여 기도해야 합니다. 평안하면 다른 것은 저절로 해결되기 시작합니다. 평안한 교회는 불평이 사라집니다. 감사하는 성도들이 넘쳐납니다. 영적으로 강건해집니다. 여러분은 하나님께서 우리 교회를 평안하게 지켜 주시는 것을 감사하셔야 합니다.

가정도 그렇습니다. 가정이 평안하지 않으면 온갖 시험이 다 들어옵니다. 그래서 점점 가정이 망가지게 됩니다. 야베스가 가정의 평안을 위하여 기도한 이유가 여기에 있습니다. 온 가족이 야베스와 같이 기도하여 여러분 가정 모두가 존귀하게 되고, 평안한 가정이 됩시다.

더 생각해 보기: 말씀 이해를 위한 예화

미국의 뉴욕에 가면 큰 공항이 두 곳 있습니다. 하나는 국제선이 주로 도착하는 JFK 인터내셔널 공항으로, 존 F. 케네디의 이름을 딴 것입니다. 다른 하나는 라구아디아(La Guardia) 공항입니다. 이 공항은 어느 판사의 이름을 기념한 것입니다.

'라구아디아' 라는 판사가 재판을 하게 되었습니다. 어느 노인이 물건을 훔쳤습니다. 가게의 주인은 고소를 취하하지 않았습니다.

노인의 이야기를 들어 보니 너무 배가 고파 빵을 훔쳤다고 하였습니다. 이 이야기를 들은 라구아디아 판사는 "이 노인은 분명히 죄를 지었으므로 벌금형 10불에 처한다"는 판결을 내렸습니다. 그리고 "우리 동네에 사는 이 노인이 굶도록 한 것은 우리 모두의 책임이므로 10불은 제가 대신해서 내겠습니다" 하고 벌금을 지갑에서 꺼내어 냈습니다. 그러고나서 모자를 사람들에게 돌리며 이 자리에 나같이 잘 먹는 사람 중에 벌금을 낼 사람은 내라고 했습니다. 즉석에서 돈을 걷어 노인에게 주니 이 노인이 눈물을 흘리며 법정을 떠났습니다.

이후에 라구아디아 판사는 뉴욕 시장이 되어 정치를 잘했습니다. 그래서 나중에 그의 이름을 기억하기 위해 라구아디아 공항이 생겨나게 된 것입니다. 우리의 삶을 통해 사람들에게 감동을 주고 도시의 이름, 공항의 이름이 바뀌게 된다면 얼마나 큰 축복입니까?

적용

1) 오늘 말씀의 주제 파악하기

____

____

____

2) 오늘 말씀 중 은혜 받은 부분 나누기

____

____

____

3) 삶에 구체적으로 적용하기

함께 드리는 기도 제목

1. 우리 가정이 항상 기도하는 가정이 되게 하옵소서.
2. 어려움 속에서 믿음으로 어려움을 이기고 복을 받는 가정이 되게 하옵소서.
3. 우리 가정이 존귀한 가정, 평안한 가정이 되게 하옵소서.

제22과

내가 너희를 쉬게 하리라

✣ **본문** : 마태복음 11장 28~30절
✣ **찬송** : 288장(예수를 나의 구주 삼고, 통 204장)
✣ **요절** : "수고하고 무거운 짐 진 자들아 다 내게로 오라 내가 너희를 쉬게 하리라"(마 11:28)

우리 주변에는 많은 사람들이 있습니다. 그 많은 사람들 중에 어떤 친구, 어떤 이웃이 여러분에게 좋은 사람입니까? 내가 원하는 것을 다 해주고, 좋은 것을 사주는 친구가 좋은 친구처럼 보이지만 사실은 교회로 인도하는 친구와 이웃이 여러분을 가장 사랑하는 사람입니다. 인간관계가 좋았던 어떤 분이 큰 어려움에 처했는데, 도움을 요청할 사람도 없고, 달려와서 위로해 주는 사람도 없었습니다. 충격을 받고 진정으로 나를 위로해 줄 사람이 누군가 고민하다가 예수를 믿게 되었습니다. 우리 인생에 진정한 위로자는 예수님이십니다.

1. 이 세상에는 무거운 짐이 있습니다

인생은 많은 짐을 지고 살아갑니다. 가정의 짐이 있습니다. 자녀를 양육해야 하는 짐이 있습니다. 직장의 짐이 있습니다. 직장생활이 참 쉽지 않습니다. 성공과 출세의 짐이 있습니다. 다른 사람의 문제라고 생각했던 질병들이 나이가 들면서 하나 둘 찾아오기 시작합니다. 질병의 짐이 있습니다. 노후에 대한 짐이 있습니다. 인생은 이 짐을 지고 갑니다. 이 짐은 우리가 이겨야 하는 짐입니다. 피할 수 없으면 부딪쳐 이겨 나가야 하는 짐입니다. 사람들은 이 짐을 좀 덜어 보려고 보험에 들기도 하고 저축을 하기도 합니다. 그러나 인생의 짐을 피할 사람은 없습니다. 그런데 예수님을 만나면 이 짐을 대신 져주십니다. "내 멍에는 쉽고 내 짐은 가벼움이라"(30절) 고 말씀하셨습니다.

예수님은 우리에게 소망을 주십니다. 실의에 빠진 사람에게 힘을 주시고, 포기한 사람에게 용기를 주십니다. 예수 믿는 사람은 절대로 낙심하지 않습니다. 절망하지도 않습니다. 예수님께서 우리에게 소망을 주시기 때문입니다. 그런데 우리가 반드시 해결해야 하는 짐이 있습니다. 이길 수 없는 짐, 보이지 않는 짐이 있습니다. 이것은 죄의 짐입니다. 우리 인간은 태어나면서부터 죄를 지고 태어나기 때문에 죄 가운데 삽니다. 죄의 짐은 인간을 망하는 길로 끌고 갑니다. 우리가 사는 이 세상에는 신비한 일들이 많이 있습니다.

"내셔널 지오그래픽"이란 프로그램에서 캥거루가 새끼를 양육하는 것을 보았습니다. 눈도 못 뜬 콩알만 한 새끼가 태어나자마자 있는 힘을 다해 털을 붙잡고 어머니 주머니 속으로 기어 올라갑니다. 그 속에서 어머니 젖을 찾아 발로 꼭 움켜잡고 놓지를 않습니다. 누가 콩알만한 캥거루 새끼에게 사는 길을 가르쳐 주었습니까? 자연적으로 될 수 있는 일이 아닙니다. 가만히 이 세상을 살펴보면 하나님이 살아 계시는 증거를 수없이 발견할 수 있습니다. 그런데도 사람들은 먹고 사는 일에 정신이 팔려 가장 중요한 것을 바라보지 못하고 살아가고 있습니다. 귀신이 없다고 하는 사람도 있는데 세상을 조금만 자세히 살펴보면 귀신이 있는 것을 알게 됩니다. 성경은 귀신을 사탄 마귀라고 하는데 이 사탄 마귀는 인간을 불행으로 끌고 갑니다. 무당이나 점치는 자들이 행복합니까? 스스로도 행복하지 않다는 것을 알고 있습니다. 사탄 마귀는 인간을 죄짓게 만듭니다. 그리고 죄의 값으로 마지막에는 사망에 이르게 됩니다.

이 세상의 모든 일은 반드시 마지막이 있습니다. 원인이 있으면 결과가 있고, 시작이 있으면 마지막이 있습니다. 하루에도 마지막이 있고, 한 해도 마지막 12월이 반드시 찾아옵니다. 올해는 12월을 좀 피해서 가 보자고 해도 되지 않습니다. 우리 인생도 마지막이 반드시 찾아옵니다. 우리 인생도 반드시 계산하는 날이 찾아옵니다. 그때 사망으로 가는 사람과 영원한 생명으로 가는 사람이 있습니다. 예수님께서는 우리 인생에 영원한 생명을 주시기 위하여 이 땅에 찾아오셨습니다. 이 예수님을 깨달을 수 있기를 바랍니다.

2. 예수님은 여러분을 초청하십니다

"수고하고 무거운 짐 진 자들아 다 내게로 오라"(28절).

예수님께서는 여러분을 초청하셨습니다. 인생의 수고하고 무거운 짐 진 자들을 오라고 하셨습니다. "다 내게로 오라"고 하셨습니다. 예수님의 초청에는 제한이 없습니다. 남자나 여자나, 노인이나 젊은이나, 부자나 가난한 자나, 건강한 자나 병든 자나 누구든지 예수님께로 나아오면 반가이 맞아 주십니다. 세상에서도 광고를 하면서 사람들을 오라고 합니다. 병원에서도 오라고 하고 백화점에서도 오라고 합니다. 그러나 세상에서 오라고 하는 데는 조건이 있습니다. 돈을 가지고 오라고 합니다.

그러나 예수님은 빈부귀천을 구별하시지 않습니다. 누구나 다 맞아 주십니다. 세상의 만남은 어려울 때에 다 알게 됩니다. 내가 어려우면 친구도 떠나가고 형제도 떠나갑니다. 그러나 예수님은 우리가 어려울 때에 친구가 되어 주십니다. 우리가 죄인 되었을 때에 우리를 만나 주시고 죄를 씻어 주십니다. 지혜가 부족하면 지혜를 주시고, 치료가 필요하면 치료해 주시고, 가정의 평안이 필요하면 가정의 평안을 주십니다. 우리가 구하는 것마다 마다하지 않고 들어주시는 하나님이십니다. 이 하나님을 깨달을 수 있게 되기를 바랍니다.

3. 예수 믿으면 축복을 받습니다

교회는 사람을 변화시키는 곳입니다. 죄인이 와서 의인이 되고, 악한 자가 와서 선한 사람이 되고, 가난한 자가 와서 부한 자가 되고, 병든 자가 와서 건강을 얻는 곳입니다. 예수 잘 믿는 나라는 모두가 복을 받았습니다. 미국도 그렇고 유럽의 수많은 나라들이 예수 믿고 잘사는 나라들이 되었습니다.

믿지 않는 분들도 잘 아시는 두레마을 김진홍 목사님이 계십니다. 이분의 할아버지는 친척도 없이 마을에서 가장 가난하게 사는 청년이었습니다. 먹고 살기도 힘든 사람이었습니다. 그런데 누가 전도를 하여 이 불쌍한 시골 청년이 교회에 나와 예수를 믿게 되었습니다. 하나님께서 그 후손을 축복하셨는데, 현재 목사님 대에 와서 83명의 자손 중에 대학 총장을 비롯하여 사회지도층이 수없이 배출되었다고 간증했습니다. 예수 믿으면 축복 받는다는 것은 성경의 이야기요, 우리가 눈으로 보는 이야기입니다.

예수 안 믿는 분들이 많이 하는 이야기 중의 하나가 "예수 잘 믿는 누구누구가 오히려 더 악하게 살더라" 고 말합니다. 예수 믿는 사람에게 당했다고 합니다. 그런데 두 가지를 잘 알아야 합니다. 첫째는 예수 믿는다고 다 바르게 되는 것이 아닙니다. 성경은 말씀하시기를 알곡과 가라지가 있다고 하였습니다. 교회는 다니지만 진심으로 하나님을 섬기지 않는 사람, 그 영혼이 하나님을 만나지 못한 사람이 교회 안에도 있습니다. 둘째는 사람은 한 번에 거룩해지지 않습니다. 아마 그런 사람은 예수 믿으니까 그 정도지, 예수 안 믿었으면 술 고주망태에 망나니가 되었을지도 모릅니다. 예수 믿으면 세상의 빛으로 소금으로 살기 위해 애를 써야 합니다.

이 세상에는 예수 믿고 새롭게 된 사람들의 이야기가 셀 수 없이 많습니다. 살인마 김대두, 유영철도 예수 믿고 자기의 죄악을 회개하고 사형당하기 전까지 참회하며 기도하며 살다가 갔습니다. 백범 김구 선생님은 "감옥을 열 개 짓는 것보다 교회 하나를 세우는 것이 더 낫다"라고 하였습니다.

사람의 안에는 두 가지 본성이 있습니다. 악하고 더럽고 음란하고 방탕하게 만드는 죄 된 본성이 있고, 다른 한편에는 하나님을 믿고 평안과 감사와 행복을 찾고자 하는 본성이 있습니다.

우리가 사는 시대는 점점 더 사람을 악하게 만들어 갑니다. 돈이면 다 되는 것으로 생각하고, 남보다 잘살기 위해서 공부를 열심히 합니다. 다른 사람을 누르기 위해서 열심히 합니다. 그러나 성경은 그렇게 가르치지 않습니다. 인생이 행복하게 되는 비결은 다른 사람을 누르고 착취하는 데서 오는 것이 아니라, 다른 사람을 돕고 섬기는 데서 오는 것임을 말씀합니다. 가정에서 부모의 가장 큰 행복이 어디에 있습니까? 자녀를 위해 희생하고 헌신하고 그 자녀들이 부모의 뜻대로 잘 성장해 나갈 때 행복이 있습니다. 자녀를 이기고, 자녀보다 내가 더 배불리 먹고, 자녀를 지배하는 데서 행복을 누리지 않습니다. 행복의 원리가 그렇습니다.

예수님은 "나는 마음이 온유하고 겸손하니 나의 멍에를 메고 내게 배우라. 그리하면 너희 마음이 쉼을 얻으리니 이는 내 멍에는 쉽고 내 짐은 가벼움이라"고 말씀하셨습니다. 오늘의 시대는 마음의 쉼이 필요한 시대입니다. 돈이 많다고, 명예가 있다고, 박사학위가 있다고 해서 행복한 것이 아닙니다. 돈 많은 사람, 인기 있는 사람들이 왜 그렇게 자살을 합니까? 진정한 평안은 하나님께서 주십니다.

우리는 지금까지 정신없이 살아왔습니다. 앞만 보고 달려왔습니다. 그런데 이제는 우리의 영원한 생명을 바라보아야 합니다. 인생은 화무십일홍(花無十日紅)과 같다고 했습니다. 성경에도 인생은 햇볕에 말라 버리는 베어 놓은 풀잎 같다고 했습니다. 우리의 짧은 인생이 하나님을 만나 행복한 인생으로 살아가기를 바랍니다.

더 생각해 보기: 말씀 이해를 위한 예화

한국의 대표적인 지성인 이어령 씨는 철저한 무신론자로 유명했습니다. 그런데 사랑하는 고명딸이 갑자기 시력을 잃어 갑니다. 거의 맹인이 되었습니다. 미국의 병원에서도 포기했습니다. "한국 사람의 손이 섬세하니 한국에 한번 가 보자." 수술을 받기 위해 한국으로 오는 비행기 안에서 딸이 울면서 기도합니다.

"하나님, 나를 버리십니까? 하나님, 도와주세요" 하며 울면서 기도하는 딸을 안타깝게 바라만 볼 뿐이었습니다. 그런데 한국의 병원에서 진찰을 하는데 눈에 이상이 없다는 진단이 나왔습니다. 이 신비한 일을 겪고 이어령 씨는 예수를 믿었습니다. 그리고 지금은 교회마다 다니면서 간증을 합니다. "하나님이 없다고 그렇게 훼방꾼으로 살았던 나를 받아주셨다"라고 울면서 간증을 하고 다닙니다.

적용

1) 오늘 말씀의 주제 파악하기

2) 오늘 말씀 중 은혜 받은 부분 나누기

3) 삶에 구체적으로 적용하기

함께 드리는 기도 제목

1. 우리 인생의 짐을 주님께 맡길 수 있는 믿음을 갖게 하옵소서.
2. 예수님의 초청에 응답하며 말씀 안에서 살아가게 하옵소서.
3. 주변의 모든 사람들이 예수 믿고, 축복된 삶을 살아가게 하옵소서.

제23과

예수님 안에

✣ **본문** : 요한복음 15장 1~8절
✣ **찬송** : 90장(주 예수 내가 알기 전, 통 98장)
✣ **요절** : "나는 포도나무요 너희는 가지라 그가 내 안에, 내가 그 안에 거하면 사람이 열매를 많이 맺나니 나를 떠나서는 너희가 아무것도 할 수 없음이라"(요 15:5)

현대인들은 세 가지 병을 앓고 있다고 합니다. "나는 너무 외롭습니다." "나는 너무 아픕니다." "나는 너무 허무합니다." 만나는 사람들은 많은데 외롭습니다. 나이가 들어가면서 아픈 곳이 많아집니다. 자식들을 다 키워 놓고 나면 허무합니다. 오늘은 옛날보다 살기에 참 많이 편해졌습니다. 먹을 것이 있고, 입을 옷이 있습니다. 그런데도 불평은 더 많아졌습니다. 아버지는 있는 힘을 다해 일하는데, 자녀들은 아버지에 대해서 불평이 많습니다. 어머니는 자녀를 위해 희생했는데, 어머니에 대해서 불평이 많습니다. 시어머니에 대해서 불평하고, 며느리에 대해서 불평합니다.

문제의 심각성은 신앙생활을 하면서도 불평하는 사람들이 많다는 데 있습니다. 예수 믿고 구원받은 은혜가 감사한데 교회에서도 불평하는 사람들이 있습니다. 그 불평을 가만히 살펴보면 내가 더 대접받겠다고 하고, 내가 더 주장하겠다고 합니다. 현대인의 문제는 무엇입니까? 주님이 내 안에 계시지 않는다는 것이 문제입니다.

자동차가 힘차게 달리다가 기름이 떨어지면 힘을 못 씁니다. 기름을 계속 채워 넣어야 합니다. 주님께서 주시는 은혜도 계속해서 채워 넣어야 행복한 인생을 살아갈 수 있습니다. 은혜를 받는 사람들은 늘 행복합니다. 은혜는 우리를 감사하게 만듭니다. 은혜는 우리에게 복된 길을 가르쳐 줍니다. 그러므로 은혜를 놓치면 모든 것을 놓칩니다.

예수님께서는 요한복음 14장에서 십자가에 달리실 것을 예고하시고 이제 겟세마네 동산으로 가시려고 했습니다. 그런데 요한복음 15장에서 다시 포도나무에 대한 긴 말씀을 주십니다. 마지막으로 이것을 꼭 잊지 말라고 하십니다.

1. 예수 그리스도 안에 있어야 합니다

요한복음에는 '예수 그리스도 안에' 라는 표현이 무려 40회나 반복되고 있습니다. 우리가 예수를 믿는다고 할 때에도 영어식 표현을 보면 'Believe in Jesus Christ' 라고 합니다. 예수를 믿는 것은 "내가 예수 안에 있다"는 고백입니다. 내가 예수를 믿는 것이 아니라 내가 예수 안에 있으면 됩니다. "나는 포도나무요 너희는 가지라 그가 내 안에, 내가 그 안에 거하면 사람이 열매를 많이 맺나니 나를 떠나서는 너희가 아무것도 할 수 없음이라"(5절)고 하셨습니다. 예수님과 분리되면 열매를 맺을 수 없습니다. "사람이 내 안에 거하지 아니하면 가지처럼 밖에 버려져 마르나니"라고 하셨습니다. 아무리 잘 익은 과일도 나무와 연결이 끊어지면 곧 시들고 말라 버립니다. 세상적으로 잘되는 것 같고 높은 자리에 있어도, 많은 재물이 있어도 예수님과 연결이 끊어지면 끈 떨어진 연과 같이 불쌍한 존재가 되고 맙니다. 그러므로 우리는 예수님과 떨어지지 않아야 합니다.

시험에 든다는 것이 무엇입니까? 예수님과 떨어지는 것입니다. 죄라고 하는 성경적인 개념은 과녁을 빗나간 화살을 의미합니다. 하나님을 벗어나는 행위입니다. 우리는 다 예수님을 벗어나는 존재입니다. 그래서 이 사실을 가리켜 우리 인간을 죄 된 존재라고 합니다. 가만히 두면 다 예수님을 벗어나게 되어 있습니다. 그래서 예배를 통하여 예수님을 붙듭니다.

교회는 예수님을 붙드는 거룩한 장소입니다. 교회에 나와 말씀을 듣고 하나님을 경배하면, 예수님이 우리를 붙들어 주십니다. "너희가 내 안에 거하면 나도 너희 안에 거하리라"고 하셨습니다. 예수님은 세상에서 상처 난 심령을 치유해 주십니다. 좋은 농부가 포도나무에 병이 들면 소독을 해주고, 벌레를 잡아 주고, 거름을 주는 것과 마찬가지로 교회는 이렇게 우리의 심령의 죄를 소독해 주어 우리로 든든하게 서게 해주는 곳입니다.

포도나무를 가만히 보면 그 잎사귀가 마치 사람의 손처럼 생겼습니다. 포도나무 잎이 포도를 감싸고 있습니다. 마치 예수님이 성도들을 보호하시는 것처럼 포도나무 잎이 포도를 감싸고 있습니다. 우리는 이것을 감사할 줄 알아야 합니다. 주님의 손은 능력의 손입니다. 치유의 손입니다. 우리를 모든 환난에서 지켜 주시는 손입니다. 이 손이 여러분을 감싸고 있는 것을 느끼시기 바랍니다.

교회가 얼마나 소중한지 알아야 합니다. 주님에게 붙어 있으면 교회만 생각해도 감사하게 됩니다. 다른 데 붙어 있으면 안 됩니다. 예수님께 붙어 있어야 삽니다. 감사할 줄 알아야 합니다. 내가 이 자리에 있는 것은 하나님의 은총이 함께하시기 때문임을 깨달아야 합니다. 오늘도 내가 주님을 찾아온 것이 아니라 내가 주 안에 있어 주님이 인도하셨음을 믿고 감사하시기 바랍니다.

2. 열매는 가지에 맺힌다는 사실입니다

포도나무 열매는 어디에 맺힙니까? 가지에 맺힙니다. 예수님의 열매가 바로 믿는 우리들을 통해 맺힙니다. 세상 사람들은 열매를 보고 압니다. 열매가 벌레 먹고 알도 작고 시원찮으면 포도농사는 헛된 일입니다. 그러나 포도열매가 탐스럽게 열리고 맛도 좋으면 사람들이 보고 칭찬을 합니다.

좋은 열매를 맺는다는 것이 무엇입니까? 생활의 열매를 잘 맺는다는 말입니다. 믿지 않는 사람들이 여러분을 볼 때 부러워해야 합니다. 존경할 만해야 합니다. "이 집 아저씨는 예수 믿으니 집에도 일찍 오고 주일에는 다 함께 교회 가는데, 우리 남편은 매일 술만 먹고 12시 땡 쳐야 들어오고, 툭하면 손찌검에 소리나 지르고, 무슨 재미로 사는지 모르겠어요. 김 집사님 가정을 보면 부러워요. 우리 남편 좀 전도해 주세요" 하고 여러분에게 부탁하는 일이 일어나야 합니다.

예수 믿는 사람들은 공부도 잘해야 합니다. 예수 믿는 자녀들은 공부 잘한다고 소문이 나야 합니다. 예수 믿는 사람들이 물질적으로도 복을 받아야 합니다. 예수 믿는 집은 장사가 잘된다는 소문이 나야 합니다. 진실하고 바른 사람들이 되어야 합니다. 이웃의 아픔에 함께 아파하는 사람들이 되어야 합니다. 한마디 말에도 조심해야 합니다. 믿음의 사람들은 나의 모습에 예수님의 모습이 있다는 것을 기억해야 합니다. 정신 차리지 아니하면 세상 사람들에게 조롱을 받게 됩니다. 그래서 이 문제를 놓고 열심히 기도해야 합니다. "하나님, 좋은 열매를 맺게 하여 주시옵소서. 나로 하여금 극상품 포도가 되게 하셔서 하나님께 영광 돌리는 인생이 되게 해주시옵소서" 하고 기도하시기를 바랍니다. 그러면 "무엇이든지 원하는 대로 구하라, 그리하면 이루리라"고 약속하신 것처럼 좋은 열매를 맺기 위해, 순종하며 살기 위해 몸부림칠 때 하나님께서 은혜의 손길로 우리를 감싸 주시고 여러분의 기도에 응답해 주십니다.

3. 과실을 많이 맺으면 하나님께서 영광을 받으십니다

포도나무는 가을이 되면 나무의 가지를 다 쳐냅니다. "아니, 저 큰 포도나무를 왜 그렇게 다 잘라냅니까?" 하고 물어 보았습니다. 그랬더니 그렇게 다 잘라내야 한다고 합니다. 그리고 꼭 필요한 부분만 남깁니다. 그런데 신기하게도 봄이 되면 다시 그 줄기에서 싹이 나고 가지가 자라 열매를 맺습니다. 우리도 그렇습니다. 좋은 결실을 맺으려면 불필요한 것들을 쳐내야 합니다. 과거의 잘못된 습관과 죄악의 잔가지들이 있다면 다 쳐내야 합니다. 죄 된 것들은 빨리 잘라 버려야 합니다. 죄 된 가지가 붙어 있으면 그것이 영양분을 다 빼앗아갑니다. 그래서 좋은 결실을 못 맺게 합니다.

옛 생각, 옛 가치관을 잘라 버려야 합니다. 예수 믿으면 예수의 사람으로 변화되어야 합니다. 옛 뿌리가 남아 있으면 하나님의 영광을 가리게 됩니다. 겉으로만 변하면 예수 믿는 것도 더 힘듭니다. 속은 변하지 않고 겉만 변하니 안 됩니다. 예수 믿으면 속이 함께 변화되어야 합니다. 이것이 성화입니다. 예수 믿으면 다 구원받지만 여기서 머무는 것이 아니라 성화로 나아가야 합니다. 그러면 움직이는 곳마다 예수의 향기가 납니다. 예수님의 영광이 나타납니다.

이런 사람에게 주시는 복이 있습니다. "무엇이든지 원하는 대로 구하라 그리하면 이루리라"(7절) 하심은 예수님의 가지이니 예수님 안에 있으면 예수님이 함께하신다는 말씀입니다. 예수님 안에 있으면 답답했던 문제들이 해결됩니다. 분쟁과 불만이 가득했던 가정에 예수님을 모시면 웃음이 찾아오기 시작합니다. 교회와 민족이 예수님 안에 있으면 행복한 날이 시작됩니다. 예수님을 모시고 살면 여러분의 인생에 귀한 열매를 주십니다. 우리는 모두 주님께 붙어 있는 가지임을 기억해야 합니다. 예수님께서 가지를 보호해 주십니다. 좋은 열매를 맺어 하나님께 영광 돌리고 하나님께 인정받으며 하나님께서 부어 주시는 풍성한 응답의 복을 누리는 성도들이 됩시다.

더 생각해 보기: 말씀 이해를 위한 예화

조선 정조 때 실학자인 박지연이 쓴《양반전》이 있습니다.

한 양반이 있었는데 몹시 궁핍하여 나랏빚을 많이 졌습니다. 환곡이라는 것이 있었는데 봄에 가져다 먹고 가을에 갚는 것입니다. 그런데 이 빚이 점점 늘어났습니다. 그래서 처음에는 군수가 눈감아 주고 있었는데 나중에 문제가 되었습니다. 그래서 궁리하던 차에 돈 많은 상놈에게 양반을 팔고 돈을 받았습니다.

이 상놈 양반이 신이 나서 목에 힘을 주고 살게 되었습니다. 그런데 살면서 보니 이 양반이 좋은 것이 아닙니다. 한여름에 옛날처럼 베잠방이 차림으로 있을 수가 없습니다. 온몸에 땀띠가 나고 괴롭습니다. 늘 뒷짐을 지고 팔자걸음으로 천천히 걸어야 합니다. 비 오는데 성질 급한 이 상놈 양반이 참 힘듭니다. 돈을 세어도 안 됩니다. 돈은 천한 것들이 세는 것이니 돈을 세는 재미도 없어졌습니다. 부인 방에 들어가려고 해도 종을 시켜 신고하고 들어가야 합니다. 말도 마음대로 못합니다. 그러니 얼마나 괴롭겠습니까? 그래서 차라리 양반 안 하겠다고 했다는 이야기입니다.

적용

1) 오늘 말씀의 주제 파악하기

2) 오늘 말씀 중 은혜 받은 부분 나누기

3) 삶에 구체적으로 적용하기

함께 드리는 기도 제목

1. 예수 그리스도 안에 거하면서 우리 주님의 인도함을 받는 삶을 살게 하옵소서.
2. 좋은 열매를 맺기 위해 하나님 말씀에 순종하며 살게 하옵소서.
3. 좋은 열매를 많이 맺어 온전히 하나님께 영광 돌리게 하옵소서.

제24과

오직 복음

✣ **본문** : 고린도전서 1장 17~18절
✣ **찬송** : 499장(흑암에 사는 백성들을 보라, 통 277장)
✣ **요절** : "그리스도께서 나를 보내심은 세례를 베풀게 하려 하심이 아니요 오직 복음을 전하게 하려 하심이로되 말의 지혜로 하지 아니함은 그리스도의 십자가가 헛되지 않게 하려 함이라"(고전 1:17)

고린도 교회에 분쟁이 생겼습니다. 그것은 성도들 간에 서로 나뉘어 세력다툼을 하게 되었습니다. 서로 간에 정통성을 주장하기 위하여 "나는 베드로에게 세례를 받았다. 나는 아볼로에게 받았다" 주장을 하고, 또 어떤 사람은 "나는 바울에게 가르침을 받았다. 바울 같은 분이 어디 있느냐? 그러므로 내가 정통이다"라고 주장했습니다. 그러자 또 어떤 사람은 "너희들이 아무리 그래봐야 소용이 없다. 나는 예수님을 직접 따라다니면서 복음을 들었고 예수님께 배운 사람이다. 그러니 너희들 다 소용없다" 하면서 서로 분쟁이 일어났습니다. 서로 자신이 원조라는 주장입니다. 이 소문이 바울에게까지 이르렀을 때 바울이 이에 대하여 쓴 편지가 오늘 본문의 내용입니다. 사도 바울은 오늘 본문 말씀을 통하여 우리에게 교훈을 주고 있습니다.

1. 오직 복음을 전해야 합니다

오늘 말씀에 "그리스도께서 나를 보내심은 세례를 베풀게 하려 하심이 아니요"(17절)라고 했습니다. 우리는 비본질적인 것에 매여 사는 경우가 많습니다. 이 세상을 사는 것은 돈이 목적이 아닌데 어떤 사람은 돈에 매여 살아갑니다. 돈은 인간의 행복한 삶을 돕기 위한 보조적인 것으로 필요합니다. 또 어떤 사람은 건강에 최고의 가치를 두며 살아갑니다. 그저 건강하게 살다가 죽는 거라면 동물과 다를 바가 무엇이겠습니까? 사자나 토끼도 건강하게 살다가 죽는 경우가 많습니다. 건강하게 사는 것은 인간만이 가지는 귀한 가치를 누리기 위해서입니다. 그런데 본말이 전도되어 사는 사람들이 있습니다.

오늘 본문도 그렇습니다. 왜 세례를 받습니까? 예수 믿은 징표로 세례를 받습니다. 세례 그 자체에 어떤 능력이 있는 것이 아니라 "내가 믿습니다" 하고 세례를 받으면 그 믿음을 보시고 세례 받은 자에게 하나님께서 인 쳐 주시고 함께하십니다. "세례를 베풀게 하려 하심이 아니요 오직 복음을 전하게 하려 하심이라"고 사도 바울은 말씀합니다.

여기서 우리는 '오직' 이라는 단어를 주목해야 합니다. 다른 할 일이 얼마나 많습니까? 성도의 교제도 해야 하고, 말씀도 가르쳐야 하고, 구제도 해야 합니다. 할 일이 아주 많습니다. 그런데 사도 바울은 '오직' 이라고 말했습니다. 오직이라는 것은 가장 우선순위에 있다는 말입니다. 더 나아가 이것을 빼면 다른 것은 소용이 없어집니다. 무슨 말입니까? 우리가 존재하는 가장 중요한 이유는 복음 전하는 것에 있다는 말입니다. 이것이 아니면 교회도 필요 없습니다. 성도의 교제도 의미가 없습니다. 이 모든 것이 모아져서 복음 전파로 나아가야 합니다.

교회의 모든 사역이 중요하지만 최고의 목적은 복음을 전하는 데 있습니다. 오늘 사도 바울이 이 말씀을 하고 있습니다. 그런데 신앙생활을 하면서 가장 중요한 이것을 잊어버리고 사는 사람들이 있습니다. 하나님께서 나에게 왜 은혜를 주십니까? 왜 복을 주십니까? 왜 건강을 주십니까? 복음 전하라고 주신 것임을 잊어서는 안 됩니다. 우리는 늘 "은혜 주십시오. 복을 주십시오. 건강을 주십시오" 하고 기도합니다. 왜 받아야 합니까? 복음을 전하기 위하여 받아야 합니다. 이것을 모르고 매일 달라고만 하니 하나님께서 제대로 주시겠습니까?

성도에게 가장 귀한 일은 복음 전하는 일입니다. 여러분에게 왜 은혜를 주셨습니까? 왜 건강을 주셨고, 왜 지혜를 주셨습니까? 왜 물질을 주셨습니까? 왜 가정을 주시고 자녀를 주셨습니까? 그 이유는 사도 바울이 말씀하는 것과 같이 복음을 전하라고 주셨습니다. 하나님께서 가장 기뻐하시는 일은 복음을 전하는 일입니다. 다른 것을 다 잘하여도 복음을 전하지 못하면 그 교회는 없어지고 맙니다. 복음 전하는 일에 최선을 다하는 성도들이 됩시다.

2. 복음을 전하는 자에게는 하나님의 능력이 임한다고 했습니다

복음을 전하기 위하여 애를 쓴 가정들을 보면 그 후손들이 잘되고 가정이 형통한 복을 받는 것을 보게 됩니다. 선교사들의 가정들을 보면 많은 복을 받았습니다. 요즘 선교사는 그래도 쉽지만, 옛날에는 선교사들이 복음을 전하다가 너무나 많이 죽었습니다. 목이 잘려 죽기도 하고, 고문을 당하다가 죽기도 하였습니다. 그러면 그 가정이 망한 것 아닙니까? 그런데 순교한 선교사들의 족보를 보면 그 후손들이 얼마나 복을 많이 받는지 모릅니다. 우리나라에 복음을 전한 아펜젤러나 언더우드, 계일승 같은 분들의 후손들을 보면 모두 미국 사회에서 중요한 일들을 하고 있습니다. 아버지가 돌보아 주지 못해도 하나님께서 그 후손들에게 복을 주셨습니다.

그러나 반대로 복음을 전하는 것을 방해한 가정들은 어려움을 많이 겪습니다. 복음을 전하는 것을 방해하는 죄는 무슨 죄인 줄 아십니까? 성령 훼방죄입니다. 성경에 "모든 죄는 사하심을 얻되 성령을 훼방하는 죄는 사하심을 얻지 못하리라"고 했는데, 바로 성령님이 하시는 일이 무엇입니까? 예수님께서 보혜사 성령님을 보내 주셔서 예수님이 남기신 일을 하게 하신다고 했는데 그것이 무엇입니까? 바로 복음 전하는 일입니다. 그러므로 복음을 전하는 자를 성령님이 도와주십니다. 그 가정을 지켜 주십니다. 사도 바울은 이 사실을 늘 체험하며 다녔기 때문에 "십자가의 도가 멸망하는 자들에게는 거리끼는 것이요 미련한 것이로되 구원을 받는 우리에게는 하나님의 능력이라"고 외쳤습니다(고전 1:23~24).

예수 믿는다고 다 능력이 나타나는 것이 아닙니다. 복음을 전하기 위하여 하나님의 나라를 위하여 애쓰는 자에게 하나님의 능력이 함께하십니다. 많은 교회 성도들이 전도하기 위해 전력을 다하고 있습니다. 우리 교회 집사님 아들 부부가 지방에 있어서 다른 교회에 다니는데, 그 어머니가 안타깝게 전도하는 것을 보고 자기 차를 팔았답니다. 어머니 전도비용으로 쓰시라고……. 전도헌금으로 함께하시는 분들도 있습니다. 이렇게 전도하는 모습을 보시고 하나님께서 얼마나 기뻐하시겠습니까?

사랑하는 성도 여러분, 주님께서는 천국의 비유를 말씀하시며 "길과 산울타리 가로 나가서 강권하여 데려오라"고 하셨습니다. 사람이 많은 길뿐 아니라 한두 사람이 있는 산울타리 가에까지 가서라도 내 집을 채우라고 하십니다. "많은 사람을 옳은 데로 돌아오게 한 자는 별과 같이 영원토록 빛나리라"(단 12:3)고 약속하셨습니다. 우리 주변에 수많은 영혼이 길을 잃고 흑암 중에 헤맬 때 하나님은 그들을 위하여 누구를 보내셨습니까? 여러분을 보내셨습니다. 복음을 전파하여 주님을 기쁘시게 하는 성도들이 됩시다.

더 생각해 보기: 말씀 이해를 위한 예화

경북 상주 우방아파트 근처에 한 교회가 건축이 되었는데 이 교회에는 사연이 있습니다. 약 20년 전에 서울의 한 교회에서 개척자금을 내려 보내 교회를 개척하려 했습니다. 그래서 땅을 사고 건축을 시작하는데 한 집이 주동이 되어서 온 동네사람들에게 도장을 받아서 교회를 건축하지 못하게 했습니다. 그래서 그 목사님은 교회 건축을 못하고 그곳을 떠났습니다.

그 후에 건축을 반대한 그 가정에 일이 일어나기 시작하였는데 가게에 불이 나고, 또 아내가 불에 타 자살을 했습니다. 아들에게도 문제가 생겼습니다. 온 집안 사람들이 모두 엉망이 되었습니다. 그래서 10년 만에 새로운 목사님이 오셔서 그곳에 교회를 건축하겠다고 하자 아무도 반대하는 사람이 없어서 쉽게 건축을 했다는 이야기를 들었습니다.

적용

1) 오늘 말씀의 주제 파악하기

2) 오늘 말씀 중 은혜 받은 부분 나누기

3) 삶에 구체적으로 적용하기

함께 드리는 기도 제목

1. 우리가 존재하는 가장 중요한 이유는 오직 복음 전하는 것에 있다는 사실을 기억하게 하옵소서.
2. 복음을 전하는 일에 최선을 다하게 하옵소서.
3. 복음을 전파하여 주님을 기쁘시게 하는 성도가 되게 하옵소서.

제25과

평강이 있을지어다

✣ **본문** : 요한복음 20장 19~23절
✣ **찬송** : 538장(죄짐을 지고서 곤하거든, 통 327장)
✣ **요절** : "이날 곧 안식 후 첫날 저녁 때에 제자들이 유대인들을 두려워하여 모인 곳의 문들을 닫았더니 예수께서 오사 가운데 서서 이르시되 너희에게 평강이 있을지어다"(요 20:19)

예수님께서는 평소에 "내가 고난을 당하고 십자가에 달리게 될 것이다. 그러나 3일 만에 부활할 것이다"라고 말씀하셨습니다. 그러나 제자들은 그 말을 듣지 않았습니다. 예수님은 보리떡 다섯 개와 물고기 두 마리로 5천 명을 먹이는 능력이 있었습니다. 예수님은 죽은 자도 살려내는 능력이 있었습니다. 예수님은 하나님께서 보내신 전능하신 분이었습니다. 그런 분이 죽으실 리가 없다고 생각했습니다. 그런데 예수님께서 십자가에 돌아가셨습니다.

예수님을 십자가에 못 박은 유대인들은 계속해서 예수님의 제자들을 잡아들일 것입니다. 제자들은 심각한 불안과 공포에 빠졌습니다. 오늘 말씀에 "유대인들을 두려워하여 모인 곳의 문들을 닫았다"고 했습니다. 문을 꼭꼭 걸어 잠그고 숨어 있었습니다. 그런데 닫힌 문을 열지 않고 예수님이 나타나셨습니다. 이것을 보고 제자들은 귀신이 나타났다고 생각하고 두려워하였습니다. 이때 주님께서 "너희에게 평강이 있을지어다" 하고 말씀을 주셨습니다.

오늘 우리는 세상을 두려워합니다. 물질 때문에, 건강 때문에, 자녀 때문에, 불확실한 미래 때문에 두려워합니다. 오늘을 살아가는 여러분에게 우리 주님이 주시는 평강이 임하시기 바랍니다.

1. 평강이 있기를 원합니다

'평강' 은 헬라어로 '에이레네' 인데 히브리어의 '샬롬' 과 같은 의미를 가지고 있습니다. '평강, 평안' 의 의미입니다.

유대 민족은 늘 전쟁 가운데 살았습니다. 밤중에 적들이 쳐들어와 약탈해 가는 일이 다반사였습니다. 그래서 아침에 일어나면 서로에게 밤새 평안하였느냐고 묻는 것이 인사가 되었습니다. 우리나라는 옛날에 너무나 가난하게 살았기에 아침에 만나면 "진지 드셨습니까?" 하고 인사를 하지 않았습니까? 여러분, 배고픈 사람에게 먹을 것을 주면 평안해집니까? 잠깐의 기쁨은 누릴 수 있을지 모르나 그것이 우리에게 영원한 평안을 가져다주지는 못합니다. 세상의 평안은 일시적인 것이기 때문입니다.

우리가 사는 세상은 완전한 곳이 아닙니다. 그래서 우리는 하나님을 바라보고 하나님의 도우심을 구하며 살아야 합니다. 체코에 가면 유명한 피투스 성당이 있습니다. 이 성당의 지붕에는 흉측한 악마의 형상들이 곳곳에 조각되어 있습니다. 악마의 형상을 지붕에 조각한 이유는 성전을 두려워하여 악마들이 도망치는 것을 묘사하기 위해서랍니다. 우리가 주님을 모시고 살면 악한 세력들이 범접하지 못합니다. 그러므로 우리는 주님과 함께 있어야 합니다. 이 세상에는 피할 곳이 많은 것 같지만 사실은 피할 곳이 어디에도 없습니다. 예수님을 만나야만 우리에게 진정한 평안이 있습니다. 예수님을 만나 이 세상을 사는 동안 참 평안을 누리는 성도들이 됩시다.

2. 성령을 받아야 합니다

두려움에 떨던 제자들은 예수님을 만나고 평안을 얻었습니다. 예수님께서는 "아버지께서 나를 보내신 것같이 나도 너희를 보내노라"(21절)고 말씀하셨습니다. 하나님께서 예수님을 이 땅에 보내신 것은 우리에게 생명을 주려 하심이었습니다. 예수님은 죽음을 이기고 부활하심으로 그 복음을 이루셨습니다. 그러므로 "너희들이 부활의 증인이 되었으니 이제 너희도 나가서 복음을 전하라"는 말씀입니다. 복음을 전하기 위해서는 성령을 받아야 합니다. 성령님의 역사 없이는 복음이 전해지지 않습니다. 여러분이 예수 믿은 것은 그저 된 것이 아니라 성령님께서 함께하셨기 때문입니다. 성령님께서 여러분을 우리 교회로 인도하셨습니다. 성령님을 마음에 모시면 성령님이 여러분의 인생을 인도하십니다.

주 안에서 여러분이 자라나야 합니다. 장성한 분량에 이르러야 합니다. 이것이 성령 충만입니다. 성령 충만을 받으려면 주의 전을 가까이해야 합니다. 주의 전에 나와 말씀을 듣고 기도하기를 힘써야 합니다. 성령님은 교회를 부흥시키시고 가정을 풍성하게 하십니다. 성령 충만하면 절대로 실패하지 않습니다.

엘리 제사장은 하나님께서 귀하게 사용하신 제사장이었습니다. 그런데 노년에 이르러 신앙생활에 게을러졌습니다. 하나님으로부터 멀어지니 하나님의 뜻을 깨닫지 못했습니다. 자녀가 우상이 되었습니다. 며느리가 죽고 아들이 죽었습니다. 이때 깨달았어야 했는데 한 번 하나님으로부터 멀어지니 깨닫지 못했습니다. 그래서 하나님께서는 그 뜻을 어린 사무엘에게 알려 주시고 엘리의 가정은 망하는 가정이 되었습니다. 여러분, 망하는 것이 두려운 것이 아니라 하나님에게서 멀어지는 것이 두려운 것입니다.

성령이 충만하면 하나님과 가까워집니다. 다윗은 "하나님이여, 나를 멀리 떠나가지 마옵소서"라고 간구했습니다. 여러분이 주의 전에 가까이 있을 때에 부르짖으시기 바랍니다. 하나님께서 여러분 가까이 계실 때에 하나님을 찾으시기 바랍니다. 그러면 하나님은 여러분에게 가까이 오십니다. 성령님과 동행하여 세상을 이기는 성도들이 됩시다.

3. 감사하는 자가 되어야 합니다

"그리스도의 평강이 너희 마음을 주장하게 하라 너희는 평강을 위하여 한 몸으로 부르심을 받았나니 너희는 또한 감사하는 자가 되라"(골 3:15)고 말씀하셨습니다. 그리스도의 평강이 우리를 주장한다는 말은 어려움이 있어도, 문제가 있어도 주님을 붙들고 산다는 말입니다. 사도 바울은 배가 고파도 주님을 붙들었고, 옥에 갇혀서도 주님을 붙들었습니다. 그래서 위대한 승리자가 되었습니다. 사도 바울이 쓴 서신의 마지막에는 대개 성도들의 이름이 한 사람 한 사람 거론되고 있습니다. 누구를 기억하고, 누구를 대접해 달라는 내용입니다. 우리 성도들은 이렇게 좋은 이름들이 되시기를 바랍니다.

그리스도의 평강이 계속해서 우리를 주장하기 위해서는 감사하는 자가 되어야 한다고 성경은 말씀합니다. 감사는 하나님의 은혜를 더 크게 받는 방법입니다. 하나님께서 여러분에게 은혜를 주시는데 이 교회를 통해서 주십니다. 이 교회는 여러분에게 주신 축복의 열쇠입니다. 이 교회를 감사해야 합니다.

감사는 믿음생활의 출발입니다. 하나님께 감사하세요. 가정에서도 감사하세요. 집에 돌아가셔서 지금까지 가정을 지켜 준 아내에게 감사하세요. 자녀들에게 감사하세요. 감사하면 가정이 변합니다.

내가 변하면 아내가 변하고 자녀가 변합니다.

감사의 눈으로 보면 감사할 일이 많습니다. 감사가 삶을 변화시킵니다. 감사가 막히면 기도도 막힙니다. 감사가 막히면 축복도 막히고 구원의 문도 막혀 버립니다. 성경에 나오는 위대한 인물들은 모두가 감사하는 사람들이었습니다. 감사하면 신앙에 실패하지 않습니다. 감사하면 심령이 부흥하고 가정이 부흥합니다. 감사하는 사람, 감사하는 교회, 감사하는 가정이 되어 평강이 여러분을 주장하시기를 바랍니다.

더 생각해 보기: 말씀 이해를 위한 예화

선교지 방문 후 귀국하여 인천공항에서 교회로 오는 길에 보니 트럭이 전복되어 있었습니다. 무슨 사고냐 그랬더니 부목사님이 올 때 보니 고가 다리 위에서 공사를 하는데 육중한 철제 구조물이 마침 고속도로를 달리고 있던 트럭 위로 떨어졌다는 것입니다. 트럭이 형체도 없이 다 부서졌습니다. 트럭 운전사는 앞만 보고 달리다가 불행한 일을 당한 것입니다.

지방에 회의가 있어 부목사님이 운전을 하고 고속도로를 달렸습니다. 시간이 늦어 굉장히 빠른 속도로 고속도로를 세 시간 가량 달렸습니다. 고속도로 톨게이트를 지나 마을입구로 들어선 지 2~3분 만에 갑자기 차가 '퍽' 하고 주저앉는 것입니다. 바퀴가 완전히 주저앉았습니다. 나중에 부목사님께 들어 보니 바퀴에 못이 박힌 상태로 고속으로 주행을 한 것입니다.

부목사님이 "그때를 생각하면 지금도 등골이 오싹하다"라고 말했습니다. 2~3분만 일찍 터졌으면 아마 지금 저는 천국에서 여러분을 보고 있을 것입니다. 그래서 제가 부목사님께 말하길, "이것은 하나님께서 지켜 주신 것이니, 아마 목사님이나 나나 이 땅에서 할 일이 많이 남아 있는 모양이다. 앞으로 잘 안 죽겠다" 했습니다.

적용

1) 오늘 말씀의 주제 파악하기

2) 오늘 말씀 중 은혜 받은 부분 나누기

3) 삶에 구체적으로 적용하기

함께 드리는 기도 제목

1. 주님 주신 평강으로 세상을 담대하게 살아가게 하옵소서.
2. 성령님과 동행하여 세상을 이기며 살아가게 하옵소서.
3. 감사함으로 주님 주신 평강을 누리며 살아가게 하옵소서.

제26과

가정이 받는 복

✣ **본문** : 시편 128편 1~6절
✣ **찬송** : 430장(주와 같이 길 가는 것, 통 456장)
✣ **요절** : "여호와를 경외하며 그의 길을 걷는 자마다 복이 있도다"(시 128:1)

사람은 누구나 따스한 삶을 원합니다. 내가 잘못한 일이 있어도 감싸 주고, 넘어지면 일으켜 주고, 상처를 싸매 주는 그런 삶을 원합니다. 그런데 우리가 사는 세상은 그렇지 않습니다. 일터에 나가면 총소리만 안 나지 전쟁터입니다. 세상에는 상대방이 넘어지기를 기다리는 사람들이 많습니다. 상대방 가게가 망하기를 기다리고, 회사에서는 내 경쟁자가 실수하기를 기다립니다. 세상이 너무 바쁘다 보니 서로가 경쟁자가 되었습니다. 과학이 발달할수록 우리는 더욱 바빠집니다.

컴퓨터가 발달하니 집에 들어가서도 회사의 서류를 불러내어 일을 해야 합니다. 자녀와 대화할 틈이 없습니다. 옛날 전기가 없던 시골에서는 저녁이면 마당에 온 식구가 둘러앉아 고구마를 구워 먹으며 이런저런 이야기를 했습니다. 할아버지, 할머니의 이야기를 들으며 살았습니다. 그런데 요즘은 아이들도 밤늦게까지 컴퓨터를 하고 공부를 합니다. 그러니 가정의 문화가 깨어져 갑니다. 우리의 따스한 삶이 회복되려면 가정이 회복되어야 합니다. 오늘 말씀은 복 받은 가정에 대해서 말씀하고 있습니다.

1. 가장의 축복을 말씀하고 있습니다

성경에서 '축복' 이라는 히브리어는 '베라카' 입니다. 이 단어의 의미는 '하나님의 은혜의 힘을 우리에게 주시는 것' 입니다. 축복은 하나님께서 주셔야 합니다. 본문 2절에 "네가 네 손이 수고한 대로 먹을 것이라" 고 말씀합니다. 내가 수고한 대로 먹는 것이 복입니다. 세상 일이 내 맘대로 되지 않습니다. 누구나 다 잘되기를 원하지만 다 잘되지 않습니다. 오늘 성경은 "네 손이 수고한 대로 먹을 것이라" 고 말씀하십니다. 이것이 축복입니다. 수고한 대로, 노력한 대로, 기도한 대로 열매가 있는 가정은 축복을 받은 가정입니다.

한 가정이 잘되려면 아버지가 행복해야 합니다. 여러분의 가정에서는 가장이 행복하십니까? 남편의 늙어 가는 얼굴, 주름진 얼굴, 아버지의 가늘어지는 종아리를 귀하게 여기는 가정이 되기를 바랍니다.

가정은 행복을 주는 샘과 같은 곳입니다. 현대인들은 가정 밖에서 복을 찾으려 합니다. 남자들이 가정을 떠나 밖으로 돌아다니고, 주부들이 가정을 떠나 돌아다니고, 청소년들이 거리를 헤매고 다닙니다. 그러나 밖에는 복이 없습니다. 밖에 나가서 잘되는 것이 없습니다. 가정에서 복을 찾아야 함을 깨달아야 합니다. 가정에 행복이 있어야 합니다.

행복의 근원이 어디에 있습니까? 바로 하나님께 있습니다. 하나님을 떠나서는 어떠한 행복도 없습니다. 그래서 5절 말씀에 "시온에서 네게 복을 주실지어다 너의 평생에 예루살렘의 번영을 보며"

라고 했습니다. 시온은 성전을 의미합니다. 예루살렘도 성전을 의미합니다. 무슨 말씀입니까? 한 가정이 받는 복이 주의 전에서 나옵니다. 하나님의 전에 나와 말씀을 듣고 그 말씀대로 순종하며 살면 가정이 행복해집니다. 헛된 자녀, 타락한 자녀들이 나올 수 없습니다. 그러므로 주의 전을 가장 귀하게 여기시기 바랍니다. 가정의 아버지는 하나님을 가정의 중심에 모시고 가정을 믿음으로 이끌어 나가는 믿음의 아버지들이 되시기 바랍니다.

2. 아내의 축복을 말씀하고 있습니다

결혼하고 나면 "당신이 그럴 줄 몰랐다" 라고 합니다. 얌전하고, 교양 있고, 매력 있는 줄만 알았는데 살다 보니 그게 아닙니다. 평생을 살아도 연애할 때처럼 매력 있는 아내가 되면 얼마나 좋겠습니까? 아내들이 잘해야 합니다. 특별히 예수 안 믿는 남편을 둔 아내들은 더 잘해야 합니다. 남편과 싸워서 이기려는 아내처럼 어리석은 아내는 없습니다. 논쟁에는 지고, 생활에는 이기는 아내가 지혜로운 아내입니다. 성경은 남편을 가정의 기둥이라고 합니다. 기둥을 흔들어 놓고 잘되기를 바라는 아내처럼 어리석은 아내는 없습니다. 모든 원리가 그렇습니다. 가정도 그렇고, 국가도 그렇고, 회사도 그렇고, 교회도 그렇습니다. 가장을 흔들면 안 됩니다. 남편을 위하여 희생해야 합니다.

아내의 눈물과 헌신을 통하여 구원받은 가정들이 얼마나 많습니까? 남편과 자녀들을 위하여 모든 희생을 다하면서 신앙을 지키는 아내를 온 가족이 존경합니다. 좋은 아내가 있는 가정은 행복합니다. 남편이 행복하고 자녀들이 행복합니다. 남편이 밖에 나가 실직을 하여도, 사람들에게 오해를 받아도, 돌아올 수 있는 곳이 아내의 품입니다. 돈을 못 벌어 와도 위로를 얻을 수 있는 곳이 아내의 마음입니다. 우리 성도들 모두가 좋은 어머니, 좋은 아내, 좋은 자부가 되시기를 바랍니다.

3. 자녀들의 축복을 말씀하고 있습니다

우리는 자녀들에게 좋은 음식을 먹이고 좋은 옷을 입히려고 애를 씁니다. 좋은 학교에 보내기 위하여 허리띠를 졸라매고 가르칩니다. 그런데 자녀들이 축복받는 영혼이 되게 하기 위한 교육에는 무관심합니다. 좋은 음식을 먹여도 그 음식이 미래를 책임지는 것이 아닙니다. 좋은 옷을 입힌다고 해서 그 옷이 미래를 행복하게 만드는 것이 아닙니다. 공부시켜서 지옥 보내면 안 됩니다. 분명히 알아야 합니다. 좋은 음식을 못 먹어도, 좋은 옷을 못 입어도 축복받는 영혼이 되면 그 자녀는 이후에 모든 것을 소유하게 됩니다. 아무리 좋은 것을 많이 가졌어도 그 영혼이 잘못되면 실패한 인생이 되고 맙니다.

신앙으로 아이들을 바로 세워야 합니다. 아이들을 위해 투자하지 않으면 미래가 없습니다. 서구의 많은 교회가 열매만 먹으려 하다 보니 노인들만 남게 되었습니다. 우리가 그 뒤를 따라가서는 안 됩니다. 우리의 자녀들이 우리의 소망이 되고, 꿈이 되고, 자랑이 될 수 있기를 바랍니다.

하나님께서는 가정에 복을 주시기 위하여 교회를 우리에게 선물로 주셨습니다. 교회를 통하여 말씀도 주시고, 기도의 훈련도 시켜주시고, 축복받을 헌신도 채우게 하십니다. 이 교회를 주신 것은 여러분을 축복하시기 위함입니다. 그러므로 주의 전에 나와서 감사하시기 바랍니다. 주 안에서 감사하면 더 많은 감사할 일이 생기게 됩니다. 매주일 주의 전에 나와 이 시온에서, 이 예루살렘에서 영혼의 안식을 얻고 하나님의 축복을 받는 가정들이 됩시다.

더 생각해 보기: 말씀 이해를 위한 예화

복 받는 가정이 되기 위해 가정에서 지켜야 할 3가지

첫째, 가족이 함께 찬송을 부르십시오. - 즐거운 찬송을 함께 부르면 가족이 함께 행복해집니다.

둘째, 함께 하나님의 말씀을 읽는 시간을 가지십시오. - 그 말씀이 여러분 가정의 등불이 됩니다.

셋째, 감사하십시오. - 가정에서 늘 감사하십시오. 감사하는 말을 계속 해야 합니다. 성경의 인물들은 감사하는 사람들이었습니다. 감사하는 가정은 지금 씨앗을 심는 것입니다. 그 열매를 반드시 거두는 날이 옵니다.

적용

1) 오늘 말씀의 주제 파악하기

2) 오늘 말씀 중 은혜 받은 부분 나누기

3) 삶에 구체적으로 적용하기

함께 드리는 기도 제목

1. 수고한 대로, 노력한 대로, 기도한 대로 열매가 있는 축복의 가정이 되게 하옵소서.
2. 하나님 말씀에 순종하여 주님께서 주시는 행복을 누리는 가정이 되게 하옵소서.
3. 우리의 자녀들이 우리의 소망이 되고 꿈이 되고 자랑이 되게 하옵소서.

제27과

너를 불쌍히 여기신 것을

❖ **본문** : 마가복음 5장 16~20절
❖ **찬송** : 490장(주여 지난밤 내 꿈에, 통 542장)
❖ **요절** : "그에게 이르시되 집으로 돌아가 주께서 네게 어떻게 큰 일을 행하사 너를 불쌍히 여기신 것을 네 가족에게 알리라 하시니"(막 5:19)

오늘 말씀은 거라사의 귀신 들린 사람을 예수님께서 고쳐 주신 사건입니다. 거라사는 갈릴리 호수의 남동쪽에 위치한 곳으로 로마 군인들에게 식량으로 배급할 돼지를 키우고 있던 마을입니다. 유대인들은 돼지를 불결한 짐승으로 여겨 먹지도 않았을 뿐 아니라 키우지도 않았습니다. 거라사 주민들은 정통적인 유대인들과는 다르게 로마에 협력하는 이방인들이었습니다. 거라사의 귀신 들린 사람 역시 이 지역에 거주한 것으로 보아 이방인으로 추정됩니다. 이 거라사의 귀신 들린 사람의 모습은 오늘 현대인의 모습을 나타내고 있습니다.

1. 귀신 들린 사람을 보십시오

귀신이야기는 옛날이나 지금이나 동양이나 서양이나 어느 나라에든 다 있습니다. 이것은 우연히 생긴 것이 아니라 인류의 역사와 함께 귀신의 역사도 있어 왔다는 증거입니다. 사탄 마귀는 성경에 나타나 있듯이 타락한 천사입니다. 이들의 활동은 예수님께서 재림하실 때까지입니다. 오늘의 시대는 하나님을 멀리하는 시대이기 때문에 음악, 영화, 방송 등을 통해 자기도 모르는 사이에 악해져 가고, 먹고 살기 위해 악해져 갑니다. 현대인들은 늘 불안합니다. 스트레스를 받습니다. 어른들만 스트레스를 받는 것이 아니라 아이들도 스트레스를 받습니다. 늘 걱정이 많습니다. 교회에 올 때에도 걱정을 가지고 옵니다. 여러분, 예배드리러 올 때에는 걱정하지 말고 하나님께서 주실 은혜를 사모하고 기쁨과 감사함으로 예배드리시기 바랍니다.

귀신이란 성경적으로 사탄 마귀의 하수인을 말합니다. 히브리어에서는 마귀를 '디아볼로스' 라고 하는데 '갈라놓는다' 는 뜻입니다. 말 그대로 마귀는 하나님과 인간 사이를 갈라놓기 위해 애를 씁니다. 사탄 마귀는 반드시 사람을 통해서만 역사하는데 여러분에게 악한 충동을 불러일으키게 합니다. 그래서 조금씩 조금씩 이 세상을 악하게 만들어 나갑니다. 세상이 날이 갈수록 악해져 가고 있습니다. 교회도 자꾸만 나쁜 물이 들도록 조금씩 조금씩 유혹합니다. 하나님의 말씀을 절대적으로 믿어야 구원을 받는데, 하나님의 말씀도 조금씩 믿게 합니다. 목사님의 말씀도 옳으나 내 생각도 옳다고 말합니다. 그래서 내 생각대로 조금씩 살게 합니다. 나도 모르게 하나님으로부터 멀어지게 만듭니다. 하나님으로부터 멀리 가면 안 됩니다.

오늘 거라사의 귀신 들린 사람은 온전히 귀신이 주장하는 사람이었습니다. 공동체를 떠나 혼자서 산이나 무덤 사이에 거하며 고함을 지르고 자기 몸을 상하게 했습니다. 사탄 마귀는 절대로 사람을 이롭게 하지 않습니다. 망하게 합니다. 오늘도 현대인들을 망하게 하는 것들에 대하여 여러분은 영적으로 긴장하셔야 합니다. 악한 영이 틈타지 못하도록 늘 말씀을 읽고, 찬송을 부르고, 기도하며 살아야 합니다. 이런 사람에게는 사탄이 들어오지 못합니다. 인생의 모든 해답이 하나님의 말씀에 있습니다. 하나님의 말씀에 굳게 서서 사탄의 시험을 이기는 성도들이 됩시다.

2. 예수님께서 찾아가셨습니다

거라사의 귀신 들린 사람을 아무도 찾지 않았습니다. 이 사람은 그렇게 망가져 갔습니다. 그런데 이 불쌍한 거라사인에게 예수님께서 찾아가셨습니다. 예수님은 삭개오에게 찾아가셨습니다. 사마리아 여인에게 찾아가셨습니다. 세상의 모든 신은 사람이 만들었습니다. 그리고 사람이 찾아갑니다.

그러나 우리 하나님은 우리를 찾아오시는 하나님이십니다. 우리의 죄를 구원하시려고 이 땅에, 베들레헴에 찾아오셨습니다. 주님이 오시면 우리 인생의 상처와 고통, 질병과 가난, 여러분의 심령을 괴롭히는 악한 역사들이 모두 물러가게 됩니다. 여러분도 여러분이 하나님을 찾은 것이 아니라 하나님께서 여러분을 찾아오신 것을 믿으시기 바랍니다. 하나님께서는 이 교회를 예비하시고, 여러분의 영혼을 구원하시기 위하여 여러분을 이 자리로 불러 주셨습니다.

오늘 말씀에 보면 이 귀신 들린 사람이 예수님께로 달려와서 절하며 "하나님의 아들 예수여, 나와 당신이 무슨 상관이 있나이까? 나를 괴롭히지 마옵소서" 하고 간청을 합니다. 왜 이 사람이 예수님께로 왔습니까? 8절에 그 이유가 설명되어 있는데 예수님께서는 이미 이 사람에게 "더러운 귀신아, 그 사람에게서 나오라"고 명하셨기 때문입니다. 예수님께서 "네 이름이 무엇이냐?"고 물으시니 "내 이름은 군대니 우리가 많음이니이다"라고 대답하였습니다. 헬라어 성경을 보면 “내 이름은 레기온입니다”라고 대답을 했습니다. 레기온은 군대의 단위를 말하는데 6천 명 가량의 군대를 말합니다. 이 귀신들은 “우리를 돼지에게 들어가게 허락하소서” 하고 간청을 합니다. 예수님께서 허락하시자 이 귀신들이 돼지 떼에게 들어가 2천 마리나 되는 돼지 떼가 바다를 향하여 비탈로 달려 모두 몰사하게 됩니다.

왜 예수님께서는 돼지 떼에게 들어가도록 허락하셨습니까? 한 사람의 영혼을 구원하는 일에 대가가 있음을 가르쳐 주셨습니다. 2천 마리의 돼지보다 한 영혼이 더 귀함을 보여주셨습니다. 예수님은 오늘도 우리에게 찾아오셔서 마음의 문을 두드리고 계십니다. 누구든지 그 문을 열면 동행해 주시겠다고 하셨습니다. 여러분, 하나님의 말씀이 찾아오실 때에 마음의 문을 열고 주님을 영접하고 주님과 동행하여 악한 사탄의 역사에도 흔들리지 않고 굳건히 서는 성도들이 됩시다.

3. 증인의 삶을 살라고 하셨습니다

거라사에는 귀신에 사로잡힌 사람이 있었는데 다른 한편에는 물질에 사로잡힌 사람들이 있었습니다. 돼지들이 몰살한 후에 귀신 들렸던 사람이 옷을 입고 정신이 온전하여 앉은 것을 보고 두려워했습니다. 그리고 예수님께 떠나시기를 간청했습니다. 그들에게는 한 사람이 온전케 된 것보다 물질이 더 중요했기 때문입니다.

귀신 들렸던 사람이 예수님을 좇기를 간청했습니다. 예수님의 제자가 되어 함께 복음을 전하겠다는 것입니다. 이 얼마나 놀라운 변화입니까? 그러나 예수님은 허락하지 않으시고 “집으로 돌아가 하나님께서 너를 불쌍히 여기신 것을 알리라”고 말씀하셨습니다. 복음을 전하라는 말씀입니다. 그래서 데가볼리에 가서 이 일을 전할 때에 많은 사람이 놀랍게 여겼습니다. 이 데가볼리는 지진으로 없어진 도시입니다. 1920년부터 발굴이 시작되어 도시가 거의 원형 그대로 보존이 되었습니다. 이곳은 교회가 15개가 세워질 정도로 융성했던 도시인데, 예수님 당시에 복음이 전파되었고, 이 거라사의 귀신 들렸던 사람도 복음을 전했을 것입니다.

여러분은 모두가 예수님의 증인입니다. 가정에 복음을 위해 파송이 된 분도 있고, 직장에 복음을 위해 파송된 분도 있습니다. 교회에서 귀한 사명을 감당하는 분도 있습니다. 하나님께서 여러분에게 은혜를 주실 때에 주신 복음의 사명을 잘 감당하시기 바랍니다.

거라사의 귀신 들렸던 사람은 예수님을 만나 복음의 증인이 되었습니다. 마음에 병이 있는 분이 있습니까? 상한 마음이 있는 성도가 있습니까? 영혼이 메마른 성도가 있습니까? 영혼의 상처는 여러분이 절대로 치유하지 못합니다. 하나님의 말씀 앞에 엎드려야 치유됩니다. 성도 여러분, 하나님의 말씀 앞에 가까이 오시기 바랍니다. 말씀 앞에 겸손하시기 바랍니다. 그러면 우리 주님은 우리를 불쌍히 여기십니다. 그리고 주님의 손으로 우리의 인생을 감싸 주십니다. 성도 여러분, 주님을 만나고 증인으로 쓰임 받는 성도들이 됩시다.

더 생각해 보기: 말씀 이해를 위한 예화

어떤 젊은이가 스승에게 찾아가 가르침을 구하며 말합니다.

제자 : "저는 공부를 아주 열심히 할 것입니다."

스승 : "열심히 공부해서 무엇하려고?"

제자 : "좋은 대학에 들어갈 것입니다."

스승 : "그래? 좋은 대학에 들어가서 무엇 하려고?"

제자 : "취직을 하고 사업을 해서 많은 돈을 벌 것입니다."

스승 : "그래? 많은 돈을 벌어서 대체 무엇 하려고?"

제자 : "큰 기업을 만들고 이름을 내겠습니다."

스승 : "그래? 이름을 내서 무엇 하려고?"

스승이 계속해서 물을 때에 젊은이가 말문이 막혔다는 이야기입니다. 인생은 무엇이 되는 것이 목적이 되어서는 안 됩니다. 어떻게 사느냐가 더 중요합니다.

적용

1) 오늘 말씀의 주제 파악하기

2) 오늘 말씀 중 은혜 받은 부분 나누기

3) 삶에 구체적으로 적용하기

함께 드리는 기도 제목

1. 말씀에 굳게 서서 시험을 이기며 승리하는 삶을 살게 하옵소서.
2. 주님과 동행하여 사탄의 역사에 흔들리지 않고 굳건히 서게 하옵소서.
3. 주님을 꼭 만나게 하시고, 주님의 증인으로 살아가게 하옵소서.

제28과

인생의 로뎀 나무

✣ **본문** : 열왕기상 19장 1~8절
✣ **찬송** : 411장(아 내 맘속에, 통 473장)
✣ **요절** : "로뎀 나무 아래에 누워 자더니 천사가 그를 어루만지며 그에게 이르되 일어나서 먹으라 하는지라"(왕상 19:5)

북왕국 이스라엘을 통치하던 아합 왕 때입니다. 아합 왕이 정략적으로 페니키아의 공주 이세벨과 결혼한 후 이세벨이 섬기던 바알 신상과 아세라 신상을 통해 북이스라엘에는 바알 신앙이 뿌리를 내리게 되었습니다. 종교적, 도덕적 타락이 심해지자 열왕기상 17장에서 엘리야는 앞으로 수년 동안 가뭄이 올 것이라는 하나님의 심판을 선포합니다. 그리고 열왕기상 18장에서는 갈멜 산에서 바알 선지자 450인, 아세라 선지자 400인과 대결하게 됩니다. 엘리야는 하나님만이 참 신이심을 증명해 보이고 이방 선지자들을 기손 시냇가로 몰아 다 죽이게 됩니다.

이처럼 엘리야는 그 시대를 대표하는 능력의 선지자였습니다. 혼자서 850인의 우상을 섬기는 제사장과 대결할 정도로 두려움이 없는 사람이었습니다. 그런데 본문 2절에 나타나듯이 이세벨이 엘리야를 죽이겠다고 강하게 나오자 엘리야는 두려움에 휩싸이게 됩니다. 엘리야 선지자 하면 구약을 대표하는 가장 능력 있고 힘 있는 선지자로 생각합니다. 그런데 지금 엘리야는 두려움에 떨고 있는 보잘것없는 한 인간의 모습으로 나타나고 있습니다. 오늘 우리는 엘리야의 문제가 무엇이었는지, 그리고 그가 영적인 무력감과 고독을 어떻게 극복했는지 살펴보겠습니다.

1. 사람 앞에 나서려고 했던 것이 엘리야의 문제였습니다

사람을 먼저 보게 되면 하나님을 바라보는 일을 소홀히 하게 됩니다. 갈멜 산에 불을 내리고, 꿇어 엎드려 기도함으로 가뭄에 비를 내리게 했던 능력의 선지자 엘리야가 "올라가 아합에게 말하기를 비에 막히지 아니하도록 마차를 갖추고 내려가소서 하라 하니라"(왕상 18:44)고 말합니다. 하나님의 능력을 체험하고 나서 기껏 아합에게 나아가 비에 막히지 않도록 마차를 갖추고 조심해서 내려가라고 합니다. 지금은 그런 말을 할 때가 아닙니다. 아합에게 하나님의 말씀을 전해야 할 때인데 하나님의 능력이 나타난 직후에 왕에게 아부하는 모습으로 나타나고 있습니다.

46절 말씀을 보면 더 그렇습니다. "여호와의 능력이 엘리야에게 임하매 그가 허리를 동이고 이스르엘로 들어가는 곳까지 아합 앞에서 달려갔더라"고 합니다. 하나님의 능력이 임하니 그가 허리를 동이고 지금으로 계산하면 약 28km의 거리를 말이 달리는 마차 앞에서 뛰어 갔다고 했습니다. 하나님께서 영적인 능력을 주셨는데 지금 겨우 아합 앞에서 말과 함께 달리기를 하고 있습니다. 백성들은 영적인 지도자를 원하고 있는데, 하나님의 능력을 받은 사람이 아합 앞에 얼씬거리는 일은 합당한 일이 아니었습니다. 우리가 하나님께서 주시는 능력과 축복을 받으면 이것을 잘 사용해야 합니다. 그래서 하나님은 이세벨의 마음을 강퍅하게 하여 엘리야의 잘못된 마음을 꺾으십니다.

2. 하나님을 먼저 보는 것이 아니라 사람을 먼저 보게 되었습니다

3절에 보면 이세벨의 분노한 모습을 보며 목숨을 부지하기 위해 도망하였다고 했습니다. 조금 전에는 바알과 아세라 선지자 850인 앞에서도 담대하게 싸웠고, 마른 땅에 비가 올 것을 확신하며 기도한 사람인데 잠시 후에 한 여자의 분노 앞에서 도망치는 모습을 보이게 됩니다. 사람이 바로 이런 존재임을 우리는 알아야 합니다. 항상 믿음이 있는 것이 아닙니다. 말씀을 들을 때는 믿음으로 세상을 이기겠노라고 다짐을 하지만, 교회 문을 나서기가 무섭게 세상 근심 걱정을 다 짊어지고 고통스러워하는 것이 바로 우리의 모습이요, 엘리야의 모습입니다. 하나님을 바라볼 때에는 기도의 능력이 나타났고 850명의 이방 선지자들도 두렵지 않았는데, 한 여인을 바라보면서 시험에 들었습니다.

베드로가 풍랑 속을 걸어갈 때에 예수님을 바라볼 때에는 문제가 없었는데 바람을 바라보는 순간 바다 속으로 빠져들었습니다. 무엇을 바라보며 사느냐가 중요합니다. 하나님을 바라보아야 실패하지 않습니다. 하나님께서는 이 땅의 미래를 주관하십니다. 그런데 우리는 정치를 주관하는 하나님을 바라보지 못하고 정치인들을 바라보며 기대를 갖습니다. 우리에게 물질을 주시는 분도 하나님이십니다. 그런데 우리는 물질을 주시는 하나님을 바라보는 것을 잊어버리고 물질을 바라봅니다. 성경은 '하나님을 벗어나는 것이 죄' 라고 말씀합니다. 죄를 지은 인생이 잘될 수가 없습니다. 우리의 인생은 날씨와 같아서 항상 좋은 일만 있는 것이 아닙니다. 내 힘만 의지하고 살면 잘될 때는 좋지만 안 될 때는 일어설 힘이 없습니다.

엘리야는 순간적으로 우쭐해져서 하나님을 바라보는 것을 잊어버리고 아합을 바라보았습니다. 그는 '내가 이 정도 되는 사람이다. 능력 있는 사람이다' 하고 자신을 자랑했습니다. 여러분이 잘되는 비결은 하나님께 맡기는 것입니다. 하나님은 우리에게 건강도 주시고, 가정의 평안도 주십니다. 자녀들의 앞길을 인도하십니다. 하나님을 바라보면 내 얼굴이 달라집니다. 얼굴에 소망의 빛이 나타납니다. 불평과 원망의 얼굴은 지금 하나님을 바라보지 않기 때문입니다. 캄캄한 밤에도 하나님을 바라보면 빛의 길로 걸어갈 수 있습니다. 어려운 중에도 찬송이 나옵니다. 하나님을 바라보며 승리하는 성도들이 됩시다.

3. 자신만 홀로 남았다고 생각했습니다

옳은 일을 할 때에도 자기 혼자라고 생각하면 고독해지게 되어 있습니다. '나만 의롭고, 나만이 이 일을 할 수 있다' 라고 생각할 때 원망이 나오게 되고, 절망하게 됩니다. 엘리야는 상황을 제대로 보지 못했습니다. 그래서 하나님께서는 "그게 무슨 말이냐? 너 외에도 7천 명이나 더 있다" 라고 말씀하십니다. 심하게 말하면 "네가 그만두겠다고 하면 너 말고도 시킬 사람 7천 명이 더 있다" 는 말입니다. 하나님의 일은 나 혼자 한다고 생각할 때 시험에 들게 됩니다. 내가 하나님의 일을 할 수 있는 것을 감사해야지, 내가 아니어도 주의 일을 할 수 있는 숨겨진 사람 7천 명이 있다는 것을 기억해야 합니다.

하나님의 일은 혼자 하는 것이 아닙니다. 내가 아무리 일을 잘하더라도 혼자 하는 것이 아닙니다. 다른 사람을 세워 주고 함께 일을 만들어 가는 것이 교회의 원리입니다. 그래서 교회를 한 지체라고 표현합니다. 손이 일을 하지만 손이 혼자 일을 하는 것이 아닙니다. 발이 일을 하지만 발이 혼자 하는 것이 아닙니다. 서로 도우며, 서로 세우며 일을 합니다. 그럴 때 교회가 커가고 부흥합니다. 일을 잘 못하면 함께 일할 사람을 찾고, 일을 할 수 있도록 양육하는 것이 교회임을 깨달아야 합니다. 엘리야는 능력의 인물이었음에는 틀림이 없으나 당시에 믿음을 지키는 7천 명의 사람들을 알지 못했고, 그들과 함께 일하지 못했습니다. 그러기에 그는 혼자라는 절망감에 빠지고 고독해했습니다.

4. 엘리야는 스스로 다 끝났다고 생각했습니다

엘리야는 자기가 할 일을 다했으니 이제는 일이 없다고 말합니다. 그러나 사실 그 뒤로도 할 일이 얼마나 많았는지 모릅니다. 열왕기상 19장 15~17절을 보면, 왕을 세우고, 선지자를 세우고, 얼마나 많은 일을 하는지 모릅니다. 그런데도 엘리야는 이제 넉넉하다고 하면서 할 일이 다 끝났고 무가치한 인생, 쓸모없는 인생, 이젠 죽을 일만 남았다고 절망하고 있었습니다. 여러분, 이세벨이 죽이기 전에 스스로 먼저 죽고 있는 것이 엘리야의 모습입니다. 하나님께서는 천사를 보내어 떡과 물을 먹여 주셨는데 엘리야는 호렙 산의 동굴에 들어가 또다시 절망하고 있습니다. 갈멜 산에서 바알과 아세라 선지자들과 싸우며 믿음으로 기도할 때의 절반의 믿음만 있어도 절망하지 않습니다.

성도는 과거에 받은 은혜를 잊어버릴 때 절망하기 마련입니다. 엘리야가 바로 그랬습니다. 여러분! 엘리야의 모습이 오늘 우리에게 가르쳐 주는 교훈은 과연 무엇입니까? 엘리야가 영적 탈진에 빠진 것처럼, 영적 탈진은 누구에게나 찾아옵니다. 본문의 엘리야뿐만 아니라 아브라함, 모세, 다윗, 욥, 야곱 등 성경에 등장하는 위대한 인물들도 다 영적 탈진의 때가 있었습니다. 엘리야는 기도할 때에는 능력의 사람이었는데 그만 기도를 잃어버렸을 때에는 그에게 영적인 고독과 절망이 찾아왔습니다. 그러면 엘리야는 어떻게 이 절망과 고독을 극복하게 되었습니까?

본문 4절을 보면 이세벨에게 쫓기어 광야를 방황하다 로뎀 나무 아래 쓰러진 엘리야는 드디어 "여호와여!"라고 하나님을 찾았습니다. 그리고 하나님께서는 그곳에서 세미한 음성으로 엘리야에게 새 사명을 주셨습니다. 엘리사라는 걸출한 후계자도 주셨습니다. 이전보다 더 멋진 인생을 살다가 불병거를 타고 하늘로 올라가게 하셨습니다. 바로 이것입니다. 고난 중에 있는 성도의 입에서 "여호와여"라는 기도가 나오면 됩니다.

여러분, 엘리야와 같이 절망할 수밖에 없는 문제, 영적인 고독감에 빠져 몸부림칠 수밖에 없을 때 하나님을 찾으시기 바랍니다. 우리 주님은 우리에게 새로운 은혜를 준비하시고, 우리로 하여금 이기게 하십니다. 주님께로 달려오셔서 은혜의 사람으로, 더 큰 능력의 사람으로 회복되는 성도들이 됩시다.

더 생각해 보기: 말씀 이해를 위한 예화

예전에 교육 담당 사역을 할 때에 청년회 임원들에게 작은 물건 하나를 사더라도, 계획을 세우더라도 꼭 후배들과 함께 하도록 하였습니다. 지금도 부목사님들과 가능한 목회의 이야기를 함께 나누며 일을 합니다. 이들이 멀지 않아 한국교회를 책임질 것이기 때문입니다.

내가 능력이 있어서 일을 잘하더라도 후배들을 훈련시키지 못하면 결국은 일을 잘 못한 것입니다. 교회의 본질은 섬김입니다. 후배들이 왜 일을 못하느냐고, 우리 때는 그렇지 않았다고 이야기하는 것은 다시 말하면 내가 훈련시켜야 할 때에 훈련시키지 못했다는 나의 잘못을 이야기하는 것입니다. 문제가 생길 때 그 문제는 곧 나의 문제임을 깨달아야 문제가 해결되기 시작합니다.

적용

1) 오늘 말씀의 주제 파악하기

2) 오늘 말씀 중 은혜 받은 부분 나누기

3) 삶에 구체적으로 적용하기

함께 드리는 기도 제목

1. 사람을 보는 것이 아니라 하나님을 먼저 바라보게 하옵소서.
2. 주님의 몸 된 교회를 섬길 때에 서로 도우며, 서로를 세우며 일하게 하옵소서.
3. 어려울 때 주님께로 달려와 은혜의 사람, 능력의 사람으로 회복되게 하옵소서.

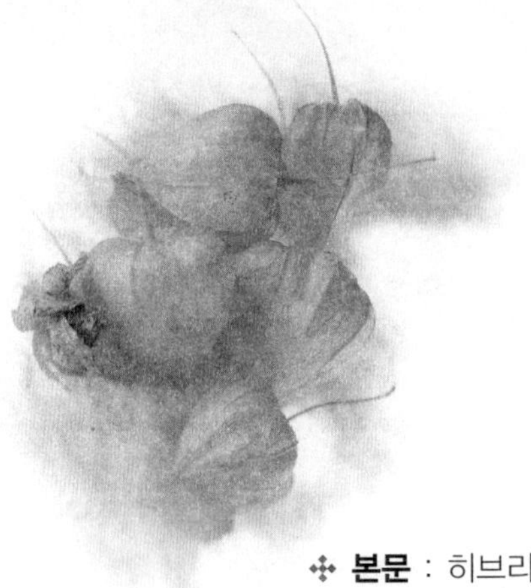

제29과

믿음이 이기네

- **본문** : 히브리서 11장 1~6절
- **찬송** : 357장(주 믿는 사람 일어나, 통 397장)
- **요절** : "믿음이 없이는 하나님을 기쁘시게 하지 못하나니 하나님께 나아가는 자는 반드시 그가 계신 것과 또한 그가 자기를 찾는 자들에게 상 주시는 이심을 믿어야 할지니라"(히 11:6)

세계에서 잘사는 나라들을 종교별로 조사했더니 1위가 기독교, 2위가 가톨릭이요, 미신을 섬기는 나라들과 불교가 제일 하위에 있었습니다. 이러한 이유에 대해서 종교학자들은 "기독교는 긍정적인 역사관을 가지고 있기 때문이다"라고 해석했습니다. 오늘날 서구의 합리적이고 진취적인 사고방식들은 기독교의 역사관에서 비롯되었습니다.

성경이 가르치는 것은 무엇입니까? 성경은 언제나 우리에게 새로운 기회를 주십니다. 과거에 잘못했더라도 하나님께 진심으로 회개하면 하나님은 과거를 묻지 않으십니다. 우리가 과거에 실패한 인생일지라도, 과거에 문제가 있었던 인생일지라도 새로운 소망을 가지고 살아갈 수 있습니다. 세상은 과거를 묻습니다. 그러나 하나님은 우리의 과거를 묻지 않으시고 오늘의 나의 모습을 보신다는 말씀입니다. 과거에 실패했어도 상관이 없습니다. 과거에 내가 죄 가운데 살았어도 하나님은 그것을 문제 삼으시지 않습니다. 다만 오늘의 나의 믿음을 보시고 그 믿음의 크기만큼 길을 열어 주십니다.

1. 믿음의 사람들은 믿음의 꿈을 크게 가져야 합니다

교회성장학자 중에 '피터 와그너' 란 분이 있습니다. 이분은 세계 교회성장학의 최고봉에 있는 분인데 미국의 풀러 신학교 교수입니다. 그가 쓴 《교회가 성장할 수밖에 없는 성령의 은사 27가지》라는 책이 있습니다. 이 책에서는 27가지 성령의 은사 중 두 가지는 꼭 있어야 되는데, 이것은 믿음과 지도력이라고 말합니다. 이 두 가지가 잘 결합되어야만 교회가 성장할 수가 있습니다. 첫째는 믿음인데, 성도들에게 미래 지향적인 믿음이 있어야 합니다. 우리 교회가 바로 이런 믿음으로 승리하게 되기를 바랍니다. 그리고 둘째는 지도력인데, 이것은 목회자의 지도력과 교회가 하나 되어야 합니다.

그런데 가장 중요한 것이 바로 믿음입니다. 믿음의 은사는 항상 미래 지향적입니다. "믿음은 바라는 것들의 실상이요 보이지 않는 것들의 증거"(1절)라고 했습니다. "바라는 것들의 실상과 보이지 않는 것들의 증거"라는 말 자체가 미래 지향적입니다. "선진들이 이로써 증거를 얻었느니라"(2절)는 말씀은 믿음의 선진들이 지금 내 눈에 아니 보여도, 지금 내가 가지고 있지 않아도 믿음으로 기도하여 그 꿈을 이루었다는 말입니다. 허황된 꿈이 아니라 믿음의 꿈, 곧 실상을 가지라는 것입니다. 실상이란 내가 바라는 것들을 그리는 것을 말합니다. 내가 어떤 꿈을 가지고 기도하면 그 꿈이 이루어지는 것을 머릿속에 그려봅니다.

아브라함에게 하나님은 꿈을 보여주셨습니다. "하늘의 별을 보아라. 이 별과 같이 네 자손을 많게 하리라. 바다의 모래를 보아라. 모래와 같이 네 자손을 많게 할 것이라"고 말씀하셨습니다. 그다음부터 아브라함은 밤하늘의 별을 볼 때마다 하나님의 약속을 기억하고 기도하였습니다.

성도 여러분, 꿈을 가지시기 바랍니다. 가정의 꿈, 교회의 꿈, 이 민족의 꿈을 가지시기 바랍니다. 그리고 날마다 그 꿈을 머릿속에 그리십시오. 그리고 기도하십시오. 이것이 믿음입니다. 기도할 때는 "주여, 믿습니다" 하고 기도해 놓고 잊어버리고 사는 것이 아니라, 날마다 그 꿈을 그리며 사는 것이 바로 믿음입니다. 기도는 기도대로 해놓고 생활 속에서는 그 꿈을 잊어버리고 사는 사람은 그 꿈이 이루어지길 포기해도 좋습니다. 꿈꾸는 자가 그 꿈을 이루게 됩니다.

2. 꿈에는 실패가 있다는 사실도 알아야 합니다

전설적인 미국의 홈런왕 베이브 루스는 714개의 홈런을 쳐냈지만 스트라이크 아웃도 1위였습니다. 그가 당한 1,330번의 삼진 기록을 깨뜨리기 어려울 것이라고 야구전문가들이 말했습니다. 그는 삼진을 두려워하지 않고 홈런을 만들어 냈습니다. 에디슨은 전구를 만들 때에 수천 번의 실험을 실패한 후에 전구를 만드는 데 성공했습니다. 기자가 실패에 대해 물을 때에 에디슨은 "나는 그것을 실패라고 생각하지 않습니다. 그것은 전구를 만들기 위한 과정이었습니다"라고 대답했습니다. 실패를 두려워하는 사람은 결코 성공할 수가 없습니다.

태릉선수촌에 가 보면 체조경기를 하는 선수들이 하나의 동작을 만들기 위해 계속해서 같은 동작을 반복하는 것을 볼 수 있습니다. 다른 사람도 다하는 동작이라면 그것은 가치가 별로 없습니다. 수없이 실패하면서 도전하면서 새로운 동작을 만들어 냅니다. 컴퓨터를 잘 다루기 위해서는 컴퓨터를 수도 없이 고장을 내야 합니다. 제가 경북 상주에서 목회할 때에는 컴퓨터 전문가로 통했습니다. 사실은 별로 아는 것이 없는데 가끔 한밤중에 SOS가 옵니다. "정 목사님, 컴퓨터가 고장났어요. 내일 설교해야 하는데 안 됩니다. 큰일났습니다." 어떤 목사님 집에 가서 컴퓨터를 고쳐 주는데 초등학생 어린이가 묻습니다. "목사님은 어떻게 그렇게 컴퓨터를 잘 고치세요?" 그러기에 "너도 한 백 번쯤 고장내면 된다" 했더니 이 말을 진짜로 알아듣고 진지하게 "진짜 백 번 고장내면 돼요?" 하는 바람에 모두 웃은 적이 있습니다.

가정에서도 실패할 수 있습니다. 자녀가 실패한다고 해서 포기하면 안 됩니다. 남편이 실패한다고 해서 무시하면 안 됩니다. 인생이 성공만 하는 것은 아닙니다. 실패를 이기고 성공하는 것입니다. 교회에서도 그렇습니다. 실패를 두려워해서는 안 됩니다.

일산에서 가장 급성장한 교회인 한소망교회 류영모 목사님이 오래전에 이런 말을 했습니다. "1년에 프로그램을 열 개쯤 사용하면 그중에 한 개나 두 개쯤 성공하면 잘되는 일이다." 그 이야기를 들으면서 '한소망교회는 부흥할 수 있다' 라는 생각을 했습니다. 교육부서나 기관에서 어떤 계획이 실패할 수도 있습니다. 그러나 그것을 핀잔하고 주눅 들게 한다면 다시는 도전하지 않게 됩니다. 그저 실수하지 않을 정도, 남들이 하는 정도만 하게 됩니다. 그래서 교회에서도 실수하는 일이 있더라도 격려해 주고 감싸 주는 교회가 성장하게 됩니다. 서로의 실패를 감싸 주는 성도들이 됩시다.

3. 믿음은 기다리는 것입니다

믿음의 선진들은 바라는 것, 보이지 않는 것들을 붙들고 기도하면서 마침내 응답을 받았습니다. 증거를 얻었다고 했습니다. "오직 의인은 믿음으로 말미암아 살리라"(롬 1:17)고 했습니다. 그러므로 우리가 믿고 구한 것은 이미 받은 줄로 여기고 기다려야 합니다. 예수님은 "너희가 기도할 때에 무엇이든지 믿고 구하는 것은 다 받으리라"(마 21:22) 하셨습니다. 우리가 기도해도 아직 응답 받지 못한 것은 때가 되지 않았기 때문입니다. 어린아이가 부모에게 계속 조르면 좋지 않은 것을 허락할 때도 있습니다. 그런데 하나님은 우리에게 좋지 않은 것은 허락하시지 않습니다. 반드시 좋은 것만 주시고, 때가 이를 때까지 기다리시는 하나님이십니다.

하나님이 주시는 방법은 두 가지가 있습니다. 하나는 우리에게 항상 유익한 것을 주십니다. 그러므로 이미 내가 받은 것을 감사하시기 바랍니다. '왜 나에게는 이러한 것을 주셨는가? 왜 다른 사람보다 좋은 것을 주시지 않았는가?' 불평하지 마시기 바랍니다. 6절에 "믿음이 없이는 하나님을 기쁘시게 하지 못하나니 하나님께 나아가는 자는 반드시 그가 계신 것과 또한 그가 자기를 찾는 자들에게 상 주시는 이심을 믿어야 할지니라"고 했습니다. 하나님은 우리의 아버지가 되시기 때문에 우리를 좋은 길로 인도하신다는 믿음이 우리에게 필요합니다.

둘째는 구하는 자에게 더 좋은 것으로 주시는 하나님이십니다. 자녀들도 부모에게 좋은 목적을 가지고 구할 때 허락하듯이 하나님도 특별히 간구하는 자에게 더 좋은 것으로 허락하십니다. 그러므로 특별한 은혜 입기를 사모하시기 바랍니다.

입으로 시인해야 합니다. 말씀을 들을 때에도 은혜가 되고, 축복이 되는 말씀마다 "아멘"으로 응답하여 주실 줄 믿고 그 말씀을 마음속에 그려야 합니다. 크게 구하는 자에게 크게 주시고, 믿음의 분량이 쌓아질 때 응답해 주십니다. 모든 것을 항상 구할 때마다 주시면 은혜의 소중함도 모르게 됩니다. 믿음이 잘 자라지 않게 됩니다. 믿음생활 잘하는 성도들을 보면 모두 이 은혜의 체험이 있는 사람들입니다. 간절히 기도하여 기도의 응답을 받은 체험적인 신앙을 가진 사람들이 신앙생활도 잘합니다. 왜냐하면 불가능 가운데 이루어 주시는 하나님의 능력을 체험했기 때문입니다.

오늘 이 시대에 사는 우리에게는 믿음이 더욱 필요합니다. 믿음이 있는 사람들이 큰 일을 합니다. 믿음이 있는 교회가 큰 역할을 감당하게 되어 있습니다.

하나님은 믿음의 사람을 기뻐하신다고 하였습니다. 믿음으로 하나님께 구하는 자들에게 상을 주신다고 약속하셨습니다. 사랑하는 성도 여러분, 믿음의 꿈으로 하나님을 기쁘시게 하고, 그 꿈대로 이루어져 축복의 성도들이 됩시다.

더 생각해 보기: 말씀 이해를 위한 예화

금란교회 김홍도 목사님 사모님은 아주 늦게 노처녀로 살다가 결혼했습니다. 그런데 이 사모님은 '나는 세상에서 제일 유명한 목사님과 결혼할 것이다' 하는 믿음을 가지고 새벽마다 나가서 기도했습니다. 옷을 사도 '이것이 사모에게 어울리는 옷일까?' 하고 기도하는 마음으로 살았습니다. 걸음을 걸어도 '이렇게 걷는 것이 사모에게 어울리는 걸음일까?'라는 생각을 했습니다.

주변의 사람들에게 많이 배우지도 못하고, 얼굴도 못생겼는데 꿈이 너무 크다고 놀림도 많이 받았습니다. 그러나 실제로 김홍도 목사님이 배우자감으로 다른 것을 보지 않고 믿음이 제일 좋은 처녀를 구했기 때문에 두 분이 결혼을 하게 되었다고 합니다.

적용

1) 오늘 말씀의 주제 파악하기

2) 오늘 말씀 중 은혜 받은 부분 나누기

3) 삶에 구체적으로 적용하기

함께 드리는 기도 제목

1. 믿음의 꿈을 크게 가지게 하옵소서.
2. 실수하는 일이 있더라도 격려해 주고 감싸 주는 교회 공동체가 되게 하옵소서.
3. 믿음의 꿈으로 하나님을 기쁘시게 하고 그 꿈대로 이루어져 축복의 성도가 되게 하옵소서.

제30과

심는 대로 거둠

✣ **본문** : 마태복음 7장 1~5절
✣ **찬송** : 259장(예수 십자가에 흘린 피로써, 통 193장)
✣ **요절** : "비판을 받지 아니하려거든 비판하지 말라 너희가 비판하는 그 비판으로 너희가 비판을 받을 것이요 너희가 헤아리는 그 헤아림으로 너희가 헤아림을 받을 것이니라"(마 7:1~2)

가수 안치환 씨가 "사람이 꽃보다 아름다워"라는 노래를 불렀습니다. 꽃보다 아름다운 사람들 틈에 산다면 얼마나 행복하겠습니까? 우리가 사는 세상은 사람이 아름다우면 참 좋겠지만 사실은 사람이 무섭습니다. 사람이 무섭다는 것은 사람의 말이 무섭다는 뜻입니다. 사람과의 관계가 행복하지 않은 것은 주로 말 때문입니다. 직장생활이 힘들어도 상사가 늘 따뜻한 말로 위로해 주고 격려해 준다면 행복할 수 있습니다. 가정이 어려워도 모이면 서로 따스한 말로 격려하고 사랑의 언어로 감싸 준다면 행복할 수 있습니다.

교회는 예수 그리스도를 머리로 모시고 살아가는 한 지체입니다. 큰 가족입니다. 우리 성도들은 날마다 주의 전에서 은혜를 받고 행복한 성도들이 되시고, 이 전에서 믿음으로 승리하여 면류관을 차지하는 성도들이 됩시다.

오늘 주님의 말씀은 산상수훈의 마지막 부분으로 우리가 행복하게 살아가는 비결을 말씀해 주시고 있습니다.

1. 예수님은 "비판하지 말라" 말씀하십니다

'비판' 이란 말은 헬라어의 '크리노' 라는 단어로 '정죄한다, 심판한다' 는 뜻입니다. 판단이란 단어와는 다른 뜻입니다. 예수 믿는 사람들은 판단도 하지 말라는 뜻으로 착각해서는 안 됩니다. 비판은 사탄의 유혹입니다. 다른 사람의 약점을 보고 비판하게 만드는 습관입니다. 목사님이 설교를 하는데 설교를 듣고 나서 "오늘 목사님의 설교는 마이크 소리가 너무 컸어" 하고 이야기를 하는 사람이 있습니다. 한 시간 동안 진리의 말씀, 축복의 말씀을 얼마나 많이 전했는데 그 많은 복된 말씀은 기억하지 않고 마이크 소리만 생각하는 사람이 있습니다. "사람이 너무 많아서 더워서 혼났다"고 말하는 사람이 있습니다. 하나님께서 축복하시는 교회이니 사람이 많지요. 복된 말씀을 생각해야지 더운 것을 생각해서는 안 됩니다. 우리의 시선을 긍정적으로 변화시켜야 합니다.

비판하는 사람은 상대방에게 상처를 줍니다. 내 입에서 말이 나가면 주워 담을 수가 없습니다. 말의 상처는 참 오래갑니다. 치유하기가 너무 힘이 듭니다. 비판하는 사람은 자기 자신이 행복하지 못합니다. 오늘 주님은 "너희가 비판하는 그 비판으로 너희가 비판을 받을 것이요 너희가 헤아리는 그 헤아림으로 너희가 헤아림을 받을 것이니라"(2절)고 말씀하셨습니다. 상대방이 잘못했어도 내가 감싸 주면 상대방도 나를 감싸 주게 됩니다. 그러나 잘못이 있을 때를 기다리다가 비판하는 사람은 자신이 조금만 실수가 있어도 같은 일을 당하게 됩니다.

여러분, 비판의 본질을 잘 알아야 합니다. 성경이 말씀하는 비판의 본질은 죄입니다. 그러므로 회개해야 할 일입니다. 회개는 반성과 다릅니다. '내가 고쳐야지' 하는 차원의 문제가 아닙니다. '사탄 마귀가 나의 영혼을 오늘도 어둡게 하려고 비판의 영이 역사하는구나' 하고 깨닫고 주님 앞에 엎드려야 회개가 이루어집니다. "주님, 용서하여 주십시오. 내 마음과 입술에 비판하는 더러운 죄를 범하지 않도록 지켜 주십시오"라고 기도해야 합니다. 그래서 시편 141편 3~4절에서 "여호와여 내 입에 파수꾼을 세우시고 내 입술의 문을 지키소서 내 마음이 악한 일에 기울어 죄악을 행하는 자들과 함께 악을 행하지 말게 하시며"라고 기도하고 있습니다. 남을 비판하는 죄를 범하지 않도록 기도하며 하나님과 동행하는 성도들이 됩시다.

2. 예수님은 "먼저 네 눈의 들보를 빼라"고 말씀하십니다

오늘 예수님께서는 "어찌하여 형제의 눈 속에 있는 티는 보고 네 눈 속에 있는 들보는 깨닫지 못하느냐"(3절)라고 말씀하십니다. 이 말씀은 우리는 하나님 앞에서 다 죄인이란 뜻입니다.

간음한 여인이 현장에서 잡혀 사람들에게 돌에 맞아 죽게 되었습니다. 지금도 중동지역에서는 간음한 여인들을 돌로 쳐 사형을 시키는 일이 있습니다. 얼마 전에도 아프간에서 간음한 여인을 돌로 쳐 죽이는 장면을 휴대폰으로 촬영해 인터넷에 공개되었습니다. 예수님 당시에도 이런 일이 있었는데, 예수님께서 흥분한 군중들 사이로 들어가셔서 이제 죽음을 기다리는 이 여인 앞에 서셨습니다. 예수님께서는 군중들에게 "죄 없는 자가 먼저 돌을 들어 치라"고 말씀하셨습니다. 그리고 예수님께서는 이 여인에게 "나도 너를 정죄하지 아니하노니 가서 다시는 죄를 범하지 말라"고 말씀하셨습니다.

나의 죄는 깨닫지 못하고 형제의 눈에 있는 티끌을 보면서 빼라고 주장하는 것이 바리새인들의 모습이었습니다. 눈에서 티를 빼는 것이 얼마나 어렵습니까? 거울을 보며 티를 빼내려고 하면 눈이 저절로 감기고 잘 안 됩니다. 그래서 안과의사는 손이 참 섬세해야 합니다. 사람의 가장 예민한 눈을 다루니 조금만 실수해도 큰일납니다.

그런데 오늘 성경을 보면 눈에 들보가 들어 있는 사람이 다른 사람의 티끌을 말하고 있습니다. 들보는 커다란 통나무를 말합니다. 예수님의 말씀이 참 재미있습니다. "너는 눈에 들보가 들어 있지 않으냐? 그런 사람이 다른 사람의 눈에 있는 티끌을 빼려고 하면 되겠느냐?" 하는 말씀입니다. "먼저 네 눈의 들보를 빼라"는 것은 네 눈을 먼저 정결하게 한 후에 다른 사람의 티도 빼어 줄 수 있다는 말씀입니다.

내가 먼저 변화되면 상대방이 변화됩니다. 내가 상대방을 덮어 주면 상대방도 함께 허물을 덮어 줍니다. 지적하고 끄집어내는 것이 아니라 덮어 주는 것이 이 세상을 아름답게 만드는 방법입니다. 어떤 초등학교 선생님이 교실에서 모든 학생들에게 벌을 주었습니다. 그런데 그만 어떤 학생이 얼마나 긴장했는지 화장실 가겠다는 말을 못하고 참다가 옷에 소변을 보았습니다. 선생님이 앞에서 그 광경을 보고 갑자기 세숫대야에 찬물을 가져오더니 오줌을 싼 학생에게 "벌 받으면서 졸면 안 된다"고 하며 바지에 확 끼얹어 줍니다. 오줌을 싼 학생의 부끄러움을 감추어 주기 위해서 물을 퍼부었던 것입니다. 이 학생이 자라면서 평생 그 선생님을 잊지 못했다는 이야기입니다.

주님은 우리의 죄와 허물을 보지 않고 덮어 주셨습니다. 우리를 위해 십자가에 대신 못 박혀 주셨습니다. 이 주님의 은혜를 진정으로 깨달은 사람은 이웃의 죄를 비판하지 않고 용서합니다.

3. 그저 비판하지 않는 것으로 끝나면 안 됩니다

오늘 본문 뒤에 "구하라 그리하면 너희에게 주실 것이요 찾으라 그리하면 찾아낼 것이요 문을 두드리라 그리하면 너희에게 열릴 것이니 구하는 이마다 받을 것이요 찾는 이는 찾아낼 것이요 두드리는 이에게는 열릴 것이니라"(마 7:7~8)라는 유명한 말씀을 주십니다. 7장의 말씀은 함께 연결된 말씀입니다.

이웃 때문에 내가 괴로운 일이 있습니다. 교회에서도 다른 사람 때문에 내가 아픈 일이 있습니다. 그때 기도하라는 말씀입니다. 구하고 찾고 문을 두드리면 응답해 주시겠다는 말씀입니다. 내가 이웃을 비판하면 그 비판이 메아리가 되어 나에게 돌아옵니다. 내가 이웃을 칭찬하면 역시 메아리가 되어 나에게 돌아옵니다. 메아리는 한 번만 돌아오는 것이 아닙니다. 내가 "사랑해"라고 한 번만 외쳐도 메아리는 "사랑해, 사랑해, 사랑해" 하고 몇 갑절로 돌아옵니다. 비판도 마찬가지입니다.

여러분은 무엇을 거두시겠습니까? 내가 심는 대로 거둡니다. 사랑을 심으면 사랑을 거두고, 용서를 심으면 용서를 거둡니다. 한 알의 씨를 심으면 30배, 60배, 100배로 거둡니다. 그러나 내가 비판을 심으면 비판의 결과를 거두게 됩니다.

비판하는 마음에는 평안이 없습니다. 사랑도 없습니다. 그러므로 비판하는 일, 원수 갚는 일은 주께 맡기라고 말씀하셨습니다. 우리가 할 일은 기도입니다. 사랑하는 성도 여러분, 우리가 사는 세상은 늘 비판할 일들이 많습니다. 분노할 일, 섭섭한 일도 많습니다. 그러나 주님의 말씀을 기억하며 좋은 것을 심어 축복의 열매를 거두는 성도들이 됩시다.

더 생각해 보기: 말씀 이해를 위한 예화

믿음이 좋은 집사님 이야기입니다. 예배, 교회봉사, 새벽기도에 열성적인 분이었습니다. 그런데 이 집사님에게도 남모를 고민이 있었습니다. 남편은 일도 하지 않고, 날이면 날마다 술독에 빠져 있었습니다. 집사님은 그런 남편을 변화시켜 달라고 3년을 쉬지 않고 새벽기도를 했답니다.

어느 날 집사님은 답답한 마음에 목사님께 상담을 했습니다. 집사님이 다짜고짜 "목사님! 저 이제 새벽기도 안 할래요. 남편의 변화를 위해서 3년 동안 새벽기도 했는데, 남편은 조금도 변하지가 않아요" 하자 대뜸 목사님께서 하시는 말씀이 "안 변하는 것이 당연하지. 3년을 기도한 사람도 변하지 않는데, 매일 술독에 빠져 있는 놈이 변할 리가 있겠소?"라고 했습니다. 목사님의 그 말씀에 충격을 받은 집사님은, 자신의 모습은 조금도 변하지 않고 남편의 단점만 지적하고 비판한 자신의 잘못을 회개했습니다. 그 후에 집사님의 남편이 변화되었다고 합니다.

변화는 다른 사람의 티끌을 보고 비판하는 것이 아니라 먼저 내 눈 속의 들보를 빼내는 데서 시작됩니다.

적용

1) 오늘 말씀의 주제 파악하기

2) 오늘 말씀 중 은혜 받은 부분 나누기

3) 삶에 구체적으로 적용하기

함께 드리는 기도 제목

1. 남을 비판하는 죄를 범하지 않도록 기도하며 하나님과 동행하는 성도가 되게 하옵소서.
2. 주님의 은혜를 진정으로 깨닫고 이웃의 죄를 비판하지 않게 하옵소서.
3. 주님의 말씀을 기억하며 좋은 것을 심어 축복의 열매를 거두게 하옵소서.

제31과

유월절을 지키라

✣ **본문** : 출애굽기 12장 5~11절
✣ **찬송** : 265장(주 십자가를 지심으로, 통 199장)
✣ **요절** : "너희는 그것을 이렇게 먹을지니 허리에 띠를 띠고 발에 신을 신고 손에 지팡이를 잡고 급히 먹으라 이것이 여호와의 유월절이니라"(출 12:11)

유월절은 이스라엘의 3대 절기의 하나로 하나님께서 노예생활에서 해방시켜 주시고 생명을 주신 날이기 때문에 유월절 절기가 되면 예루살렘 성전에 모여 하나님께 제사를 드렸습니다. 당시 200만이 넘는 남자들이 예루살렘에 모였는데 이들이 잡은 양의 수는 수십만 마리였습니다.

예수님께서는 마지막 유월절 전날 최후의 만찬을 마치시고 겟세마네로 가시기 위하여 기드론 시냇가를 지나셨습니다. 기드론 시냇가는 수십만 마리의 양을 잡은 이유로 그 피가 시내를 이루고 있었습니다. 이때 예수님은 "내 마음이 심히 고민하여 죽게 되었다"라고 말씀하셨습니다. 기드론 시냇가를 흐르는 양의 피는 바로 이제 예수님께서 십자가에서 흘려야 할 어린 양의 피였기 때문입니다. 이 예수님의 피로 우리는 영원한 죽음을 넘어서는 구원의 은총을 입게 되었습니다. 예수님의 십자가 보혈은 우리를 죽음에서 구원하는 오늘의 Passover, 오늘의 유월절입니다.

1. 우리는 예수님의 보혈 안에 있어야 삽니다

이스라엘 백성들은 400년 동안이나 이집트의 노예로 살았습니다. 400년이란 기간은 너무나 긴 세월입니다. 노예로 사는 동안 언어와 문화를 잃어버리고 인간다움을 잃어버렸습니다. 한마디로 오합지졸의 노예 무리로 전락했습니다. 이스라엘 백성들이 하나님의 품을 떠날 때에는 반드시 사인을 주셨습니다. 질병을 통해서 혹은 기근이나 지진 같은 재난을 통해서, 그래도 깨닫지 못할 경우에는 전쟁으로 사인을 주셨습니다. 이스라엘 백성들이 400년간 노예살이를 했다는 것은 이들이 이집트의 우상을 섬기며 죄악을 행했기 때문입니다. 우리는 하나님의 사인 앞에 민감해야 합니다. 모든 일에 하나님의 뜻이 있습니다. 하루하루 하나님의 은혜를 구하며 살아야 합니다.

이스라엘 백성들은 노예생활을 하는 동안 고통 속에서 하나님께 부르짖었습니다. 노예생활을 하면서 그동안 잊었던 하나님을 찾기 시작했습니다. 하나님께서는 모세라고 하는 선지자를 예비하시고 출애굽의 대역사를 이루셨습니다. 오늘의 말씀은 열 가지 재앙 이후에 이집트를 떠나는 이스라엘 백성들에게 주시는 하나님의 명령입니다. "흠 없고 일 년 된 수컷으로 양이나 염소 중에서 취하여 양을 잡으라"고 하셨습니다. 그리고 "그 피를 양을 먹을 집 좌우 문설주와 인방에 바르라"고 하셨습니다. 이 명령은 장차 이 땅에 보내주실 예수님을 예표하는 말씀입니다.

죽음의 연기가 몰려올 때에 문설주와 인방에 어린 양의 피를 바른 이스라엘 백성들의 집은 재앙이 넘어갔습니다. pass over, 즉 유월했습니다. 왜 하나님은 어린 양의 피를 문설주와 인방에 바르라고 하셨습니까? 장차 예수님의 십자가를 예고하셨습니다. 예수님은 유월절 어린 양이 되셔서 십자가에 예수님의 피를 흘려 주셨습니다. 문설주란 문 양쪽의 기둥을 말합니다. 인방이란 기둥과 기둥을 가로지르는 나무를 말합니다. 하나님은 이 가로와 세로의 나무에 피를 바르라고 하셨는데, 예수님께서 십자가의 가로 세로에 피를 흘려 주셨습니다. 손에 박힌 못으로 인해 가로 십자가에 피가 흘러내렸고, 세로 십자가에는 머리의 가시관에서, 옆구리에 찔린 창으로 인해, 발에 박힌 못으로 인해 피가 흘러내렸습니다. 유월절 어린 양의 피를 바른 가정만이 죽음을 넘어갈 수 있었던 것처럼 오늘도 예수님의 십자가 보혈을 믿는 자만이 영원한 생명을 얻게 됩니다.

이스라엘 백성들은 보혈의 공로로 지긋지긋하던 노예생활을 끝내고 가나안 땅으로 나아가는 축복을 받았습니다. 예수님 안에 있으면 세상을 이기는 사람이 됩니다. 가난한 사람도 부하게 하십니다. 슬픔을 당한 사람도 기쁨으로 바꾸어 주십니다. 불평하던 사람, 비판하던 사람이 감사하는 사람, 칭찬하는 사람으로 변화됩니다. 불행하던 사람이 행복하게 됩니다. 하나님을 기쁘시게 하는 사람이 됩니다. 입에서 찬송이 나오는 사람이 됩니다. 우리는 죄인이라는 것을 잠시도 잊어서는 안 됩니다. 내 생각으로, 내 주장으로, 내 결심으로 나를 지킬 수 있는 사람은 아무도 없습니다. 주님 안에 있어야 합니다. 예수님 안에 거하는 성도들이 됩시다.

2. 순종해야 삽니다

모세는 이스라엘 백성들에게 "문설주와 인방에 어린 양의 피를 바르라"고 했습니다. 이 명령을 듣고 여러 가지 반응이 있을 수 있습니다. '꼭 문설주와 인방에 발라야 하나?' 생각하고 대충 바른 사람도 있었을 것입니다. 아예 피를 바르지 않은 사람도 있었을 것입니다. 이스라엘 백성이라고 해서 다 구원받은 것이 아닙니다. 순종하는 사람만이 구원받았습니다. 하나님은 순종을 원하십니다.

순종은 하나님의 백성들의 땀과 헌신이 있어야 합니다. 예수님께서는 가나의 혼인잔치에서 포도주가 떨어졌을 때에 "빈 항아리에 물을 가득 채우라"고 하셨습니다. 예수님께서는 병자들을 고치실 때에 "네 손을 내밀라"고 하셨습니다. 나환자들에게는 "제사장에게 가서 보이라"고 하셨습니다. 목숨을 걸고 성전으로 나아가라는 말씀입니다. 순종하라는 말씀입니다. 하나님께서는 기드온의 300용사를 고르실 때에도 순종하는 자들을 택하셨습니다. 예수님은 우리를 양이라고 하셨습니다. 양이 생명을 유지하려면 목자의 음성에 순종해야만 합니다. 자기 생각대로 가다가는 마침내 죽을 길로 가는 것이 양이기 때문에 우리를 양에 비유하셨습니다.

순종은 거룩한 습관입니다. 병든 생각, 더러운 생각이 사라져야 하나님의 말씀에 순종하게 됩니다. 성경은 순종을 요구하는 책입니다. 설교와 강연의 다른 점이 무엇인가 하면 강연은 '이럴 것이다. 이렇지 않겠느냐?' 하는 말들이 있습니다. 그런데 설교는 그렇지 않습니다. '이렇게 해야 산다' 하고 분명하게 전하는 것입니다. 신학교 시절 설교학 시간에 한 학생이 설교를 하는데 "하나님께서 도와주시리라 생각합니다" 하고 설교를 했습니다. 그러자마자 교수님이 화가 나서 "당신 삯꾼이야? 성경에 생각한다는 말이 어디 있어? 하나님의 말씀을 대언하는데 성경의 말씀대로 맞으면 맞다, 틀리면 틀리다 분명히 전해야지. 그런 식으로 전하면 교인들의 영혼이 다 죽어" 하고 호통을 치셨습니다.

성경은 분명한 순종을 말씀합니다. 하나님 외에 다른 신을 섬기면 정녕 죽을 것을 말씀합니다. 하나님 말씀대로 살면 복을 주신다고 분명히 말씀합니다. 성경의 말씀대로 살아야 합니다. 순종해야 삽니다. 우리 모두가 성경대로 순종하며 사는 성도들이 됩시다.

3. 인생의 쓴 일을 잊지 말아야 합니다

무교병과 쓴 나물은 평소에는 먹기 힘든 음식입니다. 이러한 음식을 먹으라 하신 것은 '너희 힘으로는 절대로 노예생활에서 벗어날 수 없었으나 하나님의 은혜로 벗어나게 되었다. 그러므로 매년, 이 유월절 절기를 맞이할 때마다 이렇게 행하여 이날을 잊지 말라는 뜻입니다. 더구나 "허리에 띠를 띠고 발에 신을 신고 손에 지팡이를 잡고 급히 먹으라"고 하셨습니다. 사람은 망각의 존재입니다. 내가 물질적으로 힘들고 육체적으로 병들었을 때는 하나님 앞에 겸손해집니다. "하나님, 나를 축복해 주시기만 하면, 나의 병을 고쳐 주시기만 하면……" 하고 기도하지만 시간이 지나면 다 잊어버립니다. 무교병과 쓴 나물을 먹으며 노예생활의 비참함과 하나님의 은혜를 잊지 말라는 뜻으로 하나님은 오늘의 명령을 주셨습니다. 이스라엘 백성들은 지금까지 3,500년 동안 이 절기를 지켜 나가고 있습니다.

우리는 인생의 무교병과 쓴 나물을 잊지 않아야 합니다. 내가 예수님을 만나기 전에 죄 가운데 있었던 생활이 얼마나 더럽고 악한 것인지를 잊지 않아야 합니다. 내가 병들었을 때에, 내가 어려운 인생의 위기를 만났을 때에 주님 앞에 부르짖었던 그 기억을 잊지 않아야 합니다. 하나님께서는 그 부르짖음을 들으시고 우리의 기도에 응답해 주셨습니다. 성도의 가정에 복을 주셨고, 주님의 교회를 은혜로 채우셨습니다. 우리에게 가나안으로 가는 길을 열어 주셨습니다. 다시는 인생의 쓴 일이 오지 않도록, 치욕스런 일이 오지 않도록, 악한 영이 주장하는 날이 오지 않도록 나의 무교병과 쓴 나물이 있어야 합니다.

유월절을 매년 지키라는 것은 무교병과 쓴 나물을 먹으며 하나님의 은혜를 잊지 말라는 명령입니다. 여러분, 지나온 세월 동안 하나님의 은혜가 얼마나 많았습니까? 하나님의 돌보심으로 이 자리까지 올 수 있었습니다. 믿음생활을 지킬 수 있었습니다. 교회를 지켜 주셔서 우리가 영혼을 지킬 수 있었습니다. 이 사실을 감사하시기 바랍니다. 여러분 한 사람 한 사람이 각자의 무교병과 쓴 나물을 잊지 않고 기념하여 하나님의 은혜를 끝까지 누리는 성도들이 됩시다.

더 생각해 보기: 말씀 이해를 위한 예화

기독교 역사 100년 만에 한국의 성도들은 도시마다, 시골 마을에 이르기까지 교회를 지었습니다. 돈이 있어서 지은 교회는 없습니다. 믿음으로 지을 때에 하나님께서 역사하시고 그 교회를 통하여 복을 후손들에게 주셨습니다.

이 종이 목회했던 대구중앙교회는 교회를 건축할 때에 사람들이 주저하자 믿음이 좋은 장로님이 "여러분, 걱정하지 마십시오. 돈은 은행에 많이 있습니다"라고 했습니다. 그 믿음으로 대구에서 가장 아름다운 교회를 지었습니다. 돈을 생각했더라면 교회를 건축하지 못했을 것이고, 부흥하는 교회가 되기 어려웠을 것입니다.

하나님은 우리에게 복을 그냥 주시지 않습니다. 반드시 성도들을 움직이게 하십니다. 순종하기를 원하십니다. 순종하는 자에게 약속하신 일을 이루어 주십니다.

적용

1) 오늘 말씀의 주제 파악하기

2) 오늘 말씀 중 은혜 받은 부분 나누기

3) 삶에 구체적으로 적용하기

함께 드리는 기도 제목

1. 예수님 안에 거하는 성도의 삶을 살게 하옵소서.
2. 성경의 말씀대로 순종하며 살아가게 하옵소서.
3. 각자의 무교병과 쓴 나물을 잊지 않고 기념하여 하나님의 은혜를 끝까지 누리는 성도가 되게 하옵소서.

제32과

약함을 고백하라

✣ **본문** : 고린도후서 12장 1~10절
✣ **찬송** : 368장(주 예수여 은혜를, 통 486장)
✣ **요절** : "나에게 이르시기를 내 은혜가 네게 족하도다 이는 내 능력이 약한 데서 온전하여짐이라 하신지라 그러므로 도리어 크게 기뻐함으로 나의 여러 약한 것들에 대하여 자랑하리니 이는 그리스도의 능력이 내게 머물게 하려 함이라"(고후 12:9)

성경에는 역설적인 진리가 참으로 많습니다. 내가 낮아질 때 높임을 받고, 어린아이와 같아야 천국에 들어갈 수 있고, 살고자 한다면 오히려 죽어야 한다는, 우리의 일반적인 상식과는 다른 차원의 진리가 있습니다. 예수님께서도 실제로 가장 낮은 자리에 오셔서 죄인들과 함께 지내시다가 부활 승천하시어 하늘 보좌에 앉으셨습니다. 그런데 이 성경의 역설적인 진리에는 한 가지 특징이 있습니다. 내가 낮아질 때에 계속해서 낮아지는 것이 아닙니다. 계속 낮은 자리에 두시는 것이 아니라 높임을 받을 것이라고 하나님께서는 약속해 주시고 있습니다.

"나에게 이르시기를 내 은혜가 네게 족하도다 이는 내 능력이 약한 데서 온전하여짐이라"(9절)고 하여 사도 바울은 내 능력이 약할 바로 그때에 그리스도의 능력이 머물기 때문에 내가 강해진다는 역설적인 진리를 말씀하고 있습니다. 사람들은 누구나 능력을 갖기 원합니다. 정치적인 능력, 경제적인 능력, 육체적인 능력 등 이 모든 능력들을 갖기 원합니다. 이 능력, 이 힘을 성경에서는 '두나미스' 라고 하는데 사도 바울도 오늘 9절 말씀에서 이 두나미스를 말씀하고 있습니다. 사도 바울이 말씀하는 능력은 세상적인 힘이 아니라 그리스도의 능력입니다. "그리스도의 능력이 내게 머물게 하려 함이라" 고 간절히 소망하고 있습니다.

그리스도의 능력이 머무는 사람은 어떤 사람입니까?

1. 그리스도를 자랑하는 사람에게 그리스도의 능력이 머뭅니다

사람들은 강한 것을 자랑합니다. 나의 약한 것을 자랑하는 사람은 없습니다. "나는 좋은 집안에서 자랐는데, 내가 옛날에 노래자랑에 나가 1등을 했는데" 하면서 자랑합니다. 반대로 내가 못하는 것, 나의 약점, 나의 부끄러운 것을 사람들 앞에서 자랑하지 않습니다. 이런 것은 자랑거리가 아닙니다. 내가 잘하는 것, 잘난 것을 우리는 자랑합니다.

사도 바울도 자랑할 것이 많은 사람이었습니다. 탁월한 학자였습니다. 방언도 했습니다. 죽은 자를 살리는 능력도 있었습니다. 신비한 체험도 많이 있었습니다. 그런데 사도 바울이 뭐라고 말합니까? "나는 이런 것들을 자랑하지 아니하고 약한 것 외에는 자랑치 아니하겠다" 라고 말씀합니다. 무슨 말입니까? 나를 자랑하면 그리스도가 약해지고, 그리스도를 자랑할 때 사실은 내가 강해진다는 이 역설적인 진리를 말씀하고 있습니다.

우리는 강한 것을 자랑하지만 그 강한 것이 얼마나 부질없는 것인가를 은혜를 체험할 때 깨닫게 됩니다. 구약의 모세는 궁중에서 자라고 배우면서 강한 사람으로 훈련되었습니다. 그런데 강한 사람일 때 그가 한 일이 무엇입니까? 고작 그 힘으로 한 사람을 죽이고 광야로 도망한 일밖에 없습니다. 미디안 광야에서 이리저리 헤매며 40년간을 깨어진 다음 그는 연약하게 되었습니다. 연약하게 되었을 때 그가 한 일이 무엇입니까? 수십만 병거와 창칼이 번뜩이는 바로의 왕궁을 향하여 용감히 나아갔습니다. 그가 강할 때에는 애굽의 군대가 무서워 도망 나왔지만 오히려 약할 때에 지팡이 하나만을 들고 홀로 왕궁을 향하여 나아갔고, 애굽의 군대를 하나님의 능력으로 이기고 출애굽의 역사를 이루었습니다.

사도 바울은 본문의 서두에서 삼층천의 이야기를 합니다. 그런데 놀라운 사실은 2절에도 나타나 있듯이 이 놀라운 영적인 체험을 하고도 14년 동안이나 침묵을 지키고 있었다는 사실입니다. 보통 사람 같으면 자기가 체험한 능력을 다른 사람에게 보여주고 싶어서 입이 근질근질했을지도 모릅니다. 그러나 사도 바울은 영적인 깊은 훈련을 받은 사람입니다. 14년 만에야 이 사실을 조심스럽게 말합니다. 더구나 "이런 사람을 내가 안다" 하면서 마치 다른 사람 이야기하듯 자기 이야기를 합니다. 그리고 "부득불 자랑하노니"라고 말하면서 이 놀라운 영적 체험을 자랑할 만하지만 자신을 위하여 자랑할 것이 없다고 말합니다. 오늘 사도 바울의 이 자랑, 자신을 위하여 자랑할 것이 없다고 고백하는 이 은혜 받은 모습이 우리의 모습이 되어야 합니다.

2. 기도하는 사람에게 그리스도의 능력이 머뭅니다

사도 바울은 오늘 본문 8절에 보면 "이것이 내게서 떠나가게 하기 위하여 내가 세 번 주께 간구하였더니"라고 했습니다. 사도 바울에게는 육체의 가시 즉 질병이 있었습니다. '가시' 를 헬라어로 '스콜로프스'(σκολοψ)라고 하는데 원래 사도 바울이 말한 의미는

'말뚝' 또는 '날카로운 창' 을 의미하는 단어입니다. 우리나라 성경에는 가시로 번역이 되었는데, 가시 하면 무언가 작은 느낌을 줍니다. 실제로 원문을 보면 사도 바울은 "내 몸에 말뚝이 박혔다. 내 몸에 날카로운 창이 박혔다"라고 자신의 질병의 고통을 표현하고 있습니다. 그래서 이 고통스런 질병에서 벗어나기 위해 하나님께 결사적인 세 번의 기도를 드렸습니다. 그런데 하나님이 무엇이라고 대답하셨습니까? "내 은혜가 네게 족하도다." 하나님의 은혜는 언제나 우리에게 족합니다.

사도 바울은 기도하고 나서 "안 된다" 하는 하나님의 대답을 들었지만 그것이 오히려 은혜임을 깨달았습니다. 내 고통, 말뚝을 내 육체에 박는 이 고통이 오히려 나에게 은혜가 됨을 고백합니다. 바울의 위대한 점이 바로 여기에 있습니다. 인생의 고난은 때로는 우리를 이끌어 가시는 방법일 수도 있습니다. 하나님의 백성이라고 해서 고통을 늘 비켜 가는 것은 아닙니다. 오히려 위대한 인물일수록 많은 고난을 받았습니다. 성경의 수많은 인물이 고난을 받았고 믿음으로 그 고난을 이겨냈습니다. 고난이 하나님을 가까이하는 계기가 되었습니다.

사도 바울에게는 육체의 가시 즉 각종 질병이 있었습니다. 이 가시는 사탄의 공격이었으나 가시로 인해 절망하지 않았습니다. 바울에게는 이 가시가 오히려 기도하게 하는 도구요 은혜의 도구가 되었습니다. 고난이 온다고 해서 기도가 떠나면 그 순간 하나님의 능력도 함께 떠나게 되어 있습니다. 가시가 있을 때는 기도해야 합니다. 겸허하게 하나님의 뜻을 물을 줄 알아야 합니다. '내가 과연 영적으로 교만하지는 않았는지, 나태하지는 않았는지' 고난의 원인을 기도해 보아야 합니다. 기도로 이 고난을 깨뜨려야 합니다. 성도 여러분! 여러분에게 가시가 있습니까? 기도하시기 바랍니다. 기도

할 때 하나님의 능력이 머뭅니다.

3. 낙심하지 아니하는 사람에게 그리스도의 능력이 머뭅니다

은혜는 낙심 중에 더 크게 받는 법입니다. 고난 중에 받는 위로가 더 절실한 법입니다. 낙심 중에 주시는 평강이 얼마나 귀한지를 깨닫게 됩니다. 믿음의 사람은 약함으로 인해 패배의식이나 열등감을 갖지 않습니다. 좌절하지 않습니다.

러시아에서 가장 깊이 있는 문학가를 꼽으라면 도스토예프스키를 꼽습니다. 도스토예프스키의 부친은 알코올 중독자에 매우 잔인한 사람이었습니다. 결국 도스토예프스키가 16세 되던 해 농노들에 의해 잔인하게 살해되고 맙니다. 이 광경을 직접 본 도스토예프스키는 이때의 충격으로 간질병이 발작하여 평생을 고생하게 됩니다. 28세 때에 사형언도를 받고 시베리아로 끌려가다가 어떤 장교 부인이 품에서 꺼내 주는 책을 받았는데 그것이 신약성경이었습니다. 그는 성경을 읽으며 새로운 희망과 용기를 가졌습니다. 마침내 총살을 당하기 위해 형장으로 끌려가게 되었습니다. 그런데 형 집행 바로 2분 전 황제의 특사가 말을 타고 달려와 구사일생으로 살아나게 되었습니다. 눈을 가리고 총살을 기다리는 그 극심한 고통의 현장이 그를 새로운 사람으로 만들었습니다. 그는 세계 최고의 작가가 되었습니다.

제가 아는 목사님 중에 두 번 죽었다가 살아나신 목사님이 계십니다. 이분은 늘 "인생이 뭐 있어?" 하고 말합니다. 죽을 자리까지 갔다 오고 보니 인생이 뭐 그리 대단한 것이 아니라는 말입니다. 인생을 새롭게 바라보는 눈이 열린 것입니다. 좋은 환경에 있다고 해서 축복이 아닙니다. 오히려 그것이 화가 될 수도 있습니다. 우리가 낙심하지 아니할 때 약함과 부족함을 통해 오히려 새로운 존재로 창조해 나가십니다.

그리스도인의 축복이 여기에 있습니다. 여러분에게 사도 바울과 같은 가시나 장애가 있습니까? 육체의 질병, 물질적 가난, 직장의 문제, 좋지 못한 과거가 있습니까? 원망하거나 좌절하지 마시기 바랍니다. 우리가 믿는 하나님께 여러분의 약함을 고백하시기 바랍니다. 하나님께서는 여러분을 강하게 만들어 주시고 승리하게 하십니다. 사도 바울처럼 오직 나의 자랑이 아니라 약함을 인하여 그리스도의 강함을 자랑함으로 하나님의 축복으로 말미암아 지금보다 더 아름다운 삶을 누리는 성도들이 됩시다.

더 생각해 보기: 말씀 이해를 위한 예화

우리의 기도에 대한 하나님의 대답에는 네 가지가 있습니다.

첫째, 알았다. 둘째, 안 된다. 셋째, 기다려라. 넷째, 더 좋은 것이 있다.

무엇이 제일 좋습니까? 우리가 기도할 때마다 하나님께서 "알았다" 하고 대답해 주시면 얼마나 좋겠습니까마는 하나님께서는 때로는 "안 된다", "기다려라" 하는 대답을 주기도 하십니다. 지금은 모르지만 "더 좋은 것이 있다"라고 말씀하기도 하십니다. 어떤 때는 "기다려라"고 말씀하기도 하십니다.

그러기에 하나님의 더 크신 뜻이 있음을 믿고 기다릴 때 은혜를 누릴 수 있습니다.

적용

1) 오늘 말씀의 주제 파악하기

2) 오늘 말씀 중 은혜 받은 부분 나누기

3) 삶에 구체적으로 적용하기

함께 드리는 기도 제목

1. 오직 예수 그리스도만을 자랑하며 살게 하옵소서.
2. 기도하는 가운데 하나님의 능력을 체험하게 하옵소서.
3. 나의 약함을 통하여 그리스도의 강함을 자랑하게 하시고, 하나님의 축복을 누리게 하옵소서.

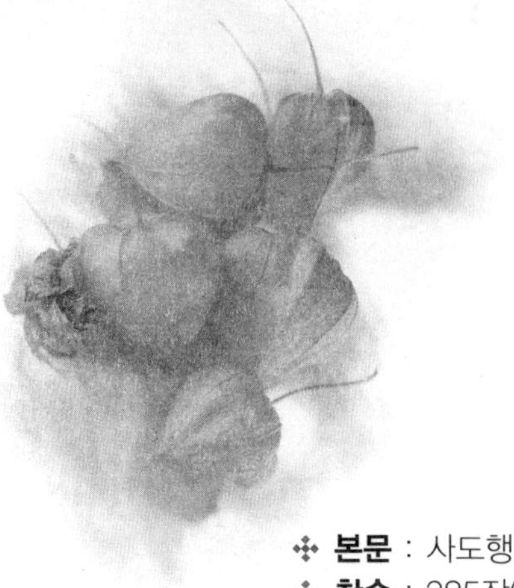

제33과

초대교회 닮기

❖ **본문** : 사도행전 4장 32~37절
❖ **찬송** : 285장(주의 말씀 받은 그날, 통 209장)
❖ **요절** : "믿는 무리가 한마음과 한뜻이 되어 모든 물건을 서로, 통 용하고 자기 재물을 조금이라도 자기 것이라 하는 이가 하나도 없더라"(행 4:32)

성경에 나타난 초대교회의 모습은 성령이 충만하고, 성도 간에 사랑이 있고, 날마다 복음을 전하여 부흥되고 좋은 소문이 나는 교회였습니다. 오늘날 소문이 나는 교회들을 보면 대개 큰 건물을 가지고 있고 많은 물질을 가지고 있는 교회들인데, 초대교회의 모습은 달랐습니다. 그들은 큰 교회당도 없었습니다. 많은 물질을 저축해 놓지도 못했습니다. 특별한 위원회나 체계화된 부서조직도 없었습니다. 오늘날의 기준으로 보면 좋은 소문이 날 만한 조건이 되지 못했습니다. 그런데 어떻게 좋은 소문이 날 수 있었을까요? 본문 속에서 그 비밀을 찾아보려고 합니다.

1. 초대교회는 하나가 되는 공동체였습니다

32절에 "믿는 무리가 한마음과 한뜻이 되어"라고 말씀합니다. 한마음과 한뜻이 되면 무서운 힘을 발휘합니다. 목회란 여러분이 주의 종과 같은 비전을 갖고 같은 방향으로 걸어가며, 생명의 길로 가도록 하는 중요한 사역입니다. 여러분 모두가 천국까지 가도록 하는 것이 목회의 가장 중요한 일입니다.

교회의 직분은 하나님께서 세워 주신 귀한 직분입니다. 이 직분보다 귀한 직분이 없습니다. 옛날 초대교회 시절에는 "김 집사! 박 집사!" 이렇게 부르지 않았습니다. 다 '님' 자를 붙였습니다. 그런데 어느 날부터인가 한국교회에 잘못된 습관이 들어왔습니다. "김 목사가, 박 장로가……"라고 합니다. 이것은 믿음의 마음이 깨어져서 그렇습니다. "김 선생!" 하고 부를 때와 "김 선생님!" 하고 부를 때는 대하는 태도가 달라집니다. 교회의 직분은 거룩한 직분입니다.

교회는 하나 되는 것이 중요합니다. 이것이 은혜의 비결이요, 축복의 비결입니다. 오늘 본문의 초대교회와 같이 모든 성도들이 마음도 하나가 되고, 뜻도 하나가 되고, 물질도 하나가 되고, 복음을 전하는 일에도 하나가 되면 하나님의 능력의 역사가 나타납니다. 성도들이 하나가 되는 일을 마귀는 가장 두려워합니다. 분열의 영은 마귀의 영입니다. 성령님은 하나 되게 하시는 영입니다. 성령님은 늘 하나 되게 하고 상처를 싸매고 치유하십니다. 서로 모자란 부분이 있어도 서로 감싸 주고 보호해 주는 곳이 바로 교회입니다.

한마음 한뜻이 되었다는 것은 같은 생각, 같은 이론을 가졌다는 말이 아닙니다. 이들의 다양한 생각과 문화가 하나로 묶어지게 되었다는 말입니다. '동료, 친구'라는 뜻의 'company'라는 영어단어는 '빵을 먹는 사이'라는 뜻입니다. 가깝기 때문에 함께 빵을 먹는 것이 아니라, 빵을 먹다 보면 가까워지게 되어 있습니다. 함께 기도하고 함께 찬양하고 함께 봉사하며 가까워집니다. 우리는 서로가 출발은 다 다릅니다. 교회에 바라는 것도 다르고, 원하는 것도 다릅니다. 교회는 이것을 하나로 만드는 곳입니다.

오늘 본문말씀 바로 앞 31절에 보면 “성령이 충만하였다”는 말씀이 나옵니다. 성령이 충만하면 하나가 됩니다. 우리는 원래 다 다릅니다. 모래같이 부스러지는 존재입니다. 그러나 시멘트가 이 속에 들어가고 물이 부어지면 가장 단단한 콘크리트가 됩니다. 우리 속에 성령님이 들어오시면 이와 같이 하나로 묶이는 역사가 일어납니다. 예수님께서 유월절 만찬을 하시면서 떡과 잔을 나누시고 제자들에게 “이 떡과 피로 나와 너희가 하나가 되었듯이 너희도 하나가 되었다”라고 말씀하신 의미가 바로 여기에 있습니다. 예수 그리스도의 살과 피로 속죄함을 얻은 한 몸이기 때문입니다.

주님 안에서 하나가 됩시다. 주님의 뜻, 성경말씀을 따라 하나가 됩시다. 그래서 오늘 초대교회의 모습이 바로 우리의 모습이 되기를 바랍니다.

2. 초대교회는 부활을 증거하는 공동체였습니다

초대교회의 특징은 부활공동체입니다. 초대교회는 예수님의 부활을 목격한 이후 전혀 새로운 공동체가 되었습니다. 이전에는 비겁한 자들이었습니다. 예수님께서 십자가에 달리시고 신음하실 때에도 그 자리를 애써 외면한 제자들이었습니다. 죽음이 두려웠기 때문입니다. 그런데 예수님의 부활을 목격한 이후에는 죽음이 지배하는 것이 아니라 죽음을 이기시는 주님의 능력이 지배하는 것을 깨닫게 되었습니다. 그래서 부활 이후에 이들의 공동체가 변했고, 새로운 힘을 얻기 시작했습니다. 부흥한 죽음의 자리를 피하여 도망하던 이들이 십자가로 담대히 나아갔습니다.

기독교는 죽는 종교입니다. 죽어야 사는 종교입니다. 이것이 기독교의 역설입니다. 가난한 자와 함께할 때에 부요하게 됩니다. 연약한 자와 함께할 때에 강한 힘을 소유하게 됩니다. 스스로 낮아져서 섬기는 자가 될 때에 높은 자리에 세워 주십니다. 실제로 기독교의 역사를 보면 사회적으로 형편없는 제자들이 스스로 낮아져서 복음을 전할 때에 복음이 불길같이 퍼져 나갔습니다. 사도 바울이 자기 자신이 능력이 있다고 생각했을 때는 예수님을 핍박하는 자에 지나지 않았으나 "나는 분토만도 못하다"라고 고백하며 하나님 앞에 엎드릴 때에 하나님은 사도 바울을 역사상 가장 위대한 전도자로 높여 주셨습니다.

부활의 공동체는 이 땅에 욕심을 두는 공동체가 아닙니다. 교회는 부활의 증인이 될 때에 힘이 있습니다. 부활을 소망하는 사람은 이 땅을 바라보고 사는 것이 아니라 하늘을 바라보고 삽니다. 부활을 소망하는 사람은 확신이 있습니다. 그래서 부활의 날이 있는 것을 믿기에 순결하게 살아갑니다. 우리 교회도 부활의 소망을 가지고 순결하게 살아가는 공동체가 됩시다.

3. 초대교회에는 헌신적인 인물들이 있었습니다

한 조직이 성장하기 위해서는 특별히 헌신적인 인물들이 그 배후에 있습니다. 한 나라가 부흥하기 위해서는 나라를 위해 목숨을 거는 헌신적인 인물들이 있습니다. 소리 없이 빛도 없이 묵묵히 자기의 자리를 지키는 일꾼들이 있습니다. 부흥한 교회에는 특별히 헌신적인 인물들이 있었습니다.

초대교회에는 바나바와 같은 인물이 있었습니다. 사도행전은 1~11장까지는 베드로가 중심이고, 12장부터는 바울이 중심인물로 등장하게 됩니다. 그런데 그 사이에는 바나바가 있습니다. 바나바라는 이름이 성경에 처음으로 등장하는 것이 오늘 본문의 말씀입니다. 바나바는 사울이 예수 믿는 사람들을 핍박한 전력 때문에 사람들로부터 인정받지 못하고 있을 때에 예루살렘에 가서 보증을 서 주었습니다. 과거를 바라보는 것이 아니라 미래를 바라보고 사울을 이끌어 주었습니다. 그리고 사울을 안디옥으로 불러 함께 동역하였습니다. 이 둘의 헌신적인 노력으로 안디옥 교회가 성장하였고, 처음으로 크리스천이라는 명칭도 생겨났습니다.

오늘 말씀에 보면 36~37절에 "구브로에서 난 레위족 사람이 있으니 이름은 요셉이라 사도들이 일컬어 바나바라(번역하면 위로의 아들이라) 하니 그가 밭이 있으매 팔아 그 값을 가지고 사도들의 발 앞에 두니라"고 말씀합니다. 자기 재산을 이웃을 위해 헌신하는 것은 쉽지 않은 일입니다. 사랑한다고 하면서도 사실 물질문제에는 쉽지 않습니다. 그러나 바나바는 자기 소유를 팔아 사도들의 발 앞에 두었습니다. 헌금을 드렸습니다. 이것이 많은 사람들의 마음을 감동시켰습니다. 그래서 많은 사람들이 그것을 본받아 자기의 소유를 팔아 가난한 사람들을 위해 사용하게 되었습니다.

우리 교회에도 보이지 않는 손길들이 많이 있음을 감사하게 생각합니다. 보이지 않는 곳에서 몸으로 마음으로 섬기는 많은 헌신자들이 있습니다. 시간만 나면 교회로 달려와 교회의 부서진 곳을 고치고, 쓸고 닦는 일꾼들이 있습니다. 하나님의 영광을 위하여 보이지 않게 예물을 드리는 손길들이 있습니다. 이러한 손길들을 통하여 교회가 은혜로워지고 부흥하게 되었습니다. 우리는 하나님이 일하시는 방법을 깨달아야 합니다. 우리가 매년 선교비와 구제비를 늘려 간다고 해서 그래서 우리 교회가 더 어려워졌습니까? 아닙니다. 더 부유해졌습니다. 오히려 축복받는 사람들이 점점 더 많아집니다. 이것이 하나님이 일하시는 법입니다.

우리 교회가 기적이 일어났던 초대교회의 모습이기를 바랍니다.

우리 교회가 은혜와 사랑이 넘치던 초대교회의 모습이기를 바랍니다. 우리 교회가 이웃들로부터 칭찬을 듣고 날마다 믿는 자의 수가 더해졌던 초대교회의 모습이 되기를 바랍니다.

더 생각해 보기: 말씀 이해를 위한 예화

중세기에 토마스 아퀴나스가 교황청을 방문했습니다. 그때 교황인 이노센트 4세는 많은 금은보화가 산더미처럼 쌓여 있는 창고를 보여주며 자랑을 했습니다.

"베드로는 '금과 은은 내게 없거니와' 라고 이야기했지만 우리는 하나님께서 복을 주셔서 이렇게 많은 금은보화까지 있습니다."

그때에 토마스 아퀴나스는 대답하기를 "지금 금과 은은 교황에게 있거니와 '나사렛 예수 이름으로 일어나 걸으라' 는 없습니다."

무슨 말입니까? 비록 물질은 많으나 예수의 능력이 없어졌다는 말입니다.

적용

1) 오늘 말씀의 주제 파악하기

____

____

____

2) 오늘 말씀 중 은혜 받은 부분 나누기

3) 삶에 구체적으로 적용하기

함께 드리는 기도 제목

1. 초대교회의 모습이 우리 교회의 모습이 되게 하옵소서.
2. 우리 교회가 부활의 소망을 가지고 순결하게 살아가는 공동체가 되게 하옵소서.
3. 우리 교회가 이웃들로부터 칭찬을 듣고 날마다 믿는 자의 수가 더해졌던 초대교회의 모습이 되게 하옵소서.

제34과

기쁘게 받으시도록

✣ **본문** : 레위기 1장 1~9절
✣ **찬송** : 10장(전능왕 오셔서, 통 34장)
✣ **요절** : "이스라엘 자손에게 말하여 이르라 너희 중에 누구든지 여호와께 예물을 드리려거든 가축 중에서 소나 양으로 예물을 드릴지니라 그 예물이 소의 번제이면 흠 없는 수컷으로 회막 문에서 여호와 앞에 기쁘게 받으시도록 드릴지니라"(레 1:2~3)

레위기서는 구약성경 중에 참 어려운 책입니다. 하나님 앞에 제사를 드리는데 어떻게 드려라, 어떤 것은 정결하고 어떤 것은 불결하다는 내용이 끝없이 나옵니다. 레위기서가 어렵지만 하나님께서 무엇을 기뻐하시고 무엇을 경계하시는지를 집중적으로 말씀한 책이기 때문에 레위기서는 참으로 중요한 말씀이 기록된 책입니다. 하나님께서는 애굽에서 나온 이스라엘 백성들에게 회막을 지으라고 말씀하셨습니다. 회막은 하나님께서 함께하시는 증거입니다. 회막을 통해 하나님께 예배드리게 하시고 응답을 주셨습니다.

하나님께서 명하신 제사는 다섯 가지가 있습니다. 첫째는 번제인데 하나님께 자신을 헌신하는 제사입니다. 둘째는 소제인데 곡식으로 제사를 드림으로 하나님의 은혜에 답례하는 제사입니다. 셋째는 화목제입니다. 속죄제와 번제, 소제를 드린 후에 하나님과 화목을 위해 드리는 제사입니다. 넷째는 속죄제로 죄 사함을 위한 제사입니다. 다섯째는 속건제로 인간에게 지은 죄를 용서받기 위한 제사였습니다. 오늘 말씀은 번제에 대한 말씀입니다.

1. 번제는 의무가 아니라 자원하여 드리는 제사입니다

오늘 말씀의 번제는 개인이 드리는 것을 의미합니다. "너희 중에 누구든지 여호와께 예물을 드리려거든 가축 중에서 소나 양으로 예물을 드릴지니라"(2절)고 말씀합니다. 우리는 늘 받으려고만 합니다. 은혜도 받고 축복도 받고 평안도 받고 다 받는 것을 좋아합니다. 그런데 예배의 정신은 일방적인 관계가 아닙니다. 예배는 모두가 올라가고 내려옵니다. 찬송이 올라가고 기도가 올라가고 예물이 올라가고 말씀이 내려오고 죄의 용서가 내려오고 축복이 내려옵니다. 모든 순서가 올라가고 내려오는데 성도의 교제 즉 광고만이 사람과의 관계입니다.

오늘 말씀에는 예물에 대한 말씀이 나옵니다. 하나님께 예배드릴 때에 우리가 준비해야 할 것은 첫째는 신령과 진정의 마음입니다. 예배는 성령님께서 함께하셔야 드릴 수 있습니다. 하나님과의 영적인 교제가 있어야 합니다. 성령님은 정결한 마음에 임하십니다. 그러므로 우리는 하나님 앞에 예배할 때에 정결한 마음으로 나와야 합니다. 여러분은 영과 진리로 예배드리시기 바랍니다. 둘째는 예물입니다. 하나님께서는 반드시 하라고 하신 예물이 있습니다. 십일조와 절기에 성전에 올라올 때에 반드시 드리라고 명하신 예물입니다. 오늘 말씀에는 소나 양으로 드리라고 했는데 먹고 살 것도 없는 사람이 어떻게 소를 드리고 양을 드릴 수가 있겠습니까? 이런 사람을 위해서는 비둘기를 드리라 하셨고, 그것도 어려운 사람에게는 곡식가루를 드리라고 하셨습니다.

그러나 중요한 것은 예배의 정신입니다. 여호와 앞에 기쁘게 받으시도록 드리라고 했습니다. 하나님께서 황소가 없어서 크고 좋은 황소를 드리면 그 황소를 보고 기뻐하시겠습니까? 이 세상의 모든 만물은 다 하나님의 것입니다. 우리가 이 땅에 사는 동안 행복하게 살라고 하나님께서 주셨습니다. 우리가 예물을 드리면 많고 적은 것을 구분하시지 않습니다. 마음을 보십니다. "네가 나를 위해 이렇게 쓰고 싶은 것 안 쓰고 마음을 나에게 주는구나!" 하며 하나님께서 감동을 받으십니다.

2. 예배의 정신을 우리에게 말씀해 주십니다

소나 양을 예물로 드리려면 첫째, 죽어야 합니다. 하나님께서 명하신 예물은 생명이 있는 짐승입니다. 이 짐승을 끌고 제사장 앞에 오면 제사장은 손을 짐승의 머리 위에 올려놓고 안수하게 합니다. 이것은 대속을 의미합니다. "지금 이 짐승이 나의 죄를 대신 짊어지고 죽습니다. 이 예물을 받으시고 나의 죄를 용서하여 주시옵소서" 하고 기도합니다. 그러면 제사장이 이 사람을 위해 기도하고 사죄의 선포를 합니다. 예배자는 하나님 앞에 나와 죽어야 합니다. 이 시간은 여러분이 제물이 되는 시간입니다. 나의 정욕, 나의 혈기, 나의 거짓된 마음, 죄된 것들을 하나님 앞에 장사지내는 시간이 바로 예배의 시간입니다.

둘째, 가죽을 벗깁니다. 가죽을 벗기는 의미는 죄된 겉모습을 완전히 제거한다는 뜻입니다. 우리가 하나님 앞에 나와 나를 장사지내고 나면 그 다음에는 옛날에 행하던 행실을 벗어 버려야 합니다. 예배드리고 나서 또다시 옛날의 행위로 돌아가지 않기 위해 가죽을 벗겨 버립니다.

셋째, 각을 뜹니다. 짐승의 머리, 가슴, 다리 등을 각 부분으로 자르는 것을 말합니다. 이것은 불에 태워 번제를 드리기 쉽게 하는 의미도 있고, 하나님께 모든 것을 바친다는 의미도 있습니다. 나의 옛 행실을 벗어 버리면 그 다음에는 나의 몸과 마음과 모든 것을 하나님께 온전히 드리도록 준비해야 합니다. 지금까지 세상을 따라 살았다면 이제는 주님을 따라 살겠다는 의미가 각을 뜨는 것입니다.

넷째, 태웁니다. 제사장은 번제단에 이 제물을 태웁니다. 다른 제사는 제사장의 몫이 있고 사람들이 함께 나누어 먹기도 하지만 번제는 제사장이 가죽만을 가지고 갑니다. 나머지는 완전히 태웁니다. 불결한 것은 버리고 태워서 하나님께 드립니다. 하나님께서는 이것을 '향기로운 냄새' 라고 하셨습니다. 고기 타는 냄새는 향기롭지 않습니다. 냄새가 아주 고약합니다. 고기 탄 냄새는 잘 없어지지도 않습니다. 그런데 이것을 왜 향기롭다고 하십니까? 이것이 예배의 의미입니다.

여러분이 하나님 앞에 나와 내가 죽고, 가죽을 벗어 버리고, 각을 뜨고, 태워서 드릴 때 하나님은 예배를 받으시며 향기롭다고 하십니다. 예배는 하나님께서 기쁘게 받으시도록 드려야 합니다. 하나님이 기뻐하시는 예배를 드리는 성도들이 됩시다.

3. 하나님께 향기로운 냄새가 되기 위해 우리가 해야 할 일이 있습니다

첫째, 주일성수를 해야 합니다. 하나님께서 사람을 창조하시고 마지막 날에 쉬셨습니다. 힘드셔서 쉬신 것이 아닙니다. 하나님께 찬미하고 영광을 돌리라고 주일을 주셨습니다. 이 주일을 통해서 우리는 하나님께 더 가까이 나아가고, 하나님의 음성을 듣고, 축복을 누리게 됩니다. 현대사회는 주일성수가 점점 희미해져 가고 있습니다. '다른 일이 있으면 적당히 해도 되겠지?' 라고 생각합니다. 하나님께서는 주일을 구별하여 거룩하게 지키라고 말씀하셨습니다. 기독교의 역사는 주일을 지키기 위한 역사입니다. 신앙의 선조들은 주일을 지키기 위해 목숨을 걸었습니다. 주일은 하나님의 전에 나와 말씀을 들으며 하나님께 더 가까이 가는 날입니다. 이 주일을 통해 하나님은 말씀을 주시고 여러분을 복 주십니다. 미국이라는 나라는 주일을 지키기 위해 대서양을 맨몸으로 건넜으나 하나님께서 그 후손을 축복해 주셨습니다.

둘째, 예배를 사모해야 합니다. 우리가 사는 세상은 늘 문제가 있습니다. 여러분을 불안하게 만들고, 타락하게 만들고, 망하게 만드는 것들이 주변에 있습니다. 우리는 이 세상을 이길 힘을 얻기 위하여 예배합니다. 하나님의 말씀을 듣고 그 말씀이 여러분을 인도할 때 저절로 세상을 이기게 됩니다. 예배시간에 늦지 마십시오. 매주일 천국문에 들어간다 생각하고 달려오시기 바랍니다. 예배시간에 말씀에 집중하시기 바랍니다. 예배시간에는 말씀 전하는 자를 바라보셔야 합니다. 예배시간에 눈을 감는 것은 신앙생활을 포기하겠다는 뜻입니다. 여러분, 예배를 소중하게 생각해야 합니다. 예배를 잃어버리면 모든 것을 다 잃어버립니다. 조금 잃는 것이 아닙니다. 모두 잃어버립니다.

셋째, 예배에 속죄의 은총이 있음을 감사하시기 바랍니다. 오늘 말씀에 "그를 위하여 기쁘게 받으심이 되어 그를 위하여 속죄가 될 것이라"(4절)고 하셨습니다. 하나님은 예배를 받으시고 속죄를 선포하셨습니다. 이 제사의 전통을 따라 개혁교회 예배의 중심에는 사죄의 선포가 있습니다. 성부와 성자와 성령의 이름으로 죄 사함을 선포합니다. 예배를 통하여 방탕하고, 미워하고, 거짓을 행하고, 죄 가운데 살았던 사람들이 주님의 품에 와 회개할 때에 새롭게 하시는 은총을 입게 됩니다.

여러분, 예배를 주신 것은 하나님의 크신 축복입니다. 이 축복을 감사할 때에 하나님은 더 큰 은혜를 부어 주십니다. 매주일 하나님 앞에 나와 예배드릴 때에 하나님을 만나는 축복이 여러분에게 풍성하게 임하게 됩니다.

더 생각해 보기: 말씀 이해를 위한 예화

경기도 광명시에 있는 '경향유황탕' 주인인 경향교회 이충섭 장로님은 목욕탕 입구에 "주일은 쉽니다"라는 팻말을 달아 놓았습니다. 주변에서는 일주일 매출 30%에 이르는 일요일에 목욕탕 문을 닫는다며 '맹신자' 라고 놀렸으나, 주일 성수 신앙을 끝까지 지켰습니다.

목욕탕 수입은 주일에 30% 이상을 차지하는데 주일에 휴업한다는 것은 사실상 사업을 포기하는 것이나 마찬가지입니다. 예상했던 대로 목욕탕 수입은 갈수록 줄어 수도세를 감당할 수가 없었습니다. 장로님은 하나님께 기도하고 지하수를 파기로 결정했습니다. 지하 150m 가량을 파니 물이 터져 올라왔습니다. 그 물은 구정물 같았고, 계란 삶은 냄새가 지독하게 났습니다. 그런데 물을 끓여 놓고 보니 물이 깨끗하고 투명해졌습니다. 그 물은 유황온천이었습니다. 그 후로 그 목욕탕은 성황을 이루게 되었습니다. 도심지에 온천이 개발되었으니 얼마나 많은 사람들이 몰려들겠습니까?

그는 주일날 온전히 예배드리고자 목욕탕 문까지 닫았습니다. 그런 장로님께 하나님이 온천의 복을 주셨습니다. 그 후 장로님은 교회에서 헌금을 가장 많이 드리는 복을 받았습니다.

적용

1) 오늘 말씀의 주제 파악하기

2) 오늘 말씀 중 은혜 받은 부분 나누기

3) 삶에 구체적으로 적용하기

함께 드리는 기도 제목

1. 영과 진리로 예배드리는 예배자가 되게 하옵소서.
2. 하나님이 기뻐하시는 예배를 드리는 성도가 되게 하옵소서.
3. 하나님 앞에 나와 예배드릴 때에 하나님을 만나는 축복을 누리게 하옵소서.

제35과

선으로 바꾸시는 하나님

✣ **본문** : 창세기 50장 20절
✣ **찬송** : 197장(은혜가 풍성한 하나님은, 통 178장)
✣ **요절** : "당신들은 나를 해하려 하였으나 하나님은 그것을 선으로 바꾸사 오늘과 같이 많은 백성의 생명을 구원하게 하시려 하셨나니"(창 50:20)

사람들은 역전을 좋아합니다. 성경에는 인생의 역전을 이룬 많은 인물들의 이야기가 나와 있습니다. 다윗은 목동의 신분으로 골리앗과의 전투에 승리합니다. 누가 보아도 패배가 분명한 싸움인데 물맷돌로 멋지게 골리앗을 역전시킵니다. 다니엘은 하나님을 섬긴 죄목으로 사자굴에 들어갑니다. 도저히 살아날 길이 없습니다. 그런데 다음날 아침에 보니 역전이 일어납니다. 룻이라는 여인은 과부로 남의 밭에 떨어진 이삭을 주우며 비참하게 살았습니다. 그런데 어느 날 보아스의 아내가 되어 부요한 삶을 누리게 되고 예수님의 족보에까지 오르게 됩니다. 예수님의 이야기도 역전하는 이야기가 많습니다. 간음한 여인이 돌에 맞아 죽게 되었는데 예수님께서 순간적으로 상황을 역전시키십니다. 예수님께 병 고침 받은 많은 환자들의 이야기도 역전의 이야기입니다.

여러분, 최고의 인생 역전의 주인공이 누구입니까? 바로 여러분입니다. 하나님을 알지 못했으면 너무나 안타까운 인생이 되었을

터인데 예수님을 만나고 인생이 역전되었습니다. 죄의 자녀에서 하나님의 자녀가 되었습니다. 성경의 수많은 역전의 이야기들이 우리에게 감동을 주듯이 여러분이 감동을 주는 역전의 주인공이 되시기 바랍니다.

1. 꿈을 가져야 합니다

오늘 성경에 나오는 요셉은 역전에 역전을 거듭하는 이야기의 주인공입니다. 요셉은 어릴 적에 꿈을 꾸었습니다. 해와 달과 열한 별이 자신에게 절을 하는 꿈입니다. 부모와 형들이 곡식단을 묶고 있는데 모든 곡식단이 요셉이 묶은 곡식단에 절을 하는 꿈입니다. 이 꿈을 이야기함으로 인해 요셉은 야단을 맞습니다. "부모님과 형제들이 어떻게 너에게 절을 하겠느냐?" 하고 야단을 치고 미워했습니다. 그런데 요셉의 꿈은 단순히 밤에 꾸는 꿈이 아니었습니다. 비전이었습니다.

믿음의 사람들은 꿈을 가진 사람들입니다. 어린 자녀들의 마음에 꿈이 들어가면 그다음부터는 걱정하지 않아도 됩니다. 가정에 꿈이 있으면 그 가정은 걱정이 없습니다. 가정의 중심에 하나님이 계시니 늘 찬송이 있고 기도가 있는 가정이 됩니다.

교회에 꿈이 있으면 그 교회는 부흥하기 시작합니다. 교회는 꿈이 있어야 합니다. 이 꿈을 위해 성도들이 함께 기도합니다. 함께 전도합니다. 함께 봉사합니다. 하나님은 우리의 꿈대로 이루어 주시기를 기뻐하십니다. 교회의 부흥을 가장 방해하는 것은 사탄 마귀의 역사입니다. 사탄 마귀는 사람을 통하여 방해를 합니다. 하나님도 사람을 통하여 일하시지만 마귀도 사람을 통하여 일합니다. 그래서 교회의 부흥을 막기 위해 그럴듯한 말로 유혹을 합니다. 영혼 구원을 향한 일은 잠시도 잊어서는 안 됩니다. 이것이 주님께서 십자가에 달려 돌아가신 이유요, 마지막까지 우리에게 부탁하신 일이기 때문입니다.

한국교회를 향한, 나라와 민족을 향한 꿈을 가져야 합니다. 교회는 예수님의 지상명령을 잊으면 안 됩니다. 날마다 나가서 복음을 전해야 합니다. 초대교회를 바라보아야 합니다. 초대교회는 날마다 예수 믿는 사람들이 늘어났고 그들의 삶이 변했습니다. 우리 교회가 초대교회의 모습이기를 원합니다. 이 땅에, 이 한국교회에 다시 부흥의 불씨를 던지는 교회가 되기를 원합니다. 이 민족을 살리고 세계만방에 복음을 전파하는 우리 교회가 되기를 원합니다.

2. 꿈을 이루기 위해서는 하나님을 바라보아야 합니다

요셉은 채색옷이 벗겨지고 웅덩이에 던져졌습니다. 머나먼 나라 이집트에 노예로 팔려갔습니다. 그곳에서도 요셉은 꿈을 포기하지 않았습니다. 하나님께서 나에게 주신 꿈이 언젠가 이루어질 것을 믿었기에 다른 노예들처럼 살지 않았습니다. 요셉은 열심히 일했습니다. 그래서 주인의 눈에 들어 집안의 모든 살림을 관장하는 자가 되었습니다. 그런데 주인의 부인이 요셉을 유혹합니다. 요셉은 꿈이 있기 때문에 그 유혹에 빠지지 않습니다. 요셉은 감옥에 갇혀서도 꿈을 포기하지 않습니다. 감옥 안에서도 열심히 삽니다. 그래서 감옥의 모든 일을 맡아 하게 되었습니다.

요셉의 꿈은 하나님을 믿는 믿음에 근거한 꿈입니다. 이 꿈을 하나님이 주셨으니 하나님께서 이루실 것이라는 믿음이 있었습니다. 요셉이 고난 가운데서도 믿음을 지켜 나간 것은 하나님에 대한 믿음이 있었기 때문입니다.

오늘의 기독교인들은 땅의 꿈을 가지는 것이 문제입니다. 세상 사람들과 똑같은 꿈을 꿉니다. 믿음의 사람들이 세상 사람들과 같은 꿈을 꾸면 마음도 세상 사람들을 따라갑니다. 행동도 따라갑니다. 여러분, 잘 아셔야 합니다. 아무리 똑똑한 사람도, 훌륭한 사람도 세상을 따라가다 보면 변하게 되어 있습니다. 물질이 지배하는 사람이 되어 하늘을 바라보는 것을 잊어버리게 됩니다. 나도 모르게 심령이 강퍅해지고 은혜를 공급받지 못하게 됩니다. 하나님으로부터 오는 통로가 막히게 됩니다. 예배는 하나님을 바라보는 것을 훈련하는 시간입니다. 예배시간에 반드시 은혜를 받아야 합니다. 은혜 받아야 살 수 있습니다.

"너희는 믿음 안에 있는가 너희 자신을 시험하고 너희 자신을 확증하라"(고후 13:5)고 했습니다. 주님 앞에 나올 때 내가 지금 믿음으로 서 있는가를 바라보아야 합니다. 주님을 위해 봉사하고 물질을 드리고 복음을 전할 때에 내가 믿음으로 하고 있는가를 바라보아야 합니다. 하나님은 믿음의 사람을 끝까지 붙들어 주시고 역전하는 사람으로 만들어 주십니다. 신앙생활하면서 다른 사람이 미워지고 답답하고 은혜가 안 되는 이유가 어디에 있습니까? 하나님을 바라보지 못해서입니다. 하나님을 바라보면 문제가 더 이상 문제가 아닙니다. 장애물이 문제가 되지 않습니다. 우리 성도들 모두가 하나님을 바라보고 믿음으로 살아 역전의 인생들이 됩시다.

3. 선으로 만드시는 하나님

오늘 본문 말씀은 요셉을 두려워하는 형들에게 요셉이 한 유명한 말입니다. 요셉은 지금으로부터 약 4천 년 전의 인물입니다. 요셉에 대해서는 허구의 인물이라는 주장이 있었는데, 요셉의 이름이 기록된 동전이 2009년에 유물로 발견이 되었습니다. 파라오가 지어준 '사바 사비니' 라는 이름과 요셉이란 이름으로 주조가 되어 있습니다. 성경이 기록한 내용은 거짓이 없습니다.

요셉은 총리가 되어 곡식을 사러 온 그의 형들 앞에 서게 됩니다. 형들은 요셉 앞에 얼굴을 들지 못하고 엎드리고 있고, 아버지 야곱을 지칭할 때에도 주의 종이라고 했습니다. 요셉이 꾼 꿈이 드디어 이루어졌습니다. 요셉이 꾼 꿈은 하나님이 계시로 주셨습니다. 요셉은 하나님의 섭리를 깨달았습니다. 그래서 형들을 원망하지 않았습니다. '너희들, 나를 죽이려고 웅덩이에 던지고 노예로 팔았지? 그냥두지 않겠다' 하는 마음을 갖지 않았습니다. 이 모든 일들이 하나님께서 꿈을 이루어 주시려고 행하신 일임을 깨달았습니다. 그래서 두려워하는 형들에게 "하나님께서 미리 나를 애굽에 보내셔서 총리로 만드셨습니다. 내가 잘해서 된 것이 아니라 하나님의 뜻입니다. 이 기근의 시기에 우리 민족을 살리시려고 미리 계획하신 뜻입니다. 그러니 너무 미안해하지 마십시오"라고 이야기를 하고 있습니다.

"우리가 알거니와 하나님을 사랑하는 자 곧 그의 뜻대로 부르심을 입은 자들에게는 모든 것이 합력하여 선을 이루느니라"(롬 8:28)고 했습니다. 인생의 모든 문제는 하나님의 손에 있습니다. 내가 지금 건강하다고 해서 안전한 것이 아닙니다. 내가 지금 병들었다고 해서 늘 그렇게 사는 것도 아닙니다. 자녀가 좋은 대학에 들어갔다고 해서 행복이 보장되는 것이 아닙니다. 지금 안 되고 막히는 일이 많다고 해서 그것이 불행이 되는 것도 아닙니다. 그래서 우리는 하나님을 의지해야 합니다. 우리 인생을 합력하여 선을 이루어 주시는 하나님을 믿고 살면 하나님이 우리를 축복으로 이끌어 주십니다.

하나님은 분명히 여러분을 도우십니다. 이것은 성경의 약속이요, 지금까지 하나님은 믿음의 사람들을 이렇게 지켜 주셨습니다. 물에 빠져 허덕이는 상황이 우리에게 올 수도 있습니다. 앞뒤가 막혀 캄캄하여 길을 잃어버린 상황이 올 수도 있습니다. 엘리야와 같이 일어설 힘이 없는 때가 올 수도 있습니다. 낙심하지 마십시다. 남을 원망하지 마십시다. 내 인생이 어려울 때에 하나님을 바라보고 선을 이루어 나가는 삶의 주인공이 됩시다.

더 생각해 보기: 말씀 이해를 위한 예화

제가 학창 시절에 물에 빠진 후배를 구하려고 물에 뛰어든 적이 있습니다. 댐에서 수영을 했는데 이 후배를 끌고 기진맥진하여 물가로 왔습니다. 그런데 벽이 콘크리트라서 붙잡을 데가 없었습니다. 이끼가 끼어 비스듬한 경사면의 콘크리트를 잡으면 쭉 쭉 미끄러집니다. 힘이 다 빠져 갑니다.

그런데 다시 한 번 도전했을 때 손가락 하나가 홈에 탁 걸렸습니다. 콘크리트가 부식이 되어 작은 손가락이 하나 들어갈 홈이 생긴 것입니다. 그 홈에 손가락을 걸고 있으니 물에 빠졌던 후배가 제위로 기어 올라갑니다. 너무 힘이 빠져 손가락 하나만 걸고 한참을 있다가 기어 올라간 적이 있습니다.

무엇이 살렸습니까? 작은 손가락 하나가 들어갈 만한 홈이 생명을 살린 것입니다. 하나님은 우리에게 때에 따라서 작은 홈을 허락하셔서 도와주십니다. 넘어지려 할 때에 사람을 보내 주시기도 하고, 일감을 주시기도 합니다.

적용

1) 오늘 말씀의 주제 파악하기

2) 오늘 말씀 중 은혜 받은 부분 나누기

3) 삶에 구체적으로 적용하기

함께 드리는 기도 제목

1. 잠시라도 복음 전파의 사명을 잊지 않도록 인도하옵소서.
2. 하나님을 바라보고 믿음으로 살아 역전의 인생들이 되게 하옵소서.
3. 내 인생이 어려울 때에 하나님을 바라보고 선을 이루어 나가는 삶의 주인공이 되게 하옵소서.

제36과

앞으로 나아가라 뒤돌아보지 말라

✣ **본문** : 출애굽기 13장 17~22절
✣ **찬송** : 358장(주의 진리 위해 십자가 군기, 통 400장)
✣ **요절** : "여호와께서 그들 앞에서 가시며 낮에는 구름 기둥으로 그들의 길을 인도하시고 밤에는 불 기둥을 그들에게 비추사 낮이나 밤이나 진행하게 하시니 낮에는 구름 기둥, 밤에는 불 기둥이 백성 앞에서 떠나지 아니하니라"(출 13:21~22)

오늘 말씀은 하나님께서 이스라엘 백성을 홍해의 광야길로 인도하여 내신 이유를 말씀하고 있습니다. 블레셋 사람의 땅으로 가면 가나안 땅이 가깝지만 전쟁을 하게 되면 다시 애굽으로 돌아가려 할 것을 아셨기 때문입니다. 그래서 하나님께서는 홍해를 건너게 하셨습니다. 강한 바람으로 홍해의 길을 열어 다시는 돌아오지 못하도록 홍해를 건너 버리게 하셨습니다. 이제는 앞으로 나아가야지 돌아갈 길이 없습니다. 건너온 홍해를 다시 돌아갈 수가 없습니다. 하나님께서는 이스라엘 백성을 돌아갈 곳이 없는 곳에 두시고 가나안 땅을 차지할 순결한 백성으로 훈련시키셨습니다.

1. 앞으로 나아가시기 바랍니다

본문에 "여호와께서 그들 앞에서 가시며"(21절)라고 기록되어 있습니다. 이스라엘 백성들은 처음 겪는 광야의 세월 가운데 무척이

나 두려워했습니다. 바람은 불고, 건조하고, 낮에는 햇볕이 뜨겁고 밤에는 얼어죽을 듯이 춥습니다. 그러니 차라리 애굽에 있었더라면 이런 고생은 안 할 것이라고 불만이 나올 만도 합니다. 그래서 두려워하고 근심하는 백성들에게 하나님께서는 앞에서 가시며 위로해 주십니다. "내가 앞에서 가니 나를 따라오라"고 하십니다.

어린 자녀를 목욕탕에 데리고 가면 어떻습니까? 뜨거우니까 안 들어오려고 합니다. 나이가 들어야 목욕탕이 시원한 줄 알지 어린 아이들은 목욕탕이 뜨겁습니다. 그럴 때 부모가 어떻게 합니까? 먼저 들어가서 "봐라, 안 뜨겁다" 하면서 목욕탕 안으로 안아 내립니다. 처음에는 뜨겁지만 곧 적응이 됩니다. 하나님께서도 그렇게 하셨습니다. "나를 따라와라. 내가 인도하니 내가 가자는 대로만 따라와라"고 하십니다. 그래서 낮에는 구름 기둥으로, 밤에는 불 기둥으로 앞서서 이끄셨습니다.

우리는 여기에서 신앙생활을 하는 귀중한 교훈을 배울 수 있습니다. 먼저, 내가 앞서지 말고 하나님이 앞서시도록 해야 합니다. 하나님이 앞서시면 항상 우리를 좋은 곳으로 인도하십니다. 시편 23편에 "여호와는 나의 목자시니 내게 부족함이 없으리로다 그가 나를 푸른 풀밭에 누이시며 쉴 만한 물 가로 인도하시는도다"라고 고백하고 있습니다. 목자는 양을 좋은 곳으로만 인도합니다. 양은 목자의 음성을 믿고 따라가기만 하면 됩니다. 그러므로 "하나님, 저를 붙들어 주세요. 저를 기억해 주세요"라고 기도해야 합니다. 이것이 시편 기자의 계속되는 기도입니다. 하나님만 나를 붙드시면 나는 절대로 망하지 않는다는 사실을 분명히 알고 있었기 때문입니다.

하나님은 이스라엘 백성들을 앞서서 인도하셨습니다. 오늘도 여러분의 인생길을 앞서서 인도하십니다. 하나님의 뒤를 따라가시기 바랍니다. 하나님보다 앞서지도 말고 너무 떨어지지도 말고 하나님의 바로 뒤에서 따라가시기 바랍니다. 풍랑 많은 이 세상에서 우리 성도들은 앞서서 나아가시는 하나님을 바라보고 늘 하나님의 뒤를 따라 승리하는 성도들이 됩시다.

2. 뒤돌아보지 마시기 바랍니다

이스라엘 백성들은 애굽 땅을 버리고 나왔습니다. 그곳에 있는 정들었던 것, 소중한 것을 다 버리고 갑니다. 왜 그렇습니까? 하나님이 인도하시는 목적지에는 더 좋은 것이 예비되어 있기 때문입니다. 류시화 시인은 "새는 날아가면서 뒤돌아보지 않는다"라는 시를 썼습니다. 고개를 꺾고 뒤돌아보는 새는 죽은 새입니다. 사탄 마귀는 우리로 하여금 자꾸 뒤돌아보게 만듭니다. 후회하게 만듭니다. 과거에 지었던 죄 때문에 죄책감에 빠지게 합니다. 세상에서 즐거웠던 일을 놓지 못하게 합니다.

롯의 아내는 소돔과 고모라가 불탈 때에 "뒤돌아보지 말라"는 천사의 음성을 잊어버렸습니다. 그래서 뒤를 돌아보는 순간 소금 기둥이 되고 말았습니다. 롯의 아내가 뒤를 돌아본 것은 단순한 육체적인 행위가 아닙니다. 마음이 아직도 멸망하는 도시, 죄악의 도시인 소돔과 고모라에 머물고 있었다는 뜻입니다. 그곳에 더 살고 싶었다는 뜻입니다. 예수님께서도 "쟁기를 잡고 뒤돌아보는 자는 천국에 합당하지 않다"라고 하셨습니다.

사회에서는 업그레이드라는 말을 많이 사용합니다. 등급을 높인다는 말입니다. 이전에 쓰던 컴퓨터를 아무리 고집해 봤자 어리석은 일입니다. 불과 2~3년 전에 몇백만 원 주고 산 컴퓨터가 지금은 몇십만 원도 안 합니다. 이것이 아깝다고 붙잡고 있으면 나는 자꾸 뒤처지게 됩니다. 과감하게 낡은 부품을 떼어내고 최신형의 부품으로 교체해야 컴퓨터가 제 기능을 발휘하게 됩니다.

옛것을 버리는 것은 쉬운 일이 아닙니다. 이것은 내 살을 잘라내는 것처럼 어려운 일입니다. 그래서 옛것을 버리는 일은 믿음으로 하는 일입니다. 옛것을 버리면 버릴수록 그만큼 새로운 은혜를 많이 받습니다. 우리가 신앙생활하다가 흔들리는 것은 자기의 믿음 때문입니다. 우리가 초대교회의 신앙을 이야기하는데 이것은 사실 부끄러운 이야기입니다. 초대교회보다 더 신앙이 커져야 합니다. 간증도, 체험도 더 많아야 진짜 신앙입니다.

기독교는 날마다 새로워지는 종교입니다. 맑은 물도 가만히 있으면 썩게 됩니다. 앞으로 나아가면 시냇물이 강물이 되고 바닷물이 됩니다. 신앙도 앞으로 나아가야 합니다. 10년 믿었으면 10년만큼 큰 신앙이 되어야 합니다. 새롭게 되기를 기도하시기 바랍니다. 과거에 실패했어도 괜찮습니다. 과거에 죄를 지었어도 괜찮습니다. 과거에 가난하게 살았어도 괜찮습니다. 하나님께서 복 주실 미래를 바라보고 앞으로 나아가는 성도들이 됩시다.

3. 구름 기둥과 불 기둥의 은혜를 체험하시기 바랍니다

이스라엘 백성들은 매일 매일 은혜의 체험을 했습니다. 뜨거운 낮에는 구름 기둥으로 은혜를 입었고, 추운 밤에는 불 기둥으로 은혜를 입었습니다. 은혜를 입지 못했다면 이들은 다 얼어 죽었든지 목이 말라 죽었을 것입니다. 오늘 우리가 사는 세상이 이 광야와 같습니다. 하나님의 은혜를 입지 않으면 우리도 얼어 죽든지 말라 죽을 수밖에 없습니다. 주님의 일도 은혜 받아야 잘합니다. 주님의 일은 인간의 힘으로는 못합니다. 성령 충만하고, 내 잔이 먼저 넘쳐야 남에게 나누어 줄 수 있습니다. 구름 기둥과 불 기둥은 위로부터 내려왔습니다. 영적으로는 늘 위에 있는 것을 사모해야 합니다. '나는 아직 은혜가 부족하다. 나는 아직 기도가 부족하다. 나는 아직 지혜가 부족하다'라고 생각하는 사람에게 하나님은 모자라는 부분을 채워 주십니다.

시험 드는 사람은 꼭 영적으로 아래를 내려다봅니다. '저것밖에 못하나? 저 사람은 왜 저러나?' 하니까 시험에 빠지게 됩니다. 어른과 아이에게 동시에 영어를 가르치면 아이들이 훨씬 빨리 합니다. 어른들은 오래 배워도 발음이 엉망입니다. 왜 그렇습니까? 은연중에 자기가 해온 방법, 자기의 옛것을 고집하기 때문에 고쳐지지가 않습니다.

하나님께서는 새 포도주를 우리를 위해 예비해 주셨습니다. 낡은 부대에 담으면 그만 터져 버리고 맙니다. 그래서 내가 항상 하나님께서 주실 은혜에 합당한 그릇을 준비해야 합니다.

하나님께서 사도 바울을 쓰신 것은 그가 똑똑하기 때문이 아니었습니다. 똑똑한 사람은 그 외에도 얼마든지 많이 있었습니다. 사도 바울이 하나님의 은혜를 입었습니다. 어부였던 베드로가 어떻게 그렇게 큰 축복을 받았습니까? 하나님의 은혜를 크게 받은 것입니다. 하나님은 은혜를 베푸시기를 기뻐하십니다. 은혜를 받아야 문제가 해결이 됩니다. 은혜를 계속 받아야 축복이 풍성해집니다. 그래서 우리는 계속 은혜 받아야 합니다. 여러분은 하나님께서 계속해서 베푸시는 구름 기둥과 불 기둥의 은혜를 매주일 체험하는 성도들이 됩시다.

더 생각해 보기: 말씀 이해를 위한 예화

'배수지진'(背水之陣)이라는 고사가 있습니다.

중국의 한나라를 통일한 한신이라는 장수는 조나라와 전쟁할 때에 1만 명의 결사대를 뽑아 강물을 등지고 진을 쳤습니다. 조나라에서는 병법도 모른다고 비웃었습니다. 그러나 물러설 곳이 없는 병사들은 죽을 각오로 싸웠습니다. 그래서 전쟁에 승리했다는 이야기입니다.

그런데 하나님께서는 이미 3,500년 전에 이스라엘 백성을 이와 같이 돌아갈 곳이 없는 곳에 두시고 가나안 땅을 차지할 순결한 백성으로 훈련을 시키셨습니다.

성경을 잘 읽으면 인생의 모든 것을 깨달을 수 있습니다. 성경에는 한 나라의 살 길이 어디에 있는지, 가정이 어떻게 해야 행복하게 살 수 있는지, 한 사람 한 사람이 어떻게 하면 축복받는 인생이 되는지 기록해 놓으셨습니다. 하나님의 말씀을 따라가면 됩니다.

적용

1) 오늘 말씀의 주제 파악하기

2) 오늘 말씀 중 은혜 받은 부분 나누기

3) 삶에 구체적으로 적용하기

함께 드리는 기도 제목

1. 앞서서 나아가시는 하나님을 바라보며 늘 하나님의 뒤를 따라가게 하옵소서.
2. 뒤돌아보지 않고 하나님께서 복 주실 미래를 바라보고 살아가게 하옵소서.
3. 매주일 주의 전에서 구름 기둥과 불 기둥의 은혜를 체험하게 하옵소서.

제37과

화목한 가정

❖ **본문** : 잠언 17장 1절
❖ **찬송** : 438장(내 영혼이 은총 입어, 통 495장)
❖ **요절** : "마른 떡 한 조각만 있고도 화목하는 것이 제육이 집에 가득하고도 다투는 것보다 나으니라"(잠 17:1)

추석 명절이 찾아왔습니다. 추석은 온 가족이 기다리는 명절입니다. 추석이 행복했던 이유는 온 가족이 함께 만날 수 있기 때문입니다. 가정은 하나님께서 에덴 동산 시절부터 만드신 축복의 단위입니다. 하나님은 가정을 복 주셨고 가정을 통해 행복하게 살기를 원하십니다. 교회는 잠깐 왔다가 가는 곳이지만, 가정은 매일 주신 하나님의 말씀을 붙들고 실천하며 행복하게 살아가는 곳입니다.

오늘 성경의 말씀은 "마른 떡 한 조각만 있고도 화목하는 것이 제육이 집에 가득하고도 다투는 것보다 나으니라"고 하셨습니다. 아무리 호화로운 식사라 할지라도 가정이 화목하지 않으면 쓸 데가 없다는 말입니다. 먼저 가정이 행복해야 합니다. 아무리 어려운 환경 가운데 자라도 가정만 화목하면 행복한 사람으로 자라나게 됩니다. 아무리 좋은 환경에서 자라도 가정이 화목하지 못하면 큰 문제를 가지고 자라게 됩니다. 여러분의 가정은 화목한 가정이 되시기 바랍니다.

1. 화목한 가정이 되려면 내가 낮아져야 합니다

화목하기로 소문난 가정에 한 친구가 찾아와서 그 비결을 물었습니다. 그러자 주인은 대답하기에 앞서 장남을 불렀습니다. "애야, 뒤뜰 감나무에 가서 감 한 광주리만 따오거라." 친구는 깜짝 놀랐습니다. '이제 막 파랗게 열매가 달리기 시작한 감을 따오라고 시키다니……과연 아들이 시키는 대로 할까?' 그러나 주인의 장남은 아무 대꾸 없이 그저 아버지의 말에 순종하여 시키는 대로 했습니다. 또 주인은 차남을 불렀습니다. "외양간에 가서 소를 끌어다가 지붕에 올려놓거라." 이번에도 친구는 이해할 수 없는 심부름에 깜짝 놀랐으나 주인의 차남은 사다리를 놓고 소를 지붕으로 올렸습니다. 그제야 친구는 그 가정이 화목한 비결이 바로 아버지의 권위에 대한 아들들의 순종에 있다는 것을 깨달았습니다.

하나님을 섬기는 일도 이와 같습니다. 말씀에 순종하여 하나님을 섬길 때 우리는 하나님과 화목할 수 있고, 또한 하나님께서 우리에게 주시는 축복을 받아 누릴 수 있습니다. 순종이라는 것은 내 뜻을 굴복시킬 때 이루어지는 행위입니다.

가정은 원래 서로 다른 사람들이 만나서 만들어집니다. 그래서 서로 간에 많은 노력이 필요합니다. 가정을 중요하게 생각해야 합니다. 인생의 행복도 가정에서 나오고, 인생의 불행도 가정에서 나옵니다. 시편 128편에 "네 집 안방에 있는 네 아내는 결실한 포도나무 같으며 네 식탁에 둘러앉은 자식들은 어린 감람나무 같으리로다"라고 했습니다. 인생의 복이 가정에서 시작되는 것임을 성경은 우리에게 가르쳐 주고 있습니다.

성경은 부모님께 효도할 때에도 "주 안에서 하라"고 했습니다. 자녀를 키울 때에도 주 안에서 키워야 합니다. 부부간에도 주 안에서 사랑해야 합니다. 하나님 앞에 바로 서면 모든 것이 행복해집니다. 우리가 하나님 앞에 바로 서는 비결이 어디에 있습니까? 하나님 앞에 겸손하면 됩니다. "하나님, 저는 부족해요. 하나님, 저는 죄인입니다. 하나님 없이는 살 수 없어요" 하고 고백할 때 하나님과의 관계가 이루어집니다. 가정의 원리, 부부간의 원리도 그렇습니다. 남편은 아내에게, 아내는 남편에게 '나는 늘 부족합니다. 더 사랑해 주어야 하는데 미안합니다' 하는 마음이 있으면 그 가정은 행복합니다.

오늘날 가정의 위기는 "나에게 해준 게 뭐가 있어?' 하는 마음으로 서로를 대하니 문제가 일어납니다. 내가 더 대접받아야 하고, 내가 더 주장해야 하는데, 그렇지 못하니 서로에게 불평이 쌓입니다. 성경은 "사랑은 오래 참고 사랑은 온유하며"라고 고린도전서 13장을 시작합니다. 가정에서도 복된 말을 해야 합니다. 매일 가정에서 "사랑합니다. 축복합니다. 행복하게 삽시다" 하는 인사를 하시기 바랍니다. 우리는 가정에서도 서로 늘 사랑하며, 축복하며, 행복하게 사는 성도들이 됩시다.

2. 화목한 가정이 되려면 모든 것을 함께해야 합니다

명절 직후에 이혼 상담률이 2배가 넘는다고 합니다. 명절에 아내 혼자서 온갖 일을 하다 보니 스트레스가 쌓여서 그렇다고 합니다. 음식을 장만하고, 청소를 하고, 몸은 녹초가 되는데, 남편은 형제들끼리 모여서 고스톱을 치면서 "이것 가져와라, 저것 가져와라" 하니 화가 나서 그렇습니다. 우리 성도들 가정은 이번 명절부터 음식도 한번 같이 만들어 보십시오. 시장 보는 일도 같이 해보십시오. 청소도 같이 해보십시오. 가정은 모든 것을 함께하는 공동체입니다. 계획도 같이 세우고 일도 같이 하는 곳입니다. 평강 공주가 바보 온달과 함께할 때에 온달은 장군이 되었습니다.

부부는 마치 가위와 같습니다. 가위가 서로 틈이 벌어지면 아무것도 자르지 못합니다. 함께 늘 붙어 있어야 합니다. 서로가 이야기하면 잘 들어주는 부부가 되어야 합니다. 우리의 마음이 긍정의 마음이 되어야 합니다. 무슨 말을 하면 꼭 꼬집어 이야기하는 사람이 있습니다. "다 좋은데 이것은 좀 문제가 있다"라고 이야기하는 사람이 있습니다. 이 세상에 문제가 왜 없습니까? 그러나 가정이 행복하려면 참아 주어야 합니다.

교회에서도 바른말 할 것이 얼마나 많습니까? 그러나 참아야 합니다. 대신 누구에게 말합니까? 성도는 하나님께 기도합니다. 안타깝고 통회하는 마음으로 하나님께 부르짖습니다. 그러면 하나님께서 인생의 맺힌 문제들을 하나하나 풀어 주십니다. 우리는 행복하게 사는 비결을 하나님의 말씀에서 찾아야 합니다. 문제가 있으면 같이 엎드려 기도하세요. 교회를 올 때에도 같이 오세요. 앉을 때에도 같이 앉으라고 합니다. 부부가 같이 앉으면 얼마나 보기에 좋습니까? 나갈 때에도 손을 붙잡고 나가는 부부들을 보면 보기에 참 좋습니다. 함께하는 것은 훈련입니다. 그렇게 살다가 천국에서도 함께 삽니다.

"나는 자수성가했다"라고 말하는 사람들이 있습니다. 이것은 지금까지 자기를 도와주고 기도해 준 사람들을 잊어버렸기 때문에 하는 말입니다. 이런 사람들 보면 대개가 속으로 굉장히 교만합니다. 내가 혼자 컸으니 어렵고 힘든 다른 사람들에 대해서도 안타깝고 불쌍한 마음이 들지 않습니다. 사람은 절대로 혼자 되는 존재가 아닙니다. 교회에서도 혼자 은혜 받을 수가 없습니다. 누군가 나를 위해 기도해 주고, 나를 위해 희생하며 말씀을 전해 주었기 때문에 내가 은혜의 삶을 살고 있습니다. 우리는 함께하는 진리를 깨달아야 합니다.

예수님께서도 얼마든지 혼자서 일하실 수 있었습니다. 놀라운 능력으로 이스라엘을 바꾸실 수 있었습니다. 그러나 예수님은 비천하고 못난 12제자를 택하시고 그들과 함께 살며 그들을 훈련시키셔서 위대한 일꾼으로 삼으셨습니다.

여러분은 절대로 혼자가 아닙니다. 함께할 때에 기쁨이 있고 힘이 있습니다. 교회도 함께하면 만나는 사람마다 반갑고 행복합니다. 여러분, 가정에서도 함께하시고, 교회에서도 함께하시고, 주님과도 늘 함께 인생을 걸어가는 성도들이 됩시다.

3. 화목한 가정이 되려면 가정의 중심에 하나님을 모셔야 합니다

하루의 시작을 하나님께 드리는 가정은 복된 가정입니다. 가정의 모든 문제를 주님께 맡기고 사는 가정은 행복한 가정입니다. '주님께 맡긴다' 는 것은 주님을 택한다는 말입니다. 여호수아는 이스라엘 백성들에게 "너희가 섬길 자를 오늘 택하라. 오직 나와 내 집은 여호와를 섬기겠노라" 고 외쳤습니다. 우리가 이 세상 속에서 주님 외에 다른 것을 택할 일들이 참 많습니다. 결혼식이 많습니다. 장례식도 있습니다. 이 세상은 우리로 하여금 다른 것에 중심을 두도록 시험합니다. 인생의 중심을 주님께 둔 사람은 복된 사람입니다.

이 세상에서는 물질과 명예와 권력이 힘이 있습니다. 그러나 하나님은 더 큰 힘이 있으십니다. 여러분을 이 세상의 죄악에서 건져 주시고, 악한 마귀 사탄의 공격에서 막아 주십니다. 가정이 만날 풍랑을 잠잠케 해주십니다. 자녀들을 믿음으로 지켜 주시고, 가정이 평안하도록 악한 사람들로부터 보호해 주십니다. 그리고 여러분이 영원한 하나님 나라에서 면류관을 쓰도록 영혼의 길을 인도해 주십니다. 이러한 일은 이 세상의 물질이나 명예나 권력이 할 수 없는 일입니다. 예수님을 가정의 중심에 모시면 놀라운 기적이 일어납니다. 세계 기독교 역사뿐 아니라 우리나라에서도 소망이 없고 꿈이 없던 가정에서 예수님을 중심에 모시고 인생이 변화된 수많은 간증들이 있습니다. 이 축복의 간증이 여러분의 간증이 되시기 바랍니다.

여러분이 행복한 교회생활을 하는 비결은 교회에 중심을 두는 것입니다. 지금까지 주님께 중심을 두고 산 수많은 사람들이 있습니다. 학자도 사업가도 정치인도 주님께 중심을 두고 산 사람들이 많습니다. 직업이 문제가 아닙니다. 다른 것이 문제가 아닙니다. 주님께 먼저 중심을 두고 나면 주님께서 다른 것을 책임져 주십니다. 가정이 행복하게 되는 원리가 여기에 있습니다. 믿음이 가정이라는 나무를 가꾸는 것입니다. 그러면 가정이 자라 잎이 무성하고 열매를 맺어 이 땅에서는 존귀한 자로, 하나님 앞에서는 영광 돌리는 자로 세워지게 됩니다. 우리 성도들은 가정의 중심에 주님을 모시고 화목한 가정, 행복한 가정의 축복을 누리는 주인공들이 됩시다.

더 생각해 보기: 말씀 이해를 위한 예화

충신교회에서는 세례문답을 하는데 "언제까지 충신교회에 다니겠습니까?" 하고 질문을 한다고 합니다. "이사 갈 때까지 다니겠습니다" 하면 50점, "서울에 있는 동안 다니겠습니다" 하면 60점, "대한민국에 있는 동안 다니겠습니다" 하면 70점, "죽을 때까지 다니겠습니다" 하면 100점이라고 합니다.

적용

1) 오늘 말씀의 주제 파악하기

2) 오늘 말씀 중 은혜 받은 부분 나누기

3) 삶에 구체적으로 적용하기

함께 드리는 기도 제목

1. 우리 식구들이 서로 사랑하고 축복하여, 행복한 삶을 살아가게 하옵소서.
2. 가정에서도, 교회에서도 주님과 함께하는 인생을 살아가게 하옵소서.
3. 우리 가정의 중심에 주님을 모시고 화목한 가정, 행복한 가정이 되게 하옵소서.

제38과

성도가 사는 법

✣ **본문** : 베드로전서 4장 7~11절
✣ **찬송** : 420장(너 성결키 위해, 통 212장)
✣ **요절** : "각각 은사를 받은 대로 하나님의 여러 가지 은혜를 맡은 선한 청지기같이 서로 봉사하라"(벧전 4:10)

만물에는 시작이 있으면 끝이 있습니다. 우리는 세상의 종말을 기다리며 살아갑니다. 그래서 우리의 신앙을 가리켜 종말론적 신앙이라고 말합니다. 이 말의 의미는 우리의 신앙이 종말 앞에 서 있는 자처럼 늘 깨어 준비하는 삶을 살아야 한다는 말입니다. "아침에 일어나면 오늘 저녁이 마지막이듯 하루를 살아가고, 하루 일과를 마치고 잠자리에 들게 되면 이 잠이 깨기 전 주님께서 오시더라도 잘 맞이할 수 있게 해주시옵소서" 하는 심정으로 살아갈 때 이것을 종말론적 신앙이라고 말합니다.

종말을 눈앞에 둔 사람은 다른 것에 신경 쓸 여유가 없습니다. 꼭 해야 할 일, 가장 중요한 일을 마무리지어야 합니다. 아무리 바쁜 일이 있어도, 아쉬운 일이 있어도 죽음이 나를 부르면 나는 모든 것을 놓고 가야 합니다. 기다려 달라고, 한 가지만 더 마치고 가겠다고 할 수 없습니다. 그렇게 보면 주일을 지키는 것도 종말을 맞이하는, 죽는 연습입니다. 아무리 바쁜 일이 있어도, 중요한 일이 있어도 다 내려놓고 이 시간은 내가 주님을 만나는 시간입니다. "주일은 주님이 나를 부르시는 시간입니다" 하고 달려오는 것, 이것이 종말을 바라보고 사는 성도의 연습입니다.

이 세상은 성도로 하여금 정신을 잃게 만듭니다. 어느 한순간 잠잠하다 하면 또 다른 시험이 꼬리를 물고 생겨납니다. 잠시 한눈을 팔면 교회와 멀어지게 되고 신앙이 식어 버리는 일이 생깁니다. 그렇기 때문에 교회는 종말론적 삶을 잘 실천할 수 있는 곳입니다. 교회에서 내가 주님을 만나는 훈련과 연습이 있어야 합니다. 교회는 사랑이 넘치고, 봉사와 희생이 넘치고, 서로가 서로에게 영적 격려와 힘을 주는 곳이어야 합니다. 환난 많고 풍파 많은 세상에서 받은 상처를 가지고 나올 때 싸매어 주고 치유해 주는 곳이 이 교회여야 합니다. 사도 베드로는 성도들을 향하여 "만물의 마지막이 가까이 왔으니 그러므로 너희는 정신을 차리고 근신하여 기도하라"고 말씀하십니다.

1. 정신을 차리고 근신하여 기도하라고 말씀하십니다

그저 기도하라는 말이 아닙니다. 정신을 차리고 근신하여 기도하라는 말씀입니다. 이 세상은 성도들로 하여금 정신을 잃도록 만드는 곳이기 때문에 정신을 차리라고 말씀하십니다. 사람에게 있어서 정신은 가장 중요한 부분입니다. 팔 하나가 잘려 나가도, 다리 하나가 잘려 나가도 살 수 있지만, 정신을 잃어버리면 사람의 일을 할 수 없습니다. 정신을 차린다는 말은 원래 군사적인 용어입니다. 적군과 전투에 임하는 마음으로 깨어 있어야 한다는 말입니다. 그러므로 전투에 임하는 마음으로 긴장하여 기도하라는 말씀입니다.

성도님들 중에도 즉시 결정할 수 없는 어떤 일을 만나면 두 가지의 대답이 나옵니다. 어떤 사람은 “생각해 보겠습니다”라고 대답합니다. 또 다른 사람은 “기도해 보겠습니다”라고 대답합니다. 물론 정확한 판단과 생각도 중요합니다. 그러나 “기도해 보겠습니다” 라고 대답하는 사람이 잘 훈련받은 성도입니다. 기도해 보겠다는 것은 생각하지 않겠다는 말이 아닙니다. 기도해 보고 나서 생각해 보겠다는 말입니다. 성도가 어떻게 살 것인가 하는 물음에 대한 대답이 기도 속에 있습니다. 성도의 수준은 기도보다 높을 수가 없습니다. 기도의 수준이 성도의 수준입니다. 기도는 어느 날 문제가 있을 때 갑자기 나오는 것이 아닙니다. 늘 기도하는 사람이 문제를 만날 때 저절로 기도가 나오게 됩니다.

여러분, 소망하는 일이 있습니까? 계획이 있습니까? 먼저 기도로 시작하시기 바랍니다. 우리 교회가 해야 할 일이 있습니까? 먼저 기도로 시작하는 거룩한 습관을 가지시기 바랍니다. 하나님은 능력이 많은 분이십니다. 그러므로 기도하면 그 능력을 우리에게 허락하십니다. 기도는 하나님의 힘으로 일하는 능력입니다. 기도는 전선이 연결된 플러그와 같습니다. 플러그를 전원에 꽂기만 하면 냉장고도 움직이고, 선풍기도 움직이고, 큰 공장도 움직입니다. 냉장고가 자기의 힘으로 움직이는 것이 아닙니다. 눈에 보이지는 않지만 엄청난 힘을 가지고 있는 전기에 의해 움직입니다.

플러그가 전원에 연결되듯이 기도는 하나님에게 우리를 연결합니다. “기도하지 않고도 하나님의 일을 잘할 수 있다.” 이것은 거짓말입니다. 무엇보다 중요한 일, 무엇보다 먼저 해야 할 일, 그것은 만물의 마지막 때에 기도하는 것임을 기억하고, 기도하는 성도들이 됩시다.

2. 뜨겁게 서로 사랑하라고 말씀하십니다

"무엇보다 뜨겁게 서로 사랑할지니 사랑은 허다한 죄를 덮느니라"(8절).

굉장한 축복의 말씀입니다. 너희가 서로 허물이 있고 서로 죄를 지었어도 사랑으로 덮으라는 말씀입니다. 보자기나 천으로 물건을 덮으면 그 속에 있는 것이 보이지 않는 것처럼 너희가 죄를 지었어도 사랑으로 덮어 주면 그 죄가 보이지 않을 것이요, 나아가서 하나님께서는 "나도 그 죄를 보지 않겠다"라고 말씀하십니다. 그냥 가려진다는 뜻이 아니라 없어진다, 용서하시겠다는 말씀입니다. 예수님의 보혈의 피로 우리의 허다한 죄를 덮어 주셨듯이 우리가 죄가 있을지라도 그 허물을 서로 덮어 주면 내가 그 죄를 용서하리라는 말씀입니다. 이 말씀이 얼마나 굉장한 축복입니까?

사랑을 하되 뜨겁게 하라고 하십니다. 여기서 '뜨겁게'라는 말은, 운동선수가 골인 지점을 향해 달리며 결승 테이프를 통과할 때를 뜻하는 단어입니다. 있는 힘을 다해 달리다가 마지막 결승 테이프를 서로 먼저 끊기 위해, 가슴을 내밀고 뛰어 들어가기도 하고, 머리를 숙이며 뛰어 들어가기도 합니다. 간발의 차이를 두고 있는 힘을 다해 몸을 던지는 모습, 그 모습이 바로 헬라어로 '뜨겁게'라는 단어입니다. 즉 '너희가 서로 사랑하되 있는 힘을 다해 몸을 던지듯 누가 먼저 결승선에 들어갈세라 머리를 들이밀며 뛰어들듯 그렇게 종말론적인 사랑을 하라'는 말씀입니다.

어거스틴은 말하기를 사랑은 손이 있어 도와주고, 발이 있어 찾아가며, 눈이 있어 필요를 보고, 귀가 있어 고통을 듣는다고 하였습니다. 사랑할 때 도와주는 손이 되고, 찾아가는 발이 되며, 필요를 보는 눈과 고통을 듣는 귀가 열리게 됩니다. 여러분, 서로 사랑합시다. 서로를 사랑의 눈으로 바라봅시다. 그리하여 뜨겁게 사랑하는 성도들이 됩시다.

3. 서로 대접하고, 선한 청지기같이 봉사하라고 말씀하십니다

"서로 대접하기를 원망 없이 하고"(9절).

주님께서 말씀하신 황금률이 무엇인지 기억하십니까? "무엇이든지 남에게 대접을 받고자 하는 대로 너희도 남을 대접하라"는 말씀입니다. 대접한다는 것은 내가 남을 향하여 낮추는 자세요, 겸손의 표시입니다. 대접은 내가 남에게 보상을 바라고 하는 것이 아닙니다. 그래서 오늘 성경은 대접하되 원망 없이 하라고 말씀하십니다. 내가 일해 놓고 내 이름이, 내 명예가, 내 수고가 드러나기를 원한다면, 그래서 섭섭하거나 원망이 있다면, 이것은 성경이 말하는 대접이 아닙니다. 모든 일을 할 때 서로가 원망 없이 기쁜 마음으로 대접할 때 우리 교회는 은혜가 넘치는 교회가 됩니다.

10~11절 말씀에 "선한 청지기같이 봉사하라"고 말씀하십니다. 하나님께서는 우리가 하나님을 구주로 고백할 때 성령님을 보내 주십니다. 동시에 세상 사람이 가질 수 없는 특별한 은사를 주십니다. 기도의 특권을 주시고, 병 고치는 은사, 마귀의 권세에 대항할 권능을 주십니다. 이 모든 은사를 우리 모두에게 족하도록 주신 것을 깨닫기 바랍니다. 하나님께서는 우리 교회를 위해 다양한 은사를 이미 허락해 주셨습니다. 나에게 합당한 은사를 따라 충성할 때 이 교회가 은혜로운 교회가 됩니다.

은사로 봉사하되 선한 청지기같이 봉사하라고 하십니다. 청지기는 자기의 것이 하나도 없는 사람입니다. 주인의 것을 맡아 주인의 것을 위해 일하는 사람입니다. 우리는 다 청지기입니다. 우리의 목숨도, 재산도, 재능도, 지혜도, 건강도, 시간도 다 주님의 것인데 내가 맡아 관리하고 있는 것뿐입니다. 청지기는 자기 자랑이 없습니다. 그래서 "청지기인 우리가 말을 하려면 하나님의 말씀을 하는 것 같이 하고, 봉사하려면 하나님이 공급하시는 힘으로 하는 것같이 하라"고 말씀하십니다. 이것이 종말을 살아가는 성도들의 삶입니다.

열심히 기도하면서 함께 삽시다. 서로를 뜨겁게 사랑하며 함께 삽시다. 서로를 대접하고 각기 받은 은사를 가지고 주님의 일에 헌신하여 드리는 삶을 함께 삽시다. 이것이 종말을 살아가는 성도가 사는 법입니다. 여러분, 하나님께서 부어 주시는 은혜가 강물처럼 흘러넘치는 삶을 살아가는 성도들이 됩시다.

더 생각해 보기: 말씀 이해를 위한 예화

어떤 여집사님이 두 달밖에 못 산다는 암 판정을 받았습니다. 그때부터 이 집사님은 재산을 정리하여 옛날에 선교사로 서원을 하였는데 못한 것을 회개하며 선교헌금을 드렸습니다. 그리고 이웃을 도왔습니다. 평소에 가까이 지내지 못했던 성도들을 찾아가 사랑을 전했습니다. 사이가 소홀했던 성도들에게는 용서를 구했습니다. 자녀들에게도 유언장을 써서 남겼습니다.

병원에 가서 다시 진단을 받았는데 놀라운 일은 암이 아니라는 판정입니다. 이 집사님에게 주변 사람들이 "집사님, 힘들게 모은 재산도 다 없어지고 억울하지 않습니까?"라고 묻습니다. 그러나 집사님은 "아닙니다. 오히려 하나님께 감사합니다. 나는 지금 보낸 두 달처럼 앞으로 그렇게 살다가 하나님께로 갈 것입니다. 지난 두 달이 내 평생에 가장 행복했습니다"라고 고백했습니다.

적용

1) 오늘 말씀의 주제 파악하기

2) 오늘 말씀 중 은혜 받은 부분 나누기

3) 삶에 구체적으로 적용하기

함께 드리는 기도 제목

1. 만물의 마지막 때에 기도해야 함을 기억하게 하옵소서.
2. 주의 사랑으로 성도 간에 뜨겁게 사랑하는 교회가 되게 하옵소서.
3. 강물처럼 흘러넘치는 하나님의 은혜를 누리는 성도의 삶이 되게 하옵소서.

제39과

한 걸음씩

❖ **본문** : 창세기 13장 8~13절
❖ **찬송** : 532장(주께로 한 걸음씩, 통 323장)
❖ **요절** : "이에 롯이 눈을 들어 요단 지역을 바라본즉 소알까지 온 땅에 물이 넉넉하니 여호와께서 소돔과 고모라를 멸하시기 전이었으므로 여호와의 동산 같고 애굽 땅과 같았더라"(창 13:10)

아브라함이 살던 갈대아 우르 지역은 지금의 이라크 지역입니다. 티그리스 강과 유프라테스 강은 인류의 4대 문명을 발생시킨 유명한 강입니다. 이 두 강이 만나는 지점이 메소포타미아 지역입니다. 이 지역은 고대로부터 앗수르가 있었고, 바벨론, 요나가 회개를 외쳤던 니느웨, 바벨탑이 세워진 곳도 이곳입니다. 이곳은 살기 좋은 곳이었습니다.

아브라함이 하나님의 명령을 따라 갈대아 우르를 떠났지만 그의 앞에 기다리고 있는 것은 젖과 꿀이 흐르는 땅이 아니었습니다. 마실 물도 없는 광야 생활이었습니다. 그래서 초목이 있는 곳을 따라 한 걸음 한 걸음 옮기다 보니 이집트 지역에까지 이르게 되었고 많은 위기를 맞게 됩니다. 아브라함은 인생의 위기 가운데 하나님께 부르짖으며 강한 믿음의 사람으로 변화되어 갔습니다.

아브라함은 조카 롯을 불러 "네가 좌하면 나는 우하고 네가 우하면 나는 좌하겠다"라고 말합니다. 이에 조카 롯이 눈을 들어 요단 지역을 바라보니 소알까지 온 땅에 물이 넉넉하니 마치 여호와의 동산 같고 애굽 땅과 같았다고 했습니다. 무엇을 바라보느냐가 중요합니다. 롯은 요단 지역을 바라보았습니다. 요단 강 줄기를 따라 소돔과 고모라가 있었습니다. 소돔과 고모라의 악함을 바라본 것이 아니라 요단 강 줄기를 따라 기름진 숲과 땅을 바라보았습니다.

물질을 살펴보니 물질에 대한 욕심이 생기는 것이 당연합니다. 물질이 나쁜 것은 아닙니다. 믿음의 사람들이 물질의 복을 받아야 합니다. 세상 사람들보다 물질을 더 많이 가지고 그 물질을 선한 일에 사용해야 합니다. 그러나 물질을 사랑하면 물질에 영적인 힘을 빼앗기게 됩니다. 기도의 능력이 약해지게 됩니다. 롯이 하나님의 뜻이 어디에 있는지 기도해 보고 결정했으면 얼마나 좋았겠습니까? 그러나 기도하기 전에 먼저 자기의 눈으로 바라보았습니다. 하나님의 일을 하는 원리도, 세상에서 일하는 원리도 똑같습니다. 우리의 생각을 신뢰하기 전에 먼저 기도하는 것을 신뢰하는 사람이 성공합니다. 항상 무슨 일을 하든지 영적인 가치를 바라볼 줄 알아야 합니다. 성경의 기준으로 바라보는 훈련을 해야 합니다.

롯의 가정이 소돔과 고모라 근처로 가니 그곳 사람들과 어울리게 되었고, 결국은 같은 사람이 되고 말았습니다. 누구와 사느냐가 중요합니다. 사귀는 친구를 보면 다 비슷한 사람들끼리 사귑니다. 대개 친구가 훌륭하면 그 사람도 훌륭합니다. 가까이 만나는 사람과 닮게 되어 있기 때문입니다. 세상을 따라가는 것이 좋은 것이 아닙니다. 자녀들이 말씀을 읽고 말씀 따라가는 것을 즐거워해야 합니다. 롯이 죄악된 소굴로 들어가니 그들을 닮고 그들과 함께 멸망 받게 되었습니다. 그가 처음부터 소돔과 고모라까지 간 것은 아닙니다.

1. 롯이 소돔과 고모라를 향해 방향을 잡은 것이 잘못입니다

물이 풍성하고 초목이 무성한 땅을 찾아 한 걸음 한 걸음씩 걸어가다 보니 소돔과 고모라까지 이르게 되었고, 그들과 교제를 하게 되었습니다.

우리는 방향을 잘 잡아야 합니다. 라디오를 들을 때 주파수를 잘 맞추어야 방송이 또렷하게 들립니다. 천국 방송의 주파수는 하나님의 말씀입니다. 두 가지 방송을 한꺼번에 들으려고 하면 두 가지 다 못 듣게 되고 맙니다. 예수를 믿으면서도 여전히 내 생각과 방법에 주파수를 맞추는 사람은 실패합니다. 현대인들은 죄에 대하여 듣기 싫어합니다. 잘못하는 것에 대하여 지적하는 것을 싫어합니다. 이 말은 '나는 내 방법대로 살겠다' 는 것입니다. 죄에 대하여 지적하면 '듣기 싫으니 말하지 말라' 는 말입니다.

하나님의 말씀은 치료하는 능력이 있습니다. 말씀을 집중하여 듣다 보면 가정의 문제가 치료됩니다. 육체의 문제가 치료됩니다. 마음의 문제가 치료됩니다. 하나님의 말씀을 듣는 민족은 나라의 문제가 치료됩니다.

병원에 가면 증상에 따라 약을 처방받기도 하고 수술을 하기도 합니다. 맹장에 이상이 있는 사람은 맹장수술을 해야 하고, 위에 이상이 있는 사람은 위장 수술을 해야 합니다. 내가 위장에 문제가 있는데, 위장에 문제가 있다는 말을 듣기 싫어하는 사람은 병을 고치지 못하고 맙니다. 성경이 말씀하는 것은 '하나님을 바라보라' 는 말씀입니다. 다른 지식이 없어도, 능력이 부족해도 하나님을 바라보는 일을 잘하면 하나님의 은총을 입을 수 있습니다.

2. 한 걸음이 중요합니다

롯이 곧바로 소돔과 고모라까지 간 것이 아닙니다. 한 걸음 한 걸음씩 걷다 보니 죄악의 도시 소돔과 고모라까지 자신도 모르게 들어가고 말았습니다. 우리의 발걸음을 한 걸음씩 하나님께로 옮기는 것이 축복의 비결입니다.

물이 처음부터 끓는 것이 아닙니다. 조금씩 조금씩 온도가 올라가다 보니 100도가 되면서 끓기 시작합니다. “새끼손가락 하나만 내줘” 해서 새끼손가락을 내주면 그 다음에는 “손목 좀 잡게 해줘” 해서 손목을 내주면 온몸을 덥석 잡아버리는 것이 마귀의 전략입니다. 죄는 한 번에 짓는 것이 아닙니다. 죄를 지을 때에는 이미 마음이 사탄에게 점령되어 있기 때문에 죄의 행동을 하게 됩니다. 불평의 말이, 부정적인 말이 갑자기 나오는 것이 아닙니다. 이미 사탄 마귀가 마음에 둥지를 틀고 있기 때문에 더러운 말이 나옵니다.

신앙도 한 걸음씩입니다. 우리는 한 걸음씩 하나님께로 나와야 삽니다. 기도도 한 번에 되지 않습니다. 한 걸음씩 한 걸음씩 힘을 내어 기도할 때에 기도의 능력을 받습니다. 기도 능력이 없이는 성도의 생활에서 승리할 수 없습니다. 기도는 긍정입니다. 기도하면서 부정적으로 기도하는 사람은 없습니다. 하나님께서 불가능한 일도 이루어 주실 줄 믿고 기도하는 것입니다.

말씀의 은혜도 처음부터 은혜 받는 것이 아닙니다. 예수를 오래 믿어도 은혜를 모르는 사람들이 많습니다. 말씀을 사모하며 매주일 나오다 보면 은혜가 쌓입니다. 말씀을 듣다 보면 내 속의 악한 영들이 물러가고 하나님의 능력이 나를 주장하게 됩니다. 말씀을 듣다 보면 조금씩 조금씩 내 인격이 변화됩니다. 변화가 없는 것 같아도 말씀으로 여러분을 변화시키고 계십니다. 지금도 하나님의 말씀이 여러분을 치유하고, 가정을 치유하고 계십니다. 그러므로 한 걸음씩 주의 전을 향하시고, 주의 말씀을 따라서 걸어가시기 바랍니다. 그러다 보면 천국에까지 이르게 됩니다.

3. 아브라함을 보십시오

아브라함은 조카 롯을 위해 자신의 것을 포기했습니다. 얼마든지 아브라함이 먼저 결정할 수 있었습니다. 조카 롯이 물 댄 동산 같고 풍족한 소돔과 고모라 지역을 향해 양 떼를 끌고 떠난 후 아브라함은 무척이나 쓸쓸했습니다. 오늘 말씀 이후 14절에 보면 하나님께서 아브라함에게 찾아오십니다. "너는 눈을 들어 동서남북을 바라보아라. 네가 바라보는 모든 것을 네 자손에게 주겠다"라고 말씀하셨습니다. 사람이 움켜잡았다고 해서 지킬 수 있는 것이 아닙니다. 모든 것을 양보한 아브라함에게 하나님께서는 동서남북을 주시고, 거기에다 네 자손에게 주겠다고 후손의 약속까지 주셨습니다. 모든 것이 다 떠나가고 쓸쓸한 것 같았지만 이때에 하나님은 아브라함에게 찾아오셨습니다.

여러분, 하나님의 약속을 바라보면 놀라운 기적과 은총이 있습니다. 성도 여러분, 하나님을 바라보십시오. 이 길이 은혜의 길이요, 안전한 길입니다. 손해 보는 것 같으나 축복의 길이요, 무거운 것 같으나 무거운 짐을 벗는 길입니다. 이 세상에서 낙심하지 않도록 지켜 주십니다. 오늘도 여러분은 하나님을 바라보기 위하여 주의 전에 나왔습니다. 하나님의 말씀을 듣고, 말씀을 귀하게 여기고, 말씀의 길을 따라가는 성도들이 됩시다.

더 생각해 보기: 말씀 이해를 위한 예화

가나안농군학교 교장으로 계셨던 故 김용기 장로님은 한국 사람이 싸우는 것은 두 가지로 인하여 싸우는데, 총으로 사람을 쏴 놓고 그 총소리를 표현하는 것으로 알 수 있다고 했습니다. 한국 사람은 총을 쏴 놓고 그 소리를 표현하기를 "땅", "빵"이라고 합니다. 한국 사람들이 싸우는 것은 먹는 '빵' 문제와 '땅' 때문입니다. 부모로부터 물려받은 유산 '땅' 때문에 골육이 싸운다고 했습니다.

롯은 땅 때문에 이리저리 살피다가 하나님의 은혜를 놓치고 말았습니다.

적용

1) 오늘 말씀의 주제 파악하기

2) 오늘 말씀 중 은혜 받은 부분 나누기

3) 삶에 구체적으로 적용하기

____

____

____

함께 드리는 기도 제목

1. 무슨 일을 하든지 영적인 가치로 판단할 줄 아는 지혜를 갖게 하옵소서.
2. 세상을 살아가면서 하나님만을 바라보고 하나님의 은총을 경험하게 하옵소서.
3. 하나님의 말씀을 귀하게 여기고, 한 걸음 한 걸음씩 말씀의 길을 따라가는 성도가 되게 하옵소서.

제40과

능력기도

✣ **본문** : 열왕기하 19장 14~19절
✣ **찬송** : 365장(마음속에 근심 있는 사람, 통 484장)
✣ **요절** : "우리 하나님 여호와여 원하건대 이제 우리를 그의 손에서 구원하옵소서 그리하시면 천하 만국이 주 여호와가 홀로 하나님이신 줄 알리이다 하니라"(왕하 19:19)

우리가 사는 세상이 늘 평안하고 안전하고 행복하면 좋겠지만 세상은 그렇지 않습니다. 세상은 전쟁의 위협이 있고, 사고의 불안이 있습니다. 내 몸 하나 건사하는 것도 내 마음대로 되지 않습니다. 하나님께서 우리에게 이러한 고난과 인생의 어려움을 주신 이유가 있습니다. 인간은 편안하면 하나님을 잊어버리는 존재이기 때문입니다. 하나님을 잊어버리는 것은 죄와 동행하는 것을 의미합니다. 하나님을 떠나면 죄가 찾아옵니다. 그러므로 하나님은 우리를 정결하게 하시고 복된 삶으로 인도하시기 위하여 때로는 인생의 위기를 허락하십니다.

성경에 나오는 위대한 믿음의 인물들을 보면 모두가 인생의 용광로를 경험한 사람들이었습니다. 이들은 인생의 용광로 속에서 하나님께 기도했습니다. 그리고 정금같이 단련되어 축복의 삶을 살아갔습니다. 다윗은 거친 인생을 살아간 사람입니다. 목동 시절에도 사나운 짐승들과 싸워야 했습니다. 다윗은 왕이 되기까지 수많은 전쟁과 생명의 위협을 이겨낸 용사입니다. 이렇게 어려움 중에 있을 때에 다윗은 누구보다 하나님을 신실하게 믿었습니다. 그러나 왕이 된 후 블레셋을 정복하고 국경이 확장되어 나라가 평안하게 되었을 때에 죄를 범하게 되었습니다. 솔로몬도 하나님께서 "무엇이든지 구하라" 말씀하실 때에 백성들을 다스릴 지혜를 구하였던 믿음의 왕입니다. 그러나 국경이 이집트 접경까지 확대되어 나라가 부강하게 되었을 때에 오히려 타락하기 시작하였습니다. 오늘 히스기야의 이야기도 마찬가지입니다.

1. 히스기야의 죄를 보시기 바랍니다

히스기야는 남왕국 유다의 열세 번째 왕입니다. 그는 25세에 왕이 되어 산당을 제하고 주상을 깨뜨리며 아세라 목상을 찍어 우상을 멸절시켰습니다. 열왕기하 18장 5~7절에 보면 "히스기야가 이스라엘 하나님 여호와를 의지하였는데 그의 전후 유다 여러 왕 중에 그러한 자가 없었으니 곧 그가 여호와께 연합하여 그에게서 떠나지 아니하고 여호와께서 모세에게 명령하신 계명을 지켰더라 여호와께서 그와 함께하시매 그가 어디로 가든지 형통하였더라"고 했습니다. 히스기야가 하나님만 의지하자 하나님께서는 형통의 복을 허락하셨습니다.

그런데 시험이 찾아옵니다. 강대국인 앗수르의 왕 산헤립이 직접 군사를 이끌고 쳐들어왔습니다. 히스기야는 앗수르가 침공을 하여 주변 성읍을 정복하자 두려워하기 시작합니다. "내가 왕께 범죄하였나이다" 하고 항복을 합니다. 은 300달란트와 금 30달란트를 요구할 때에 성전과 왕궁의 모든 금을 모아도 부족하였습니다. 열왕기상 18장 16절에 보면 "유다 왕 히스기야가 여호와의 성전 문의 금과 자기가 모든 기둥에 입힌 금을 벗겨 모두 앗수르 왕에게 주었더라"고 기록되어 있습니다. 믿음으로 시작하였으면 믿음으로 끝을 맺어야 합니다. 하나님께 가까이 나아가면 문제의 해결이 이루어지는데 미리 굴복하고 말았습니다.

열왕기하 20장에도 히스기야는 또 죄를 짓습니다. 히스기야가 병이 들었다가 하나님께 결사적인 기도를 드립니다. 하나님께서 응답해 주시지 않으면 일어나지 않겠다는 결사적인 기도입니다. 그래서 15년 생명을 연장받게 되었습니다. 그때에 바벨론의 사자가 금은보화를 가지고 병이 나았다고 축하의 예물을 보냅니다. 그러자 히스기야가 사신들에게 궁전에 있는 금은보화와 무기고와 보물창고를 다 보여주었습니다. 왜 보여주었습니까? 자랑하려고 보여주었습니다. 조금 전에는 힘없는 인생, 죽을 수밖에 없는 그였는데, 하나님의 도우심으로 15년을 연장받고는 곧바로 물질을 자랑합니다. 그래서 이사야 선지자가 나타나서 무엇이라고 했습니까? "그가 본 모든 것들을 바벨론으로 가져가게 될 것이라. 그러나 네가 살아 있는 동안에는 그리하지 않겠노라"고 말씀합니다.

히스기야가 하나님께 범죄하였지만 대신 그 자녀가 어려움을 당하게 됩니다. 여러분의 믿음으로 여러분의 자녀가 축복받기를 바랍니다. 우리 모두가 하나님의 축복 속에 생명을 연장받고, 건강을 받고, 물질을 받고 살아가는 존재임을 잊지 않아야 합니다.

히스기야가 성전의 금과 왕궁의 금을 기둥까지 벗겨서 주었으나 해결이 되었습니까? 앗수르의 왕 산헤립은 부하 장수들을 보내어 히스기야를 치게 합니다. 앗수르의 왕 산헤립의 신하인 랍사게는 예루살렘에까지 와서 히스기야를 협박하고 조롱합니다. 이때 비로소 히스기야는 환난의 때에 누구를 바라보아야 할지 깨달았습니다. 그래서 하나님을 의지하게 됩니다.

은혜 받을 사람은 어려운 일 당할 때 예수님을 의지하는 사람입니다. 어려운 일을 만나면 '하나님이 연단을 주시는구나. 내가 연단 받을 만한 일이 있구나. 그래도 나는 주님을 의지하리라"고 고백하시기 바랍니다. 그러면 모든 어려움을 이기게 해주시고 문제를 해결해 주십니다. 어려운 상황일수록 더욱 하나님만 의지하는 성도들이 됩시다.

2. 히스기야는 기도하기 시작합니다

그 기도가 오늘 본문의 내용입니다. 앗수르 왕 산헤립은 온갖 말로 히스기야를 위협하고 하나님을 조롱했습니다. 마침내 히스기야는 인간적인 방법으로 문제를 해결하려 했던 어리석음을 깨닫고 하나님 앞에 나아갔습니다. 믿음의 사람이 행여 믿음의 길을 떠났더라도 위기를 당하면 즉시 잘못을 깨닫고 다시 돌아와 하나님께 나아가야 합니다. 다시 믿음을 회복해야 합니다. 히스기야는 앗수르 왕 산헤립의 편지를 하나님 앞에 펼쳐 놓았습니다. 그리고 기도합니다. "하나님이여, 귀를 기울여 들으소서. 여호와여, 눈을 떠서 보시옵소서. 우리를 구원하사 여호와만이 홀로 하나님이신 것을 알게 하옵소서."

여러분, 잘못했어도, 범죄했어도 하나님 앞에 돌아와 기도하시기 바랍니다. 여러분의 사정을 하나님께 아뢰시기 바랍니다. 기도가 시작되면 문제는 이미 해결됩니다. 하나님은 불꽃 같은 눈으로 여러분을 감찰하고 계십니다. 하나님은 귀기울이고 여러분의 사정을 듣고 계십니다. 전능하신 하나님 앞에 여러분의 사정을 보이고 아뢰시기 바랍니다.

3. 기도에는 응답이 있습니다

하나님의 사람 이사야가 왔습니다. 오늘 본문 뒤에 이사야 선지자를 통해 "이스라엘 하나님 여호와의 말씀이 네가 앗수르 왕 산헤립 때문에 내게 기도하는 것을 내가 들었노라, 너희가 금년에는 스스로 자라난 것을 먹고 내년에는 그것에서 난 것을 먹되 제삼년에는 심고 거두며 포도원을 심고 그 열매를 먹으리라"(왕하 19:20, 29)고 약속의 말씀을 주셨습니다. 또한 대적들을 멸하셨습니다. "이 밤에 여호와의 사자가 나와서 앗수르 진영에서 군사 십팔만 오천 명을 친지라 아침에 일찍이 일어나 보니 다 송장이 되었더라"고 했습니다. 그렇게 히스기야를 떨게 했던 앗수르 185,000명의 군대를 하나님은 천사를 보내 하룻밤에 제거해 주셨습니다. 앗수르 왕 산헤립도 자신의 우상 니스록의 묘에 경배할 때에 암살을 당하여 죽게 하셨습니다. 모든 대적이 죽고 없어졌습니다.

여러분, 기도하십시오. 우리가 근심하고, 두려워 떨고, 염려하는 모든 것들은 하나님 앞에는 아무것도 아닙니다. 오늘 하나님이 행하신 그 엄청난 역사를 보고 히스기야는 다시 한 번 하나님의 능력에 놀라게 됩니다. 그리고 자신의 어리석음에 가슴을 치게 됩니다. 두려워 떨며 왕궁의 모든 은금을 다 내어주고, 성전 기둥의 금칠까지 벗겨 주었으니 어리석은 것입니다. 결과를 놓고 보면 분명해집니다. 문제는 믿음입니다. 성경에는 믿음의 사람들에게 베푸신 허다한 증거들이 있습니다. 믿음의 사람은 성경에 나오는 그 증거들을 오늘 나의 인생에서 내 것으로 만드는 사람입니다.

여러분, 우리는 하나님만 의지해야 합니다. 여러분이 인생에서 만나는 어려움들은 바로 기도의 제목입니다. 우리는 기도할 수 있는 특권을 부여받았습니다. 많은 사람들이 기도합니다. 그러나 다

기도의 응답을 받는 것은 아닙니다. 확신하는 기도, 능력 있는 기도자가 응답을 받습니다. 여러분 모두가 능력의 기도로 하나님께서 베푸시는 놀랍고 크신 은혜를 체험하는 성도들이 됩시다.

더 생각해 보기: 말씀 이해를 위한 예화

태풍은 인간에게 하나도 유익이 없는 것으로 생각이 됩니다. 태풍이 불면 얼마나 큰 고통을 겪습니까? 그러나 하나님께서 태풍을 주신 데에도 다 이유가 있습니다. 최근에 과학자들이 밝혀낸 바에 의하면 태풍은 적도에서 생산된 많은 양의 무더운 열기를 없애 주며, 남미와 북미에 많은 비를 내려 줍니다. 매일 맑은 날만 계속되면 지구는 사막이 되어 버린다고 합니다. 바다에서는 플랑크톤을 골고루 운반하여 바다를 풍성하게 만듭니다.

하나님께서는 우리 인생이 겪는 어려움을 통해 기도하기를 원하십니다. 그 기도를 통하여 우리는 하나님께 가까이 나아가게 되고, 하나님의 능력을 얻고, 축복된 인생을 살아가게 됩니다.

적용

1) 오늘 말씀의 주제 파악하기

2) 오늘 말씀 중 은혜 받은 부분 나누기

3) 삶에 구체적으로 적용하기

함께 드리는 기도 제목

1. 인생의 위기를 통해서 하나님의 은혜를 바라볼 수 있는 믿음을 갖게 하옵소서.
2. 전능하신 하나님 앞에 무릎 꿇고 기도하는 성도가 되게 하옵소서.
3. 능력의 기도로 하나님께서 베푸시는 놀랍고 크신 은혜를 체험하는 성도들이 되게 하옵소서.

제41과

사랑에는 거짓이 없다

✣ **본문** : 로마서 12장 6~9절
✣ **찬송** : 218장(네 맘과 정성을 다하여서, 통 369장)
✣ **요절** : "사랑에는 거짓이 없나니 악을 미워하고 선에 속하라"(롬 12:9)

기독교를 사랑의 종교라고 합니다. 기독교의 그 많은 내용을 두고 어떻게 한마디로 기독교는 사랑의 종교라고 할 수가 있습니까? 더구나 하나님을 한마디로 표현할 때 "하나님은 사랑이시라"(요일 4:16)고 말씀합니다. 기독교의 사상은 다른 종교와는 비교가 안 될 정도로 방대하고 정리가 잘되어 있습니다. 신학대학 도서관에 가보면 신학에 관한 책들이 큰 도서관을 가득 채우고 있습니다. 그런데 기독교에 대한 그 많은 사상과 책을 한마디로 요약하라면 바로 사랑입니다. 그만큼 사랑은 위대합니다.

"하나님이 세상을 이처럼 사랑하사 독생자를 주셨으니 이는 그를 믿는 자마다 멸망하지 않고 영생을 얻게 하려 하심이라"(요 3:16).

하나님이 세상을 사랑하셨는데 독생자를 주시기까지 이처럼 사랑하셨다는 말입니다.

오늘 성경은 본문 앞에서 지체에 대해서 말씀하다가 왜 갑자기 사랑에는 거짓이 없다는 말씀을 주십니까? '너희는 그리스도의 한 몸이다. 한 몸은 서로를 위해 사는 것이다. 이것이 사랑이다' 라고 결론적으로 말씀을 주십니다. 교회는 사랑을 통해 성장합니다. 사랑하는 교회는 아름답습니다. 병든 사람도, 병든 가정도, 병든 교회도 사랑하면 치유가 됩니다. 사랑은 다 통합니다.

오늘 성경은 '너희가 한 몸인데 주신 은사가 다 다르다' 고 말씀합니다. 우리는 모두 한 몸인데 각 지체의 하는 일이 다릅니다. 사도 바울이 왜 이 이야기를 합니까? 이 말씀은 몸에 대한 말씀이 아니라 교회에 대한 말씀입니다. 각자에게 맡겨진 직분이 다르다고 말씀합니다. 나의 부족함을 깨닫고 구원 얻는 길로 은혜를 입어 가는 것이 교회생활입니다. 이것을 잘 깨달아야 하나님의 일에 쓰임을 받게 되고 구원받는 신앙생활이 됩니다. 하나님의 일은 은사를 받아야 감당할 수 있습니다.

오늘 교회에 주신 은사가 일곱 가지를 대표적으로 말씀하고 있습니다. 각자가 받은 은사가 다르지만 이 일을 함께 감당할 때 교회가 풍성해집니다.

1. "예언이면 믿음의 분수대로"라고 하였습니다

예언은 성경말씀을 의미합니다. 예언을 무당이 점치는 것처럼 착각하는 사람들이 있습니다. 물론 하나님께서 미래의 일을 알려 주실 때도 있지만 이미 하나님께서는 이 세상의 창조로부터 종말까지 일어날 모든 일을 성경을 통해 기록해 놓으셨습니다. 성경은 하나님의 살아 계신 말씀입니다. 그러므로 이 성경 속에는 모든 것이 다 들어 있습니다. 여러분의 미래도 들어 있고, 행복하게 되는 비결도 다 들어 있습니다.

성경이 곧 예언입니다. 그러므로 예언을 한다고 하면 성경을 넘어서지 않아야 합니다. 그래서 오늘 말씀에 분수대로 하라고 말씀하고 있습니다. 오늘도 무슨 말을 하든지 성경말씀을 뛰어넘지 않아야 합니다. 성경에 기록된 말씀대로 행하면 됩니다.

2. "섬기는 일이면 섬기는 일로"라고 하였습니다

섬기는 일을 맡았을 때에는 그 이상을 생각하지 말라는 말씀입니다. 교회에서 봉사를 하고 섬기다 보면 다른 사람들에 대해 불평이 일어나게 됩니다. 교회의 직분은 원래 섬기라고 세워주셨습니다. 교회는 섬기는 곳입니다. 주의 종은 매주일 말씀으로 성도들을 섬깁니다. 성도들도 서로를 섬기고, 이웃을 섬기는 곳이 교회입니다. 오늘 말씀은 교회의 모든 일이 섬기는 일임을 잊지 말고 섬김의 사명을 다하라는 말씀입니다.

3. "가르치는 자면 가르치는 일로"라고 하였습니다

가르치는 자는 지금의 교사를 말합니다. "가르치는 자면 가르치는 일로"라는 말씀이 무슨 뜻입니까? 가르치는 자는 하나님의 말씀을 가르치는 것입니다. 하나님의 말씀 이외의 것을 가르치지 않아야 한다는 말입니다. 오늘날 설교 강단의 위기는 말씀 이외의 것을 말하는 데에 있습니다. 하나님의 말씀이 철학이 되면 안 됩니다. 하나님의 말씀이 사상이 되면 안 됩니다.

교육전도사 시절에 첫 설교를 하는데 열심히 준비했습니다. 학생들을 놓고 설교를 하는데, 쇼펜하우어가 이런 말을 했고, 니체가 이런 말을 했고, 그런 말을 한참 하다가 그래서 성경은 이렇게 말한다 하고 끝을 맺었습니다. 지금도 그때 일을 생각하면 혼자서 얼굴이 화끈거립니다. 하나님의 말씀을 전하는 시간에 내 생각을 전했던 것입니다. 설교자는 하나님의 말씀을 오늘의 시대에 오늘의 음성으로 어떻게 전해야 할지 엎드려 성령님의 감동하심을 구해야 합니다. 가르치는 자는 가르치는 자의 본분을 다해야 함을 성경은 말씀합니다.

4. "위로하는 자면 위로하는 일로"라고 하였습니다

개역 성경에는 이 본문을 "권위하는 자"라고 번역했습니다. '권위'란 '권하고 위로한다'는 뜻입니다. 성경에 권위의 은사를 많이 받은 분이 바나바입니다. 그래서 사도들이 그를 권위자라 즉 바나바라 불러서 그의 이름이 바나바가 되었습니다. 바나바는 사울을 권하고 위로하여서 초대교회의 위대한 인물인 사도 바울로 만들었습니다. 바울도 위대하지만 이 바울을 만든 바나바가 얼마나 위대합니까?

권위하는 자는 사람을 살릴 줄 압니다. 어떤 사람은 죽이는 사람이 있습니다. 사람을 살리는 사람이 있는가 하면 죽이는 사람도 있습니다. 그런데 권위하는 자는 사람을 살립니다. 믿음이 연약한 사람들을 잘 키워서 집사도 만들고 장로도 만듭니다. 이것도 하나님이 주시는 은사입니다.

5. "구제하는 자는 성실함으로"라고 하였습니다

왜 구제에는 성실함을 말씀합니까? 남에게 주는 것이기 때문에 성실함이 필요합니다. 내가 아끼는 것을 주어야 희생이 됩니다. 구제는 내가 남아서 주는 것이 아닙니다. 내가 없는 중에도 있는 힘껏 주는 것이 성경이 말씀하는 구제입니다. 앞으로 여전도회나 남선교회에서 구제할 때 생색내는 구제는 절대로 하지 마시기 바랍니다. 이것을 받았을 때 믿지 않는 사람들이 감동이 되는 구제를 해야 합니다. 의례적인 구제를 해서는 안 됩니다. 내 것을 쪼개어 내가 아픈 구제를 해야 이것이 구제입니다. 있는 힘껏 구제할 때에 그것이 하나님께 영광이 됩니다.

6. "다스리는 자는 부지런함으로"입니다

다스리는 직분은 당시의 목사나 장로들의 직분입니다. 다스리는 자는 부지런해야 합니다. 내가 모범을 보이지 않으면서 무엇을 하라고 강요하면 상대방이 어떻게 말합니까? "자기는 안 하면서……." 당장 이 소리가 나옵니다. 부모가 자녀들을 가르칠 때에도 부모는 TV를 보면서 "공부해라" 소리치면 듣는 자녀들이 기분이 좋지 않습니다.

우리 교회 장로님들은 손수레에 전도지를 가득 싣고 전도하러 나가십니다. 우리 교회 성도들은 전도를 참 잘합니다. 그런데 장로님들이 솔선하여 전도하는 것을 보면 참 감동이 됩니다. 회의에 참석했다가 다른 교회 장로님과 대화를 하면서 우리 장로님들이 손수레를 끌면서 전도한다고, 지하철에 들어가서도 아름다운 신문을 돌리며 전도한다고 하니까 깜짝 놀랍니다. 정말이냐고, 정말 장로님들이 전도하냐고 합니다. 복음 전하는 일은 솔선해야 합니다. 오늘 여섯 번째 말씀은 지도자가 하나님의 일에 부지런해야 함을 말씀합니다.

7. "긍휼을 베푸는 자는 즐거움으로" 하라 했습니다

긍휼이 무엇입니까? 어려운 사람을 불쌍히 여긴다는 의미입니다. 불쌍한 사람을 도우면서 내 마음속에 즐거움이 있다면 그 사람은 은혜 받은 사람입니다. 전도하면서 즐거움이 있으면 그 사람은 축복받은 사람입니다. 주님을 섬기는 일을 하면서 즐거움으로 해야 은혜가 됩니다.

오늘 성경은 이렇게 주님의 일을 하는 방법을 일곱 가지로 말씀하고 사랑에는 거짓이 없다고 결론을 내립니다. 이 모든 일들을 사랑으로 하면 됩니다. 주님의 일은 억지로 되지 않습니다. 사랑하면 저절로 됩니다. 사랑하면 뜨거워집니다. 사랑하면 풍성해집니다. 우리 교회가 늘 사랑이 넘치고, 은혜가 풍성한 교회가 되도록 힘쓰는 성도들이 됩시다.

더 생각해 보기: 말씀 이해를 위한 예화

한 몸에 여러 지체가 있는데 하루는 발이 생각하니 좀 불공평한 것 같습니다. 나는 하루 종일 땀나게 다니는데 좋은 것은, 맛있는 것은 입이 다 먹어 버립니다. 그래서 화가 났습니다. 눈은 내가 발견했는데 먹기는 입이 먹어 버립니다. 손도 그렇습니다. 자기는 열심히 일하는데 맛있는 것이 있으면 자기 손으로 집어다가 입으로 쏙 넣어 버립니다.

이런 식으로 생각하니 모두가 다 불평이 생겼습니다. 그래서 데모를 하기로 했습니다. 입을 골탕 먹이자는 것입니다. 그래서 일을 안 하고 모두 누워 버렸습니다. 하루가 지나고, 이틀이 지나니 어떻게 되었습니까? 모두가 다 힘이 빠져 버렸습니다. 눈은 며칠을 못 먹어서 쑥 들어가고 힘이 없습니다. 하늘이 노랗게 보입니다. 손도 힘이 없고 발도 힘이 없습니다. 그래서 데모를 중단하고 각자 일을 열심히 했다는 이야기가 있습니다.

적용

1) 오늘 말씀의 주제 파악하기

2) 오늘 말씀 중 은혜 받은 부분 나누기

3) 삶에 구체적으로 적용하기

함께 드리는 기도 제목

1. 우리 교회가 세상에 하나님의 사랑을 전하는 교회가 되게 하옵소서.
2. 각자가 받은 은사를 가지고 서로 사랑하며 맡은 사명을 잘 감당하여 부흥하는 교회가 되게 하옵소서.
3. 우리 교회가 늘 사랑이 넘치고, 은혜가 풍성한 교회가 되게 하옵소서.

제42과

내가 너를 쓰겠다

✣ **본문** : 이사야 6장 5~8절
✣ **찬송** : 495장(익은 곡식 거둘 자가, 통 271장)
✣ **요절** : "내가 또 주의 목소리를 들으니 주께서 이르시되 내가 누구를 보내며 누가 우리를 위하여 갈꼬 하시니 그때에 내가 이르되 내가 여기 있나이다 나를 보내소서 하였더니"(사 6:8)

이사야 선지자는 웃시야 왕이 강성해지고 교만해져서 나병으로 죽음을 맞이하게 될 때에 선지자로 부르심을 입었습니다. 천사들이 찬양하는 가운데 보좌에 앉으신 하나님을 만나게 되었습니다. 보좌에는 여호와께서 앉아 계시는데 그 옷자락이 온 성전에 가득하였고, 여섯 날개를 가진 천사들이 하나님을 모시고 서 있습니다. 천사들이 합창하는 소리로 성전 문지방의 터가 흔들렸습니다. 성전에는 연기가 가득했습니다. 얼마나 장엄합니까? 그때에 이사야 선지자는 "화로다 나여 망하게 되었도다"라고 외칩니다. 나는 부정한 사람인데 하나님을 뵈었으니 내게 화가 임했다, 나는 끝났다는 뜻입니다.

1. 하나님을 만나야 합니다

이사야는 선지자입니다. 하나님의 쓰임을 크게 받은 사람입니다. 그래서 지금까지 다른 사람들은 다 죽어도 나만은 살 것이라 생각했는데 하나님을 직접 만나 뵙고 보니 그게 아니었습니다. 바로 '내가 죽을 수밖에 없는 존재' 라는 것을 깨닫게 되었습니다. 이사야에게 "너 죄인이야!" 라고 말씀하시지 않아도 하나님을 뵙는 순간 나 자신이 죄인이라는 것을 느끼게 되었습니다.

종교개혁자 마틴 루터는 자신의 죄를 회개하고 중생할 때 자기의 너무나도 많은 죄를 깨닫고 "내 죄, 내 죄!" 하며 견딜 수 없이 괴로워하고 고통스러워했다고 합니다. 그래서 죄가 생각나면 뛰어가서 고해성사를 하다 보니까 신부님이 견디다 못해 어느 날 "루터야, 죄를 모았다가 한꺼번에 하도록 해라" 했다고 합니다.

하나님을 만나게 되면 나 자신의 모습이 샅샅이 드러납니다. 여러분, 지금 예배드리는 이 자리가 하나님을 만나는 자리입니다. 여러분도 하나님의 말씀을 대할 때마다 영성의 부흥이 일어나기를 바랍니다. 예배 때마다 환상을 보고, 예배 때마다 하나님을 만나고, 부흥의 불길이 일어나기를 바랍니다.

하나님을 진실로 만난 사람은 겸손해집니다. 그래서 이사야와 같이 '내가 끝났구나, 나는 죽었구나' 하고 고백하게 됩니다. 바로 그때에 하나님께서는 찾아오십니다. 겸손한 심령 위에 성령의 기름을 부어 주십니다. 우리가 "주님, 내가 할 수 없습니다" 하고 무릎 꿇을 때 하나님께서는 일으켜 세워 주십니다. 낮추는 사람을 세우시고 겸손한 사람을 쓰십니다.

2. 죄를 용서받아야 합니다

하나님의 일을 하기 위해서 가장 선결되어야 할 것은 죄를 용서받는 일입니다. 하나님께서는 죄인을 부르시고 그 죄를 사하신 후에 일을 맡기십니다. 성전 환상에서 나타나신 하나님은 먼저 제단의 숯불로 이사야의 입술을 태우셨습니다. 이사야는 문지방이 요동하고 집에 연기가 가득 차는 환상을 보면서 두려움에 빠졌습니다. 그래서 가장 먼저 고백한 것이 자기의 부정한 입술이었습니다. 뿐만 아니라 입술이 부정한 백성 중의 하나임을 고백하고 있습니다.

이사야가 입술이 부정한 백성이라는 것은 하나님을 찬양하지 못했고, 하나님께 입술로 영광 돌리지 못했기 때문입니다. 하나님을 뵙는 순간 그것을 깨달았습니다. 이사야 선지자는 후에 "이 백성은 내가 나를 위하여 지었나니 나를 찬송하게 하려 함이니라"(사 43:21)고 고백했습니다. 하나님께서는 우리로 하나님을 찬송하게 하기 위하여 지으셨습니다. 그런데 세상을 바라보고 세상 이야기만 좋아하니 하나님께서 진노하셨습니다. 그래서 입술이 죄를 지었습니다. 여러분, 우리 신앙이 이렇게 순수해야 합니다. 내가 입술로 하나님께 찬송하지 못한 것을 죄라고 깨달으면서 살아갈 수 있어야 복된 사람입니다.

여러분, 찬송을 부르세요. 하나님께서는 찬송 부르는 것을 기뻐하십니다. 찬송을 부르면 하나님께서 우리의 영혼을 정결케 하시고, 우리로 하여금 하나님을 바라볼 수 있는 영안을 열어 주십니다. "하나님, 내가 찬양하지 못했습니다. 하나님, 내가 입술로 하나님께 영광 돌리지 못했습니다." 이렇게 이사야와 같이 고백할 수 있는 여러분이 되시기를 바랍니다.

오늘의 세상을 보면 "내가 죄인이오!" 하는 사람들이 없습니다. 이 나라의 많은 사람들이 부정한 돈을 썼는데 "내가 죄인이오!" 하고 나서는 사람이 없습니다. 그래서 비난합니다. 경제를 하는 사람들의 죄도 있습니다. 지도층의 죄도 있습니다. 그런데 "내가 죄인이오!" 하는 사람이 없습니다. 서로 네가 잘못했다고 말합니다.

그런데 우리는 더 심각한 죄가 있다는 사실을 느끼며 살아야 합니다. 무슨 죄입니까? 예수님을 전하지 못한 죄, 하나님을 찬양하지 못한 죄. 이 죄가 가장 큰 죄입니다. 그런데도 우리는 남의 죄는 잘 보면서 "내가 죄인입니다!" 하고 나서는 크리스천들이 적습니다.

우리는 하나님의 자비가 없으면 감히 이 자리에도 나올 수 없는 죄인임을 고백해야 합니다. 교회가 문제가 있다고 말하지 마십시오. 다른 믿는 사람들이 문제가 있다고 말하지 마십시오. 내가 잘나서, 내가 선택해서 나온 것이 아닙니다. 누군가 우리에게 예수 그리스도를 외치게 함으로 하나님께서 여러분을 불러 주셨습니다. 이 사실을 깨닫고 고백하며 사는 사람만이 죄를 용서받습니다. 10년을 믿고, 20년을 믿는다고 우리가 더 의로워지는 것이 아닙니다. 믿으면 믿을수록 더 "나는 죄인입니다. 나는 부족합니다" 하고 무릎 꿇게 되는 것이 믿음입니다. 이 세상을 떠나는 날에도 "주여, 주님께서 저를 잡아 주시지 않으면 구원받지 못하는 죄인입니다" 라고 고백하는 사람이 죄를 사함 받은 사람입니다.

여러분, 오늘도 말씀 앞에 무릎 꿇기 바랍니다. 그러면 우리 하나님께서 제단 숯불을 여러분의 입에 대어 주십니다. "나는 부족합니다. 나는 죄인입니다." 그리하여 죄 사함의 은총을 입는 성도들이 됩시다.

3. 쓰임 받는 사람이 되어야 합니다

이사야 선지자는 하나님께서 "누가 나를 위하여 갈꼬?" 하시는 음성을 들었습니다. 하나님께서 쓰시겠다는 말씀입니다. "이사야야, 너는 갈 준비가 되어 있느냐?" 하는 말씀입니다. 어디로 갑니까? 하나님을 알지 못하는 백성들, 웃시야 왕으로 인해 타락한 백성들을 위해 네가 순교할 준비가 되어 있느냐 하는 음성입니다. 이때에 이사야는 "내가 여기 있나이다. 나를 보내소서"라고 대답을 합니다. 그래서 이사야서 6장을 이사야의 사명장이라 부릅니다.

'사명'은 본래 맡을 '使'에 목숨 '命'을 씁니다. 목숨을 걸고 하나님의 일을 맡는다는 말입니다. 그러므로 우리에게 필요한 것은 사명을 주시는 주님의 음성을 듣는 일입니다. 누가 위대한 생애를 살아갑니까? 재능이 부족해도 괜찮습니다. 말을 잘 못해도 괜찮습니다. 돈이 좀 적어도 괜찮습니다. 건강이 좋지 않아도 괜찮습니다. 다만 하나님을 위하여 살겠다는 결단을 하면 하나님께서 부족한 부분을 채워 주십니다.

어느 교회의 어떤 분은 교회봉사를 열심히 했습니다. 그런데 임종의 순간에 예수님 이름을 부르라고 하니까 나는 예수 모른다고, 무당 불러서 굿을 해달라고 하다가 세상을 떠났습니다. 나는 하나님의 일을 한다고 했지만 하나님이 쓰신 사람은 아니었습니다.

하나님은 오늘도 여러분을 향하여 "오늘 내가 너를 쓰겠다"라고 말씀하십니다. 내가 어떤 사람이건 문제가 되지 않습니다. 지식이나 물질이나 능력이나 다 없어도 "예, 내가 여기 있나이다. 나를 보내소서" 하고 응답하기만 하면 하나님께서는 여러분을 귀하게 사용하십니다.

하나님은 "이 땅을 향하여 나를 위하여 누가 갈꼬?" 하고 우리를 부르십니다. 사랑하는 여러분, 이 하나님의 음성을 듣고 함께 갑시다. "내가 여기 있나이다. 나를 보내소서" 하고 대답합시다. 그리하여 우리 모두 함께 하나님의 명령에 순종하여 사명 가지고 이 땅을 향해 복음 들고 함께 나아가 이 땅을 살리는 성도들이 됩시다.

더 생각해 보기: 말씀 이해를 위한 예화

존 하퍼 목사님이 무디 기념교회 초청으로 타이타닉 호를 타고 미국으로 가다가 배가 파선하게 되었습니다. 그때 나뭇조각을 붙들고 근처에서 힘겹게 헤엄을 치고 있는 청년을 바라보고 "당신은 예수 그리스도를 믿습니까?" 라고 물었습니다. 청년은 안 믿는다고 대답을 했습니다. 그러자 하퍼 목사님은 힘이 빠져 물속에 들어갔다가 다시 나오면서도 "예수, 예수"를 외쳤습니다.

얼마 후 뉴욕의 한 기독청년 집회에서 한 청년이 간증을 했습니다. "여러분, 내가 바로 하퍼 목사님이 마지막으로 전도한 사람입니다. 목사님이 죽어 가면서 물속에서 '예수' 라고 외친 그 음성을 듣고 내가 예수를 믿게 되었습니다" 라고 고백을 했습니다. 우리도 나의 마지막 입술로 하는 말이 "예수" 가 되어야 합니다.

적용

1) 오늘 말씀의 주제 파악하기

2) 오늘 말씀 중 은혜 받은 부분 나누기

3) 삶에 구체적으로 적용하기

함께 드리는 기도 제목

1. 주 안에서 겸손하여서 하나님을 만나게 하옵소서.
2. 우리의 부족함을 고백하면서 사죄의 은총을 입는 성도가 되게 하옵소서.
3. 하나님의 명령에 순종하여 하나님께 크게 쓰임 받는 삶을 살게 하옵소서.

제43과

감사하며 삽시다

✣ **본문** : 골로새서 2장 7절
✣ **찬송** : 429장(세상 모든 풍파 너를 흔들어, 통 489장)
✣ **요절** : "그 안에 뿌리를 박으며 세움을 받아 교훈을 받은 대로 믿음에 굳게 서서 감사함을 넘치게 하라"(골 2:7)

추수감사절을 앞두고 특별새벽기도회를 드리는 교회들이 많습니다. 많은 성도들이 나와 1년 동안 나의 인생을 하나님께서 지켜 주신 것을 감사드립니다. 하나님께서는 1년에 세 가지 절기를 반드시 지키라고 하셨습니다.

첫째, 유월절입니다. 유월절은 이스라엘 백성들을 애굽에서 출애굽시켜 주신 것을 잊지 않고 감사하는 절기입니다. 유월절의 영적인 의미는 우리를 영원한 멸망에서 구원해 주신 것입니다. 예수님께서 이 땅에 오셔서 죄와 사망을 이기시고 승리하신 부활절이 오늘의 유월절입니다.

둘째, 맥추절입니다. 맥추절은 이들이 첫 열매를 얻어 하나님께 감사를 드린 절기인데, 이날은 유월절이 지난 후 7주일이 지난 다음 날입니다. 그래서 7×7=49일이 지난 후 50일째에 드렸다고 해서 오순절이라 불렀습니다. 맥추절은 오순절에 주의 약속하신 성령이 임하심으로 이루어졌습니다. 그래서 우리는 성령강림절을 지키고 있습니다. 구약의 맥추절이 첫 열매에 대한 감사의 절기라면 신약의 오순절 즉 성령강림절은 성령의 열매를 풍성하게 주신 것에 대한 감사의 절기입니다.

셋째, 초막절이라고도 하고 수장절이라고도 불리는 추수감사절입니다. 1년의 추수를 다 마치고 하나님께 감사의 제사를 드립니다. 이때에는 일주일 동안 광야에 나가 장막을 치고 생활하며 하나님께 감사했습니다. 그래서 초막절이라고도 부릅니다. 지금까지 하던 모든 일을 끊고 광야에 나가 장막을 치고 온전히 하나님께 감사드렸던 것처럼 구약에서 초막절은 엄격하게 드려졌습니다. 모든 남자들은 예외가 있을 수 없었습니다. 빈손으로 나와서도 안 되었습니다. 예물을 준비해야 했습니다.

신약의 초막절은 추수감사절로 드려집니다. 추수감사절을 농사짓는 사람들이 드리는 절기로 착각해서는 안 됩니다. 구약의 백성들이 광야에 나가 장막을 치고 살며 전심으로 하나님을 찾았던 것처럼 하나님을 사모하는 기간이 초막절 즉 추수감사절입니다.

1. "주 안에 뿌리를 박고 굳게 서라"고 했습니다

뿌리를 깊이 내려야 하는 이유는 두 가지가 있습니다. 첫째, 땅속 깊이 뿌리를 박고 영양분을 끌어올려야 하기 때문입니다. 그래야 푸르고 무성한 잎과 열매를 맺을 수 있습니다. 둘째, 흔들리지 않기 위해서입니다. 바람이 불고 폭풍이 올 때에 뿌리가 깊은 나무는 넘어지지 않습니다. 영적인 의미에서도 그렇습니다. 주님 안에 믿음의 뿌리를 깊이 내리면 풍성한 성령의 열매를 맺을 수 있습니다. 축복의 결실을 거둘 수 있습니다.

또한 시험이 올 때에 흔들리지 않습니다. 시험에 이리저리 흔들리는 사람은 주님 안에 뿌리를 깊이 내리지 못했다는 증거입니다. 시험은 내가 듭니다. 다른 사람 때문이 아닙니다. 사도 바울은 매를 맞고 감옥에 갇히면서도 시험에 들지 않았습니다. 다니엘의 세 친구는 사자 굴에 들어가면서도 시험에 들지 않았습니다. 뿌리가 깊지 아니하면 얼마든지 시험 들 일입니다. 나를 고문하고 미워하는 사람들에 대하여도 시험 들 일입니다.

여러분, 시험은 여러분을 넘어뜨리려는 악한 마귀의 유혹입니다. 그러므로 시험에 빠지지 않도록 믿음의 뿌리를 깊이 내리는 성도들이 됩시다.

2. "감사함을 넘치게 하라"고 했습니다

큰 항아리에 물을 넘치게 하려면 계속해서 물을 부어야 합니다. 한참을 붓게 되면 물이 차고 넘치게 됩니다. 감사도 그렇습니다. 계속해서 감사하고 또 감사하면 나중에는 차고 넘치게 됩니다. 감사는 갑자기 감사해서 되는 것이 아니라 작은 것에도 감사하고, 미래보다 현재에도 감사하고, 쉬지 않고 감사할 때에 차고 넘치는 감사를 드리게 됩니다. 불평하는 사람은 또 불평하게 됩니다. 불평하는 사람들을 보면 늘 불평거리를 찾습니다. 그 안에는 감사가 없습니다. 인도 속담에 "하나님께 호랑이를 왜 만들었느냐고 불평하지 말고 호랑이에게 날개를 달아 주지 않은 것을 감사하라"고 했습니다. 감사할 조건을 찾으면 감사가 넘칩니다.

여러분, 감사할 조건을 찾아보시기 바랍니다. 감사라는 영어 Thank는 생각한다는 영어 Think에서 나왔습니다. 생각하면 감사할 것뿐입니다. 교회와 일터, 가정을 돌아보면 모든 것이 은혜였음을 깨닫게 될 것입니다. 우리 교회를 돌아보아도 감사할 일이 얼마나 많습니까? 오늘 한국교회가 부흥을 잃어버렸는데 우리 교회를 복 주셔서 날마다 부흥하고, 6부의 예배를 드립니다. 성도들이 뜨겁게 전도하고, 뜨겁게 기도하고 있습니다.

바자회를 했는데 결산을 보니 손해 본 기관들이 많이 있습니다. 몇백 명이 달려들어 물건을 팔았는데 어떻게 된 것입니까? 손해 본 것이 아닙니다. 하나님께 큰 영광을 돌린 것입니다. 우리가 많이 남겼다고 세상 사람들이 잘했다고 하지 않습니다. 우리가 손해를 보고 물건을 파니 잘했다고 합니다. 교회가 감사하다고 합니다. 교회의 바자회는 돈을 벌기 위한 바자회가 아니라는 것을 분명히 아셔야 합니다. 바자회를 통해 이윤을 많이 남겼다면 그것은 하나님을 욕되게 하는 일입니다.

물질은 하나님께서 복 주시면 됩니다. 여러분 가정과 일터에 하나님께서 복을 부어 주시면 됩니다. 이 믿음이 있어야 합니다. 세상 사람들에게 이윤을 많이 남겨 그것을 가지고 선교하겠다는 것은 출발이 잘못된 것입니다. 세상 사람들이 교회를 보고 감사하면 여기서부터 지역선교가 시작되는 것입니다. 감사할 조건을 찾아 늘 감사가 넘치는 삶을 사는 성도들이 됩시다.

3. 감사를 훈련하시기 바랍니다

감사는 훈련입니다. 아침에 일어나 감사로 시작하고, 저녁에 잠들 때에 감사로 마치시기 바랍니다. 매일 감사로 찬양을 부르시기 바랍니다. 다른 사람보다 내가 먼저 감사를 표현하시기 바랍니다. 무엇보다 하나님께서 여러분에게 베풀어 주신 은혜를 하나하나 세어 보고 찾아보고 감사하시기 바랍니다. 감사하는 사람은 감사 약을 먹습니다. 이 감사 약은 만병통치약입니다. 저는 암 같은 중한

병에 걸린 분들에게 "하루에 백 번씩 감사하라"고 말합니다. 감사는 모든 것을 변화시키는 힘이 있습니다. 이번 한 주간 동안 진심으로 하나님께 감사하시기 바랍니다.

첫째, 기도로 감사하시기 바랍니다. 기도하는 것을 보면 이분이 감사하는 기도를 드리는지 아닌지를 알 수 있습니다. 기도에는 감사가 있어야 합니다. 나 같은 사람을 구원해 주시고, 인도해 주시는 하나님께 감사가 넘쳐나야 합니다. 추수감사절에 감사하는 기도로 주의 전에 나오시기를 바랍니다.

둘째, 찬양으로 감사하시기 바랍니다. 찬양에는 기도가 배어 있어야 합니다. 찬양을 통해 기도가 터져 나와야 합니다. 그것이 진정한 찬양입니다. 예배의 모든 순서가 진정한 감사로 드려져야 합니다. 감사는 축복입니다. 감사하는 마음은 벌써 축복을 받았습니다.

성도 여러분, 다가오는 추수감사절에 여러분의 마음을 감사로 가득 채워 주님 앞에 나오시기 바랍니다. 하나님께서 여러분의 가정에 베풀어 주신 은혜, 여러분의 일터와 가정에 베풀어 주신 은혜를 이번 일주일 동안 세어 보고 진정한 감사로 하나님 앞에 나오는 감사의 절기, 초막절 즉 추수감사절을 드리는 성도들이 됩시다.

더 생각해 보기: 말씀 이해를 위한 예화

소록도의 나환자들이 찬양을 부르는 모습을 보면서 오히려 건강한 많은 사람들이 은혜를 받는다고 합니다. 소록도의 한 식물학 박사가 간증을 하는데, 그는 박사학위를 받은 것이 자기가 똑똑하기 때문인 줄 알았다고 합니다. 그런데 어느 날 몸이 이상해서 진찰을 받아 보니까 나병이라는 진단을 받게 되었습니다.

그는 소록도에 들어서는 순간에 "하나님, 저에게 나병을 주신 것을 감사합니다. 내가 나병에 걸리지 않았다면 하나님을 알지 못하고, 내가 잘나서 출세한 줄 알았을 텐데 내가 나병에 걸리고 보니까 이제 알았습니다. 감사합니다"라고 기도했다고 합니다.

적용

1) 오늘 말씀의 주제 파악하기

2) 오늘 말씀 중 은혜 받은 부분 나누기

3) 삶에 구체적으로 적용하기

함께 드리는 기도 제목

1. 시험에 빠지지 않도록 믿음의 뿌리를 깊이 내리는 성도가 되게 하옵소서.
2. 감사할 조건을 찾아 늘 감사가 넘치는 삶을 살게 하옵소서.
3. 감사의 훈련을 통해 매일매일 하나님께 진정으로 감사하여 살게 하옵소서.

제44과

아멘의 감사

(추수감사주일)

✣ **본문** : 역대상 16장 28~36절
✣ **찬송** : 593장(아름다운 하늘과, 통 312장)
✣ **요절** : "여호와 이스라엘의 하나님을 영원부터 영원까지 송축할지로다 하매 모든 백성이 아멘 하고 여호와를 찬양하였더라"(대상 16:36)

이스라엘 백성에게 3대 절기는 유월절과 오순절과 초막절입니다. 초막절은 오늘의 추수감사절입니다. 초막절의 정신은 감사에 있습니다. 430년 동안 애굽에서 종살이를 하고, 40년 동안 다시 광야에서 고생을 하다가 비로소 가나안 땅에 정착하여 농사를 지었는데 얼마나 감격이 컸겠습니까? 수백 년 만에 짓는 첫 농사입니다. 내 땅에서 열매가 맺고 곡식이 익는 것을 바라볼 때에 이들의 마음은 뜨거웠을 것입니다. 수백 년 동안 짓지 않았던 농사를 짓는 일이 어찌 쉬운 일이었겠습니까? 하나님의 도우심 속에 추수를 하면서 이들은 감사를 드리지 않을 수 없었습니다. 그러므로 추수감사절은 감사 속에서 지켜야 합니다.

오늘 말씀은 이스라엘이 여호와의 궤를 블레셋에게 빼앗겼다가 다윗의 시대에 다시 찾아오게 된 내용입니다. 오벧에돔의 집에서 궤를 가져올 때에 다윗은 번제와 화목제를 드리고 레위 사람을 여호와의 궤 앞에 세우고 감사하며 찬송하게 했습니다. 그리고 다윗이 하나님께 감사하는 내용이 오늘 본문의 말씀입니다. 오늘 말씀은 올바른 감사가 어떤 것인지를 우리에게 알려주고 있습니다.

1. 하나님의 이름에 합당한 영광을 돌리는 감사를 드려야 합니다

29절에 "여호와의 이름에 합당한 영광을 그에게 돌릴지어다"라고 말씀합니다. 여호와의 이름이 어떤 이름입니까? 우리를 창조하신 하나님이시요, 우리를 오늘도 인도하시는 하나님이시요, 앞으로도 우리를 축복 가운데 인도하실 영광의 하나님이십니다. 그래서 우리가 부르는 찬양 중에 "좋으신 하나님 참 좋으신 하나님 우리의 기도를 응답해 주시는 하나님 한없는 축복을 주시는 하나님" 하며 하나님의 이름을 찬양하고 있지 않습니까?

'할렐루야' 가 무슨 뜻입니까? '하나님을 찬양하라' 는 뜻입니다. 찬양은 단순히 입으로만 하는 것을 말하지 않습니다. 찬양대원들이 찬양을 하는 이유는 찬양의 달란트가 있기 때문에 그것을 써먹으려고 찬양하는 것이 아닙니다. 하나님은 찬양받으실 분이시기 때문에 우리가 찬양합니다. 물건을 잘 고치는 분은 물건을 잘 고쳐서 하나님께 영광 돌리면 그것이 할렐루야입니다. 남을 섬기는 분은 하나님께 영광 돌리기 위하여 남을 섬깁니다. 그러면 그것이 할렐루야입니다. 그러나 내가 원래 남을 잘 섬기는 성격이 있어서 섬긴다면 이것은 자기에게 할렐루야 하는 것입니다. 내가 남을 섬길 때에도 하나님의 이름을 위하여 섬기면 이것이 할렐루야입니다.

감사하는 사람은 늘 할렐루야가 나옵니다. 내 삶의 모든 곳에서 "하나님을 찬양하라"고 외치며 사는 것이 여호와의 귀하신 이름에 합당한 영광을 돌리는 삶입니다. 여러분이 있는 곳마다 할렐루야가 넘치시기 바랍니다.

2. "제물을 들고 그 앞에 들어갈지어다"라고 했습니다

유월절이 하나님께서 구원해 주신 은혜에 대한 영적인 감사라면, 추수감사절은 고난의 세월을 지나게 하시고 베풀어 주신 물질에 대한 감사입니다. 우리가 부모님을 찾아뵐 때에 무엇을 가지고 갑니까? 또 자녀들이 무엇을 가지고 옵니까? 선물을 가지고 옵니다. 왜요? 감사하니까 그렇습니다. 하나님께 나올 때에도 감사하면 하나님께 무엇인가 드리고 싶습니다. 하나님께서는 이 사실을 잘 아시기 때문에 "빈손으로 내 앞에 나오지 말지니라"(출 23:15)고 하셨고, "내게 예물을 가져오라 하고 기쁜 마음으로 내는 자가 내게 바치는 모든 것을 너희는 받을지니라"(출 25:2)고 모세에게 명하셨고, "빈손으로 내 얼굴을 보지 말지니라"(출 34:20)고 하셨습니다.

우리는 하나님은 영이시니 영과 진리로 예배하면 되고, 물질이 중요한 것이 아니라 마음이 중요한 것이라고 생각하기 쉽습니다. "나는 인애를 원하고 제사를 원하지 아니하며 번제보다 하나님을 아는 것을 원하노라"(호 6:6)고 하셨습니다. 그런데 내 마음의 중심이 하나님께 가 있으면 하나님을 기쁘시게 하기 위하여 나의 물질을 드리게 됩니다. 마음과 물질이 구분되는 것이 아닙니다.

좀더 솔직하게 말하면, 하나님의 일을 위해 가장 쉬운 물질 드리는 것을 아까워하면서 삶을 바친다느니, 생명을 바친다느니 하는 것은 거짓말입니다. 물질 드리는 것이 아까운데 어떻게 생명을 드리고 어떻게 헌신할 수 있습니까? 하나님은 물질의 많고 적음을 구분하는 분이 아니십니다. 또 물질이 없어서 물질을 요구하시는 분도 아니십니다. 그래서 예수님께서는 성전에서 헌금하는 것을 보시며 과부의 두 렙돈이 부자의 많은 헌금보다 더 많다고 하셨습니다.

문제는 정성입니다. 적은 물질을 드릴 때에도 감사하는 마음으로 드려야 합니다. 이스라엘 백성들은 첫 열매를 거두며 감사하는 마음으로 하나님께 예물을 드렸습니다. 이들이 자기 소유의 첫 농사를 430년 만에 짓고 그 예물을 드릴 때에 눈물바다를 이루었을 것입니다. "이 모든 것을 하나님이 주셨습니다. 하나님, 감사합니다" 하고 통곡하며 예물을 드렸습니다.

당시에 농사 짓는 사람만 있었던 것이 아닙니다. 물건을 만드는 사람도 있었고, 목축업을 하는 사람도 있었습니다. 음악을 하는 사람도 있었습니다. 군인도 있었고 관리들도 있었습니다. 하나님께서는 농사짓는 사람에게만 추수감사절을 명하신 것이 아닙니다. 모두에게 명하셨습니다. 이것은 우리의 삶을 돌이켜 보며 하나님께 감사하는 인생이 되라는 말씀입니다. 내 삶을 이끌어 주시고 보호하시고 축복 주신 하나님께 진정으로 감사하는 추수감사절이 되시기를 바랍니다.

3. "아멘"으로 감사해야 합니다

"모든 백성이 아멘 하고 여호와를 찬양하였더라"(36절)고 했습니다. 36절까지 계속해서 하나님을 찬양하고 찬양이 끝나자 모든 백성들이 한마음으로 아멘으로 합창했다는 말입니다. 감사에는 아멘만 있을 뿐입니다. 우리가 하나님 앞에서 할 수 있는 일은 아멘뿐입니다. '말씀 그대로 이루어 주실 줄 믿습니다' 하는 것이 아멘입니다. 우리의 신앙생활에서 아멘이 떠나가면 은혜가 함께 떠납니다. 감사하면 모든 일에 아멘이 나오게 되어 있습니다. 감사하는 사람은 긍정적입니다. 감사하는 사람은 행복합니다. 감사하는 사람은 원망하지 않습니다.

흔히 교회에서 아멘 하는 것을 보면 축복받을 내용에만 아멘 하는 것을 볼 수 있습니다. 그러나 아멘은 축복받는 데에만 드리는 것이 아니라 하나님의 말씀에 아멘 하면 그것이 축복이 됩니다. 아멘은 결과가 아니라 원인도 됩니다. 아멘 하는 신앙을 하나님께서는 기뻐하시고 복 주시기 때문입니다. 하나님의 말씀을 듣다가 은혜가 되면 아멘 하시기 바랍니다. 내가 받을 축복이 선포되면 아멘 하시기 바랍니다. 하나님께 영광이 되면 아멘 하시기 바랍니다. 기도의 아멘, 봉사의 아멘, 사랑의 아멘, 소망의 아멘, 하나님을 향한 모든 일에 아멘 하는 신앙이 되시기를 바랍니다.

"네 입을 크게 열라 내가 채우리라"(시 81:10)고 하셨습니다. 어린 자녀들을 키울 때 보면 밥 한 숟가락을 떠서 어떻게 합니까? "아-" 합니다. "아-" 하면 입을 크게 벌리지요. 그래서 숟가락을 입에 넣어 주면 받아 먹습니다. 입을 크게 벌려야 받아 먹을 수가 있습니다. 그러나 병이 깊이 든 환자들을 보십시오. 입을 크게 못 벌립니다. 숟가락으로 미음이나 물이나 떠서 주면 겨우 받아 먹습니다. 영적으로도 그렇습니다. 영적으로 건강한 사람은 하나님의 말씀이 주어지면 벌써 말씀을 받아 먹으려고 입을 딱 벌리고 "아-" 하고 있습니다. 무슨 말씀을 주셔도 다 맛있게 먹고 소화를 시킵니다. 말씀을 주시면 아멘 하고 받아 먹습니다. 이것이 아멘의 신앙입니다.

여러분, 축복의 인생이 되기를 원하십니까? 하나님의 말씀에 아멘 하는 신앙으로 사십시오. 그러면 하나님께서 필요한 은혜를 보내 주십니다. 크게 아멘 하면 크게 응답하시고, 많이 아멘 하면 많이 응답하시고, 빨리 아멘 하면 빨리 응답하시고, 날마다 아멘 하면 날마다 응답하시고, 채우시고, 복 주실 줄 믿습니다.

지난 1년의 삶을 돌이켜 보면 이 모든 일이 하나님의 도우심이었습니다. 모든 것이 감사할 것뿐입니다. "앞으로 더욱 감사하며 살겠습니다. 이 시간 드리는 감사를 받아 주시옵소서. 날마다 아멘으로 살아가게 하여 주시옵소서." 아멘으로 감사하는 성도들이 됩시다.

더 생각해 보기: 말씀 이해를 위한 예화

"일찍 일어나는 새가 벌레를 잡는다"는 외국격언이 있습니다. '남보다 일찍 일어나 노력하는 사람이 성공한다'는 뜻입니다. 언뜻 보면 맞는 말 같지만 성경은 시편 127편 2절에서 이렇게 말씀합니다.

"너희가 일찍이 일어나고 늦게 누우며 수고의 떡을 먹음이 헛되도다 그러므로 여호와께서 그의 사랑하시는 자에게는 잠을 주시는도다."

너희가 일찍 일어난다고 해서, 너희가 정직하다고 해서, 너희가 머리가 좋다고 해서 성공하는 것이 아니라 하나님께서 도우셔야 한다는 것입니다.

일찍 일어나는 새가 벌레를 잡는다면 일찍 일어나는 벌레는 무엇입니까? 나는 남보다 일찍 일어나 수고하려고 했는데 잡아먹히고 만 것이 아닙니까? 무슨 뜻입니까? 우리가 살아가는 모든 부분을 하나님께서 지켜 주셔야 복되게 살 수 있습니다. 여러분, 감사하시기 바랍니다.

적용

1) 오늘 말씀의 주제 파악하기

2) 오늘 말씀 중 은혜 받은 부분 나누기

3) 삶에 구체적으로 적용하기

함께 드리는 기도 제목

1. 하나님께 영광 돌리는 감사를 드리게 하옵소서.
2. 하나님께 진정으로 감사하는 추수감사절을 보내게 하옵소서.
3. 아멘으로 살아가며, 아멘으로 감사하는 삶을 살아가게 하옵소서.

제45과

베들레헴으로 돌아갑시다

✣ **본문** : 룻기 1장 15~22절
✣ **찬송** : 525장(돌아와 돌아와, 통 315장)
✣ **요절** : "룻이 이르되 내게 어머니를 떠나며 어머니를 따르지 말고 돌아가라 강권하지 마옵소서 어머니께서 가시는 곳에 나도 가고 어머니께서 머무시는 곳에서 나도 머물겠나이다 어머니의 백성이 나의 백성이 되고 어머니의 하나님이 나의 하나님이 되시리니"(룻 1:16)

오늘 본문에는 신앙의 위대한 결단을 하는 룻의 이야기가 나옵니다. 나오미는 남편을 따라 고향을 떠나 모압 지방에 가서 살았습니다. 그곳에서 남편이 죽고, 두 아들까지 죽게 되었습니다. 당시 남편 없이 산다는 것은 너무나 힘든 일이었습니다. 이들이 할 수 있는 일은 거의 없었습니다. 다른 사람의 밭에 떨어진 이삭을 주워 사는 일이 전부였습니다. 그래서 성경은 고아와 과부를 긍휼히 여기라고 말씀하십니다. 두 며느리와 함께 사는 이 가정은 마침내 큰 위기에 봉착하게 됩니다.

이때 나오미는 두 며느리에게 이야기합니다. "이제 너희들은 각자 어머니의 집으로 돌아가라." 즉 '재혼하라'는 말입니다. 네 번씩이나 강권하는 이야기를 듣고 두 며느리가 소리 높여 울다가 '오르바'라는 며느리는 시어머니에게 인사를 하고 떠납니다. 나오미는 룻에게 "너도 너의 백성과 너의 신에게 돌아가라"고 이야기합니다. 룻은 "나에게 어머니를 떠나라고 하지 마십시오. 어머니가 가는 곳에 나도 가고, 어머니의 하나님이 나의 하나님이 될 것입니다. 어머니가 죽는 곳에 나도 함께 죽을 것입니다"라고 굳은 결심을 말합니다.

이 룻의 고백은 단순히 재혼에 대한 문제가 아닙니다. "어머니의 하나님이 나의 하나님이 될 것입니다. 나는 지금 힘들고 고통스러워도 하나님을 떠나지 않겠습니다" 하는 신앙의 고백입니다. 룻은 이 신앙고백을 통해 하나님의 큰 축복을 입는 여인이 되었습니다.

1. 나오미의 가정은 예루살렘을 떠났기 때문에 문제가 생겼습니다

예루살렘은 하나님께서 약속하신 땅입니다. 하나님께서는 가나안 땅을 주시고 이 땅은 젖과 꿀이 흐르는 땅이라 하셨습니다. 젖과 꿀이 흐르는 땅은 아주 비옥한 땅을 표현하는 상징적인 단어입니다. 가나안 정복의 시기에 이곳에는 거대한 사람들이 살고 있었고 곡식들은 크고 풍성했습니다. 그런데 이 가나안 땅에도 기근이 왔습니다. 기근이 온다는 것은 영적인 기근을 의미합니다. 예수 믿으면 항상 축복만 오는 것이 아니라 때로 기근도 찾아옵니다. 비가 늘 내려 주고 바람도 불지 않으면 나무들은 뿌리를 깊이 내리지 않습니다. 그러다가 풍랑이 한 번 오면 작은 풍랑에도 다 뽑히고 맙니다. 하나님께서는 우리에게 기근도 주십니다.

나오미의 남편인 엘리멜렉은 예루살렘에 기근이 찾아오자 모압 땅으로 떠납니다. 모압은 역사적으로 이스라엘을 지독히 괴롭힌 족속입니다. 이사야 선지자는 모압이 멸망할 것을 예언했는데 기원전 582년 바벨론에 의해 멸망을 당하게 됩니다. 모압은 우상의 땅을 의미합니다. 바알과 아스다롯과 여러 가지 우상을 섬긴 족속이었습니다. 성경에서 모압으로 떠났다는 것은 하나님의 약속을 떠났다는 것을 의미합니다. 결국은 이곳에서 엘리멜렉이 죽고 두 아들이 죽고 족보가 끊어질 위험을 만나게 되었습니다. 여러분, 힘들고 어려워도 예루살렘을 떠나면 안 됩니다.

우리에게 인생의 기근이 찾아올 때가 하나님께 엎드려야 할 때입니다. 예루살렘은 교회를 의미합니다. 물질이 부족하고, 지혜가 부족하고, 능력이 부족해도 예루살렘에 있으면 가능성이 있습니다. 주님의 교회에서 주님을 붙잡아야 합니다. 인생에 무슨 일이 있어도 교회를 떠나면 안 됩니다. 여러분은 예루살렘을 떠나면 안 됩니다. 내가 나의 신앙을 책임질 수 있는 것이 아닙니다. 여러분의 영혼을 구원하기 위해 하나님께서는 교회도 주시고, 주의 종도 세워 주시고, 장로님도 권사님도 구역장도 세워 주셨습니다. 여러분의 이름을 불러가며 기도하는 분들의 기도를 귀중하게 여기시기 바랍니다.

2. 예루살렘으로 돌아갑시다

예수님의 비유 중에 예루살렘을 떠나 여리고로 가던 사람이 강도를 만나 매를 맞고 벌거벗기우고 신음하게 되었습니다. 예루살렘을 떠났다는 영적인 의미는 하나님을 떠났다는 뜻입니다. 하나님을 떠나면 잘되는 일이 없습니다.

유럽이 하나님을 찾았을 때에는 최고의 축복을 받았지만, 하나님을 떠나면서 이들에게 어려움이 찾아오고 있습니다. 그러나 이들이 하나님을 아주 떠난 것이 아닙니다. 2009년 극우 파시스트들이 드레스덴으로 총집결했습니다. 6천 명이 드레스덴이라는 좁은 도시를 행진했습니다. 경찰도 막을 수가 없었습니다. 그런데 바로 그 도시 드레스덴에서 열렸던 2011년 기독청년들의 집회에 무려 20만 명이 넘는 독일 청년들이 모여 찬양을 하고 함께 기도를 했습니다.

미국은 마약과 범죄로 고통을 겪고 있습니다. 밤이면 밖에 나갈 수 없는 나라가 미국입니다. 어두워지면 사람들이 밖에 나가지 않습니다. 차가 없으면 움직이지 못합니다. 언제 어디서 칼을 들고 달려들지 모르기 때문입니다. 왜 미국이 이렇게 되었습니까? 하나님을 떠나면서 이렇게 되었습니다. 천국 같지만 사실은 천국이 아닙니다. 그런데 미국도 아직은 완전히 하나님을 떠난 것이 아닙니다. 청교도의 후예들은 지금도 뜨거운 신앙을 가지고 있습니다. 정직하게 살려고 합니다. 미국은 마약을 하고 길거리에서 춤을 추는 젊은이들이 미래를 이끌어 나가는 것이 아니라 바로 신앙심이 깊은 청교도의 후예들이 미국의 미래를 이끌어 나가기 때문에 아직은 희망이 있습니다.

우리도 그렇습니다. 우리의 미래를 우리 믿음의 자녀들에게 맡겨야 합니다. 이 문제를 위해 기도 많이 해야 합니다. "하나님, 우리 믿음의 자녀들이 이 땅, 우리 조국의 미래를 책임지게 해주십시오. 이들이 자라 이 민족의 대들보들이 되게 해주십시오" 하고 기도를 많이 해야 합니다. 우리의 자녀들이 예루살렘을 떠나지 않고, 교회를 사랑하고, 교회를 통해 축복을 받고, 이 나라의 기둥들이 되어야 합니다.

예수님께서도 제자들에게 "예루살렘을 떠나지 말고 약속하신 성령을 기다리라"고 말씀하셨습니다. 더디 오는 것 같아도 믿고 기도하면 성령의 불을 체험하게 해주신다는 말씀입니다.

예루살렘을 떠나는 것은 한 번에 떠나는 것이 아닙니다. 아브라함은 가나안 땅을 떠날 때 기근을 피하여 조금씩 조금씩 애굽 땅을 향하여 떠났습니다. 아브라함의 조카 롯도 소돔과 고모라를 향하여 한 걸음씩 한 걸음씩 떠나갔습니다. 가다 보니 죄악과 멸망의 도시 소돔과 고모라에 이르렀습니다.

여러분이 죄짓는 일을 처음부터 하는 것이 아닙니다. 조금씩 조금씩 하나님의 말씀을 떠나다 보니 죄 가운데 있는 나를 발견하게 됩니다. 한 걸음이 중요합니다. 한 걸음을 돌이키는 것이 중요합니다. 여러분은 지금 얼마나 하나님께로부터 떠나 있는지 오늘의 말씀을 통하여 자신을 돌아보시기 바랍니다. 세상을 향해 떠난 발걸음을 다시 하나님께로 돌이키는 성도들이 됩시다.

3. 돌아오니 축복이 있었습니다

나오미는 자신의 이름을 '나오미' 라 부르지 말고 '마라' 라 부르라고 하였습니다. 나오미는 '즐거움', 마라는 '괴로움' 이란 뜻입니다. '내가 가나안 땅을 떠나 하나님의 축복을 잃어버렸다' 는 뜻입니다. 나오미는 풍족한 삶을 위해 예루살렘을 떠났으나 모든 것을 잃고 예루살렘으로 돌아옵니다. 그런데 이것이 축복의 새로운 시작이었습니다. 나오미의 며느리인 룻은 이곳에서 보아스를 만나 결혼을 하게 됩니다. 보아스는 이 지역의 유지요 존경받는 사람이었습니다. 이스라엘의 법에 따라 남편이 죽으면 남편의 형제들이 아내를 취하게 됩니다. 형제가 없으면 가장 가까운 친척이 취하게 됩니다. 이것은 그 가문을 이어가기 위한 방법이었습니다. 여인의 힘으로는 도저히 살 수 없는 시대였기 때문입니다.

나오미의 남편 엘리멜렉의 가장 가까운 친척은 룻을 거절했습니다. 자신의 유산을 나누어 주어야 하기 때문입니다. 나오미와 룻은 얼마나 절망했겠습니까? 그러나 하나님께서는 이미 보아스를 준비해 놓으셨습니다. 여호와 하나님을 위해 결단하고 시어머니를 따르는 효부 룻의 결단을 하나님은 귀하게 여기셨습니다. 룻은 보아스와 결혼하여 오벳이라는 아들을 낳습니다. 오벳은 이새를 낳고, 이

새는 다윗을 낳습니다. 다윗은 이스라엘의 왕이 되고 다윗의 족보에서 예수님이 탄생하셨습니다.

룻기서는 짧은 책이지만 나사못과 같은 책이라고 말합니다. 사사시대와 왕정시대를 잇는 책이라는 말입니다. 이 룻기의 주인공이 바로 비천한 여인, 굶어 죽을 뻔했던 여인, 남편이 죽고 새로 시집을 가야 했던 3,000년 전에 살았던 여인 룻입니다. 룻은 이방여인입니다. 그것도 저주받은 백성인 모압 족속의 여인입니다. 그런데 예수님의 족보에 오르게 되는 축복을 받았습니다. 성경이 왜 이 부끄러운 사실을 다 기록하고 있습니까? 오늘 우리가 룻과 같이 비참한 상황에 있을지라도 예루살렘으로 돌아가면, 믿음의 길로 돌아가면 하나님께서 존귀하게 높이신다는 것을 보여준 것입니다.

내가 서 있는 곳이 어디입니까? 세상을 따라 풍요의 땅 모압으로 가면 안 됩니다. 예루살렘으로 돌아와야 합니다. 여러분의 자녀들도, 가정도, 이 민족도 예루살렘으로 돌아와야 살길이 열립니다. 지금 내가 힘들어도 괜찮습니다. 먹을 것이 없어도 괜찮습니다. 예루살렘으로 돌아오면 됩니다. 주의 전에는 평안이 있고, 축복의 약속이 있습니다. 우리 성도들은 룻의 신앙을 본받아 예루살렘을 향하여 나아가는, 주의 전을 향하여 나아가는 성도들이 됩시다.

더 생각해 보기: 말씀 이해를 위한 예화

진념 전 경제부총리가 강연에서 다음과 같은 이야기를 했습니다.

독수리는 장수하는 새 중의 하나입니다. 일반적으로 독수리는 40년을 사는데 40이 되면 부리와 발톱이 굽어져 더 이상 사냥을 할 수 없게 된다고 합니다. 이때 독수리는 결단을 해야 합니다. 굽어진 부리와 발톱 때문에 더 이상 사냥을 하지 못하고 굶어 죽든지, 아니면 부리와 발톱을 뽑아 버리고 새로운 변신을 통해 30년을 더 살든지 결단해야 합니다. 이때 독수리는 바위에 자신의 부리를 부딪쳐 부리를 깨뜨리고 발톱을 뽑아 버립니다. 그러면 새롭게 자란 부리와 발톱으로 30년을 더 산다고 합니다.

인생에는 중요한 결단을 해야 할 때가 있습니다. 사업의 결단, 진로에 대한 결단 등 혼신의 힘을 다한 결단이 필요한 때가 있습니다. 이 결단이 인생을 바꿉니다.

적용

1) 오늘 말씀의 주제 파악하기

2) 오늘 말씀 중 은혜 받은 부분 나누기

3) 삶에 구체적으로 적용하기

함께 드리는 기도 제목

1. 어렵고 힘들어도 주의 전인 예루살렘을 떠나지 않게 하옵소서.
2. 세상을 향한 발걸음을 주님께로 돌이킬 수 있는 믿음의 성도가 되게 하옵소서.
3. 예루살렘으로 향해 나아가는 축복의 주인공이 되게 하옵소서.

제46과

복된 인생이 되려면

✣ **본문** : 민수기 6장 22~27절
✣ **찬송** : 384장(나의 갈 길 다 가도록, 통 434장)
✣ **요절** : "여호와는 네게 복을 주시고 너를 지키시기를 원하며 여호와는 그의 얼굴을 네게 비추사 은혜 베푸시기를 원하며 여호와는 그 얼굴을 네게로 향하여 드사 평강 주시기를 원하노라 할지니라 하라"(민 6:24~26)

사람은 누구나 복 받기를 원합니다. 동양이나 서양이나 다 복 받기를 원합니다. 그래서 서양 사람들은 인사를 할 때도 "God bless you!"라고 합니다. "하나님의 축복이 함께하시길!" 하는 인사말입니다. 우리는 바라기를 일평생 고난과 고통이 없이 늘 하나님께서 축복을 주셨으면 합니다. 그럼에도 불구하고 우리의 인생에는 고난도 있고 환난도 있습니다. 질병이 찾아오기도 하고, 감당하기 힘든 아픔이 찾아오기도 합니다. 그런데 성경은 말씀하기를 믿음의 사람은 모든 것이 합력하여 선을 이룬다고 합니다. 결국은 복 받는 사람이 된다는 말씀입니다.

성경은 복에 대해서 굉장히 강조하고 있습니다. 그래서 복이라는 단어가 400번 이상이나 나옵니다. 하나님은 우리에게 복을 주시기를 원하시는데 문제는 받는 사람입니다. '하나님께서 우리에게 두 길을 놓아 두셨다' 고 말씀하셨습니다(신 30:15). 이것은 복된 길과 사망의 길입니다. 이 두 길을 우리 앞에 두시고 우리로 하여금 선택하게 하셨습니다. '복 받고 살겠다' 는 것은 결코 잘못된 생각이 아닙니다. 성경이 말씀하는 정신입니다.

오늘 본문 말씀을 보면 하나님께서는 아론과 그 아들들에게 "이렇게 축복하라" 고 하셨습니다. 아론과 그 아들들은 제사장 집안입니다. 그러므로 제사장들에게 "이스라엘 백성들을 이렇게 축복하라" 고 하셨습니다.

1. "여호와는 네게 복을 주시고 너를 지키시기를 원한다"라고 하였습니다

하나님께서 여러분에게 복을 주시고 그 복을 지키시기를 원하십니다. '지킨다' 는 말은 '솨마르' 라는 말로 '울타리를 친다' 는 말입니다. 양떼들이 도적이나 맹수들로부터 보호를 받으려면 울타리 안에 있어야 합니다. 이스라엘 백성들이 광야의 길을 갈 때에 하나님께서 강한 팔로 울타리를 쳐주셨습니다. 지키신다는 말은 이렇게 하나님의 팔로 감싸 주시고 보호하신다는 말입니다.

인간은 누구나 복을 받고 그 복을 지키기를 원하지만 그 복을 자기 힘으로 지킬 자가 아무도 없습니다. 미래의 일들은 아무도 예측할 수 없기 때문입니다.

여러분의 가정도 하나님이 복을 주시고 지켜 주셔야 합니다. 내가 지혜가 있어서 사업도 잘하고 돈도 많이 벌게 되었다고 생각하지 마시기 바랍니다. 하나님이 복 주시지 않으면 안 됩니다. 내가 자녀들을 잘 교육시켜서 자녀들이 잘 자랐다고 생각하지 마십시오. 하나님이 복주시고 지켜 주셔야 잘됩니다. 우리 교회도 하나님이 복을 주시고 지켜 주셔야 합니다. 그래서 하나님께서 복을 주시고 지켜 주시기를 기도해야 합니다. 목사가 설교를 잘해서 교회가 부흥됩니까? 아닙니다. 하나님이 복 주시고 지켜 주셔야 교회가 부흥됩니다.

저는 신학교 시절에 설교 준비를 많이 하면 설교를 잘하는 것으로 착각했습니다. 그래서 나름대로 많은 준비를 했습니다. 고상하고 학문적인 내용들이 풍부하게 들어가야 한다고 생각했습니다. 그저 하나님이 주시는 그 사랑, 예수님의 그 애원을 전하면 되는데, 사람이 보기에 멋있는 설교를 하려고 애를 썼습니다. 이후에 깨달은 것은 하나님께서 강단을 지켜 주시고 복 주시지 않으면 단 한 편의 설교도 할 수 없다는 사실입니다. 하나님의 영이 함께하시지 않으면 얼마나 곤고하고 힘이 드는지 모릅니다. 잠깐 하는 심방설교도 영적인 힘이 부족하고 기도가 부족하면 입에 침이 마르고 목이 다 아픕니다. 내가 봉사를 많이 해서 교회가 부흥을 했습니까? 아닙니다. 하나님이 복 주시고 지키셔야 부흥한다는 사실을 우리는 분명히 알아야 합니다. 하나님께서 복을 주시고, 지켜 주심이 충만한 성도들이 됩시다.

2. "그의 얼굴을 네게 비추사 은혜 베푸시기를 원하며"라고 하였습니다

성도 여러분, 날마다 하나님의 은혜 가운데 살기를 소망하시기 바랍니다. "하나님, 은혜를 베풀어 주시옵소서" 하면 하나님은 기뻐하십니다. 차를 탈 때도 "하나님, 함께 인도해 주시옵소서" 하고, 주의 전에 나올 때에도 "하나님, 오늘도 은혜를 베풀어 주시옵소서" 하고 기도하면 하나님이 기뻐하십니다. 하나님은 은혜 베푸시기를 원하시기 때문입니다.

하나님은 우리가 간절히 원할 때에 좋은 열매로 우리를 인도해 주십니다. 그런데 마귀는 그 반대입니다. 우리가 원하지 않아도 자꾸만 나쁜 열매를 맺게 합니다. 마귀의 역사가 있으면 나도 모르게 악한 길로 가게 됩니다. 내 마음은 아니어도 자꾸만 그쪽으로 가게 됩니다. 그래서 하나님의 얼굴이 우리를 향하여 비추시기를 간절히 기도해야 합니다. 하나님의 은혜가 비추이면 악한 영의 역사가 물러갑니다. 그러므로 "하나님, 은혜를 베풀어 주시옵소서" 하고 기도해야 합니다.

어떤 사람이 은혜를 받습니까? "나는 부족합니다. 하나님의 은혜가 없이는 살 수 없습니다" 하는 사람이 은혜를 받습니다. 성경에 예수님을 만나고 은혜 받은 사람들은 어떤 사람들입니까? '나는 되었다' 고 생각한 사람들은 아무도 은혜를 받지 못했습니다. "나는 부족합니다. 은혜가 없이는 살 수 없습니다" 하고 간절히 부르짖는 자에게 은혜를 주십니다. 은혜 받기 위해서는 하나님 앞에 적극적으로 매달려야 합니다. 가정이 구원 얻는 일도, 사업에 성공하는 일도, 적극적으로 매달려 풍성한 하나님의 은혜를 구해야 합니다.

어항에는 금붕어 같은 것이 삽니다. 그런데 시냇가에 가면 붕어나 피라미 같은 물고기가 삽니다. 강에 가면 잉어 같은 물고기들이 삽니다. 그런데 바다에 가면 고래도 살고, 상어도 살고, 큰 물고기들이 많이 삽니다. 여러분, 우리가 기왕에 은혜 받으려면 좁은 어항 속에 살지 말고 은혜의 큰 바다에 사는 큰 은혜의 성도들이 됩시다.

3. "그 얼굴을 네게로 향하여 드사 평강 주시기를 원하노라" 고 하였습니다

얼굴을 드신다는 말은 계속해서 주시한다는 뜻입니다. 하나님의 얼굴이 계속해서 주시하고 계시는 사람은 복된 사람입니다. 유대

민족은 평강을 늘 갈구했습니다. 전쟁과 강대국의 침략이 유난히도 많았던 이들에게 평강이 관심사가 된 것은 당연한 일입니다. 그래서 예수님께서도 제자들을 파송하시면서 각 가정에 들어갈 때에 "먼저 그 가정의 평안을 위하여 기도하라"고 하셨습니다.

우리는 사실 평안이 없으면 잠시도 살 수가 없습니다. 먼저 나라에 평안이 있어야 합니다. 우리나라도 6 · 25로 얼마나 많은 고생이 있었습니까? 지금도 팔레스틴에서는 날마다 전쟁이 일어납니다. 거기에는 평강이 없습니다. 그러니 얼마나 고통스럽겠습니까? 나라에 평강이 없으니 경제가 엉망이 됩니다. 학교도 없고 미래에 비전도 없습니다. 그러니 그들의 삶이 얼마나 곤고합니까? 우리는 감사한 줄 알아야 합니다. 내가 잘한 일도 없는데 평안한 나라를 주셨다는 사실을 감사할 줄 알아야 합니다.

가정에도 평강이 있어야 합니다. 평소에 가정에서 사랑의 표현을 하는 것을 보지 못하고 자란 자녀들은 결혼해서도 사랑하지만 표현하지를 못합니다. 부인이 잘한 일이 있으면 "여보! 참 잘했어. 어쩌면 당신은 그렇게 잘해" 하고 칭찬을 해주면 좋을 것을, "굼벵이도 뒹구는 재주는 있네" 하고 말합니다. "여보, 사랑해"라는 말은 죽어도 못합니다. 그래서 교회생활도 역시 칭찬과 격려를 못하고 비판적인 사람이 됩니다. 긍정적인 마음을 담지 못하다가 그만 실패하는 신앙생활을 하게 됩니다. 남편과 아내가 서로 사랑하고 사는 가정, 자녀가 부모에게 효도하고 부모는 자녀를 믿음으로 양육하는 가정, 사철에 봄바람이 불어오는 가정이 되는 비결은 하나님의 평강의 복이 있어야 합니다. "내 가정에 평강을 넘치도록 허락해 주시옵소서" 하고 기도하시기 바랍니다.

그리스도의 평강이 여러분 마음속에 지금 거하고 계십니까? 여러분의 심령 속에 평강을 주셔야 행복하게 삽니다. 심령에 평강이 사라지면 무엇이 옵니까? 걱정과 근심이 찾아오고, 미움과 시기와 질투가 찾아옵니다. 마음이 하루도 편안하지 않습니다. 내 마음을 내가 주장할 수 있는 줄 아십니까? 하나님께 맡기지 아니하면, 하나님께서 그 얼굴을 우리에게로 드사 지켜 주시지 아니하면 우리는 내 마음을 주장할 수 없다는 사실을 알아야 합니다. 여러분이 하나님께서 부어 주시는 축복의 손을 바라보고 모두 아멘으로 일어나시기 바랍니다. 은혜 받는 일에, 축복받는 일에, 하나님께서 기뻐하시는 모든 일에 다 함께 일어나는 성도들이 됩시다.

더 생각해 보기: 말씀 이해를 위한 예화

미국의 CBS 앵커맨으로 26년 동안이나 뉴스를 전한 짐 잭슨이라는 사람이 있습니다. 미국에서 대단히 인기가 있었고 남부럽지 않은 삶을 살았습니다. 그런데 갑자기 25년 동안 살아온 부인과 이혼을 했습니다. 그리고 행복을 잡기 위해 젊은 아가씨와 재혼을 했는데 2년 만에 다시 이혼을 했습니다. 그런데 하나밖에 없는 아들이 갑자기 교통사고로 죽었습니다.

어느 날 이분이 뉴스를 진행하는데 이상한 말을 합니다. 알고 보니 이 사람은 이미 알코올 중독자가 되어 있었습니다. 전 국민이 굉장한 충격을 받았습니다. 이 사람이 점점 더 폐인이 되어 마지막에는 마약중독자들을 관리하는 병원에까지 가게 되었습니다. 죽음이 임박하게 되었을 때에 비로소 짐 잭슨은 하나님을 영접했습니다. 말씀을 읽고 예배를 드리며 은혜를 받기 시작하자 술을 끊고, 마약을 스스로 끊었습니다. 인간적인 방법으로 노력해 보았지만 안 되던 것을 하나님을 영접하고 다 끊어 버렸습니다. 그리고 나니 빠른

속도로 회복이 되어 얼마 후 다시 앵커맨으로 뉴스를 전하게 되었습니다.

이분이 다시 텔레비전에 나와 전 국민의 관심 속에 처음 한 말이 "나의 인생은 이제 새로 태어났습니다. 하나님의 보호하심으로 나는 새로 태어났습니다" 하고 고백했습니다. 하나님이 복을 주시고 지켜 주셔야 한다는 사실을 뒤늦게 발견하게 되었습니다.

적용

1) 오늘 말씀의 주제 파악하기

2) 오늘 말씀 중 은혜 받은 부분 나누기

3) 삶에 구체적으로 적용하기

함께 드리는 기도 제목

1. 하나님께서 복을 주시고, 지켜 주심이 충만한 성도가 되게 하옵소서.
2. 은혜의 큰 바다에 사는 큰 은혜의 성도가 되게 하옵소서.
3. 은혜 받는 일, 축복 받는 일, 하나님 기뻐하시는 모든 일에 다 함께 일어나는 성도가 되게 하옵소서.

제47과

그날이 도둑같이

❖ **본문** : 데살로니가전서 5장 1~9절
❖ **찬송** : 179장(주 예수의 강림이, 통 167장)
❖ **요절** : "그러므로 우리는 다른 이들과 같이 자지 말고 오직 깨어 정신을 차릴지라"(살전 5:6)

성경은 우리 인생을 나그네 인생이라고 말합니다. 나그네는 지금 있는 곳이 자기 집이 아닙니다. 나그네는 늘 고향을 그리워합니다. 우리는 모두 나그네 인생입니다. 고향을 그리워하며 사는 인생입니다. 우리의 영원한 고향이 어디입니까? 하나님 나라입니다. 우리의 영원한 본향, 천국을 그리워하며 살아야 합니다. 인류역사는 예수님의 재림을 기다리며 살아가고 있습니다. 인류역사는 Before Christ(기원전-B.C.)와 Anno Domini(주의 해-A.D.)로 나뉘어 있습니다. 이것은 예수님의 재림을 기다리며 살아가는 인류역사의 상징적인 의미입니다.

신앙은 기다림을 전제로 합니다. 그래서 사도 바울은 우리에게 기다림이 없다면 우리가 가장 불쌍한 존재일 것이라고 했습니다. 기다림이 있기 때문에 현재의 고난과 핍박도 이기며 승리의 그날을 향해 나아갑니다. 여러분은 무엇을 기다리며 살아오셨습니까? 그 기다림이 어떤 기다림입니까?

1. 사도 바울은 주의 날을 말씀합니다

"주의 날이 밤에 도둑같이 이를 줄을 너희 자신이 자세히 알기 때문이라"(2절)고 했습니다. 데살로니가 교회는 종말론적 신앙이 분명히 서 있었습니다. 당시 초대교회는 예수님의 임박한 재림을 기다리며 살았습니다.

사도행전 1장 7절 이하를 보면 "때와 시기는 아버지께서 자기의 권한에 두셨으니 너희가 알 바 아니요 오직 성령이 너희에게 임하시면 너희가 권능을 받고 예루살렘과 온 유대와 사마리아와 땅 끝까지 이르러 내 증인이 되리라"고 말씀하시고 그들이 보는 데서 하늘로 올라가셨다고 기록되어 있습니다. 그때 제자들이 멍하니 하늘을 바라보고 있는데 천사들이 말하기를 "갈릴리 사람들아 어찌하여 서서 하늘을 쳐다보느냐 너희 가운데서 하늘로 올려지신 이 예수는 하늘로 가심을 본 그대로 오시리라" 하였습니다.

제자들은 이전에는 비겁한 존재였고, 죽음 앞에 두려워하는 가련한 인생들이었지만 이 사건을 목도한 뒤로 그들의 삶이 180도 바뀌었습니다. 눈앞에서 올라가신 예수님을 보았기에 죽음을 두려워하지 아니하고 예수님이 말씀하신 그대로 땅 끝까지 복음을 전하기 위해 그들의 인생을 바쳤습니다.

예수 믿고 어떻게 하면 용감해질 수 있습니까? 예수 믿고 어떻게 하면 새사람이 되고, 어떻게 하면 헌신적인 사람이 될 수 있습니까? 부활의 주님을 만나면 변화하게 됩니다. 예수를 오래 믿어도 부활의 주님을 만나지 못하면 옛 사람 그대로입니다. 세상의 지식과 경험이 계속해서 그 사람을 주장합니다. 그러나 부활의 주님을 만나면 완전히 바뀝니다. 제자들과 갈릴리 사람들은 예수님의 승천을 목격했기에 사자굴과 감옥을 두려워하지 않았습니다. 이제 예수님이 곧 오실 것이니 한 사람의 영혼이라도 더 구하기 위해 복음 전하는 일에 힘썼습니다.

그런데 우리는 예수님의 말씀을 잘 살펴야 합니다. 때와 기한은 아버지께서 자기의 권한에 두셨다고 했습니다. 즉 재림의 시간은 하나님의 권한에 있다는 말입니다. 초대교인들은 예수님께서 곧 오실 것이라 믿었고, 날마다 모여서 찬송을 부르며 말씀을 듣고 떡을 떼며 성도의 교제를 나누었습니다. 재림이 언제 이루어질지는 알지 못했지만 예수님께서 반드시 곧 오신다고 믿었기에 이들은 신앙의 순결을 지킬 수 있었습니다.

2. 재림의 날은 도둑같이 옵니다

사도 바울은 재림의 날이 도둑같이 임함을 말씀하고 있습니다. 그래서 준비하라고 하십니다. 우리가 도둑이 어느 때 오는 줄 알면 다 방비를 합니다. 도둑은 도둑질하러 오는 시간을 절대로 알리지 않습니다. 오늘 올지 내일 올지 알 수가 없습니다. 그래서 매일 깨어 준비해야 한다고 말씀하십니다. 사도 바울은 예수님의 재림이 곧 올 것이라는 시한부 종말을 말씀한 것이 아닙니다. 시한부 종말론을 잘못 이해하면 이상한 데로 가게 됩니다. 성경에는 언제 종말이 온다는 이야기가 없습니다. "때와 기한은 아버지의 권한에 있으니 깨어 기도하라"는 말씀밖에 없습니다. 누구든지 시한부 종말을 이야기하면 '이거 이단이구나!' 하고 생각하시면 맞습니다.

바울이 이와 같은 표현을 사용하는 것은 잘 준비하라는 뜻입니다. 그런데 왜 사도 바울은 재림이 가까웠다고 했습니까? 이런 이야기가 있습니다. 이웃집의 아기를 맡아서 돌보아 주기로 한 아주머니가 있습니다. 아기 엄마는 급한 일이 있어서 먼 곳에 가게 되었습니다. 저녁 10시경에야 돌아옵니다. 그런데 이 아이가 엄마를 찾으면서 아주머니를 힘들게 합니다. 먹을 것을 주고, 좋은 것을 주어도 달래지지 않습니다. 그래서 그 다음에는 아기를 업고 밖으로 나가면서 달랩니다. "야, 저기 기차 오지? 엄마가 곧 올 거야. 기차가 지나가면 엄마가 올 거야." 그러면 아기가 울음을 딱 그치고 엄마가 오나 보다 하고 눈을 반짝이며 기다립니다.

사도 바울의 말씀이 바로 이것입니다. 초대교회의 성도들이 얼마나 고난이 많았습니까? 포기하고 싶은 마음이 있을 때마다 사도 바울은 "조금만 기다려라. 예수님이 분명히 오신다" 하면서 아기를 달래는 심정으로 말씀하였습니다. 어떤 목사님이 "예수님이 왜 빨리 안 오시느냐?"라는 질문에 "못 오시는 거다"라고 대답했습니다. "예수님이 오시면 또 십자가에 못 박으려고 할 터이니 못 오시는 거다. 한 번 십자가에 못 박힌 것도 징그러운데 또 십자가에 못 박으려고 할 터이니 어떻게 오냐?" 하는 말씀입니다. 그만큼 세상이 악해졌다는 말입니다. 세상풍조는 나날이 바뀝니다. 세상은 점점 더 악해져 간다는 것이 성경의 말씀입니다.

3. 빛의 아들로 살아야 합니다

5절을 보면 "너희는 다 빛의 아들이요 낮의 아들이라"고 했습니다. 낮에는 도둑이 들어오지 못합니다. 빛이 있는 곳에서는 도둑이 힘을 쓰지 못합니다. 그러므로 너희는 세상이 악해지고 어두워져도 빛으로 살라는 말씀입니다. 세상 사람들과 똑같이 살아서는 안 됩니다. 어떤 기독교인들은 세상을 따라가기 위해 발버둥을 칩니다. 그러나 그 길은 어둠의 길입니다.

우리는 영안을 열어 달라고 기도해야 합니다. 다른 사람들이 안 보이는 것이 보이고 남들은 못 보는 것을 보는 것이 영안이 아닙니다. 사람들은 그런 것을 두려워합니다. 남의 속을 본다고 하니까 두려워합니다. 영안은 그런 것이 아닙니다. 오히려 남의 속을 볼 수 있다면 그것은 마귀의 역사가 더 많습니다. 영안이 열리면 하나님의 뜻을 압니다. 영안이 열리면 예수님의 마음을 압니다. 말씀에 순종하게 됩니다. 어둠의 길과 밝은 길을 구별하게 됩니다. 그러면 어떻게 살아가야 하는지를 깨닫게 됩니다. 교인들 가운데도 영안이 막힌 사람들이 있습니다. 영안이 막히면 하나님의 뜻이 막힙니다. 그래서 영안이 막힌 사람은 하나님의 뜻을 막게 됩니다. 이것을 깨닫게 되기를 바랍니다.

4. 신앙은 목숨 걸고 싸워야만 승리할 수 있습니다

"우리는 낮에 속하였으니 정신을 차리고 믿음과 사랑의 호심경을 붙이고 구원의 소망의 투구를 쓰자"(8절).

사도 바울은 믿음의 생활을 전투에 비유하여 말씀합니다. 신앙생활은 전쟁과 같기 때문입니다. 적당히 하는 것으로는 되지 않습니다. 신앙은 목숨 걸고 싸워야만 승리할 수 있는 싸움입니다. 데살로니가 교회에는 당시 이단들의 유혹이 많았습니다. 그래서 사도 바울은 이렇게 전투적인 용어를 사용하면서까지 신앙에 승리할 것을 말씀하고 있습니다.

성경에 재림과 심판에 대하여 총 1,564회가 나오는데 그중에 신약에만도 318회가 나옵니다. 무려 25절에 한 번꼴로 심판과 재림에 대한 말씀이 나옵니다. 그만큼 성경은 재림을 강조합니다. 우리의 신앙에 가장 중요한 것이 재림의 신앙인 것을 알아야 합니다. 우리는 항상 죽음을 준비하고 살아야 합니다. 하나님 앞에서 항상 겸손하게 살아야 합니다. 깨끗하게 살아야 합니다.

전투를 할 때는 혼자서 할 수 없습니다. 공군도 있고, 육군도 있고, 해군도 있습니다. 모두 함께 도와야 합니다. 그래서 주님께서는 우리에게 귀한 선물을 주셨는데 그것이 바로 교회입니다. 거룩한 교회를 통해서 믿음의 생활을 배워 가고 성도 간에 사랑을 실천하는 것입니다. 여러분은 하나님께서 이 귀한 교회를 주신 것에 감사하시기 바랍니다. 귀한 성도들을 주신 것에 감사하시기 바랍니다. 왜 하나님께서 성도들을 주셨습니까? 서로 사랑하라고 도우라고, 힘을 합하여 복음의 선한 싸움에 승리하라고 주셨습니다.

주님이 언제 재림하실지는 아무도 모릅니다. 그러나 주님은 "주의 날이 도둑같이 오리라" 하셨습니다. 도둑은 예고 없이 옵니다. 그러므로 불신자들에게 예수님의 재림이 예고 없이 옵니다. 그러나 믿는 우리에게는 이미 예고되어 있습니다. 다만 때와 기한만 모르므로 깨어 있어 기다리면 됩니다. 깨어 있으시기 바랍니다.

종말은 누구에게나 찾아옵니다. 그러므로 날마다 깨어서 근신하며 항상 주의 일에 힘쓰는 사람들이 되어야 합니다. 우리 성도들은 서로가 잠들지 않기 위해서 도와주시고, 사랑으로 격려해 주시기 바랍니다. 나만 잘해서 되지 않습니다. 함께 잘해야 합니다. 그것이 바로 신앙에 승리하는 비결이요, 이 교회가 축복받는 비결입니다. 선한 싸움을 잘 싸워 예수님의 재림을 항상 준비하는 성도들이 됩시다.

더 생각해 보기: 말씀 이해를 위한 예화

안식교의 교주인 윌리엄 밀러는 종말이 1843년 10월 22일에 온다고 했습니다. 그래서 수만 명이 산에 올라가 밤늦게까지 예수님의 재림을 기다렸는데 오지 않았습니다. 그랬더니 밀러는 말하기를 "예수님이 연착한다"고 했습니다. 아니, 예수님이 기차입니까? 그래서 사람들은 거의 반년을 미쳐서 살았습니다. 나중에는 예수님이 오셨는데 지금 우리 눈에 안 보이는 곳에 계신다고 거짓말을 했습니다. 우리나라의 다미선교회 같은 데도 여러 번 거짓말을 했습니다. 이단은 지금은 솔깃해도 반드시 문제가 일어납니다. 그러므로 말씀에 굳게 서야 합니다.

적용

1) 오늘 말씀의 주제 파악하기

2) 오늘 말씀 중 은혜 받은 부분 나누기

3) 삶에 구체적으로 적용하기

함께 드리는 기도 제목

1. 재림이 임하기 전에 한 사람의 영혼이라도 더 구원하기 위해 복음 전하는 일에 최선을 다하게 하옵소서.
2. 주님의 재림을 잘 준비하는 성도가 되게 하옵소서.
3. 선한 싸움을 잘 싸워 예수님의 재림을 항상 준비하게 하옵소서.

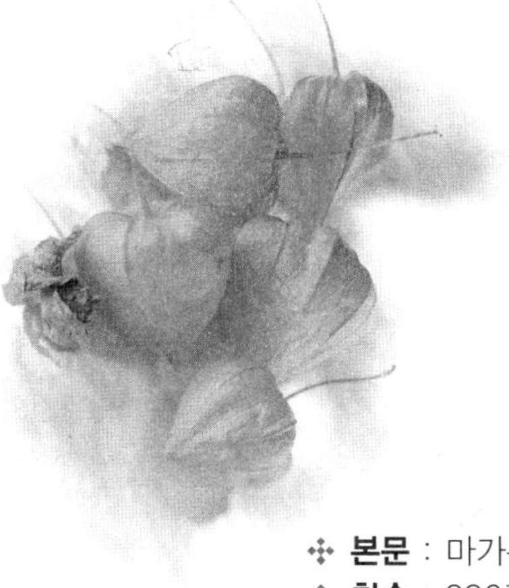

제48과

천국을 심으라

(대림절 1)

✣ **본문** : 마가복음 4장 30~32절
✣ **찬송** : 330장(어둔 밤 쉬 되리니, 통 370장)
✣ **요절** : "심긴 후에는 자라서 모든 풀보다 커지며 큰 가지를 내나니 공중의 새들이 그 그늘에 깃들일 만큼 되느니라"(막 4:32)

대림절 첫 번째 주일입니다. 대림절은 예수님이 이 땅에 오심을 기억하며 다시 오실 예수님을 사모하며 기다리는 절기입니다. 대림절 기간 동안 예수님의 말씀을 통해 다시 오실 주님을 기다리며 재림을 소망하는 성도들이 됩시다.

예수님은 제자들에게 천국을 말씀하시며 씨 뿌리는 비유를 주셨습니다. 그리고 이어서 겨자씨의 비유를 주셨습니다. 왜 이 말씀을 주셨는가 하면, 제자들은 예수님의 말씀을 들으며 하나님의 나라에 관심이 있었습니다. 이들은 영원한 하나님 나라가 아니라 이 땅에 이루어질 하나님 나라에 관심이 있었습니다. 예수님께서 언제 혁명을 일으키시고 왕이 되실까 하는 것이 관심사였습니다. 그런데 예수님은 "하나님 나라를 너희들에게 어떻게 설명할까? 그렇지! 하나님 나라는 겨자씨 한 알과 같다. 그 겨자씨가 처음에는 모든 씨앗보다 작은 것이지만 나중에는 모든 풀보다 커지며 공중의 새들이 그 가지에 깃들이게 된다. 이것이 천국이다"라는 말씀을 주셨습니다.

천국은 작은 곳에서부터 임한다는 말씀입니다.

이 말씀 그대로 예수님은 아무도 알아주지 않는 예루살렘의 작은 마구간에서 태어나셨습니다. 그 아기가 하나님께서 이 땅에 심어 주신 씨앗입니다. 예수님께서 겨자씨가 되어 주셨습니다. 그리고 그 씨가 자라서 온 땅에 복음이 가득 차게 되었습니다.

1. 씨앗에는 생명이 있습니다

씨앗은 죽은 것 같지만 그 속에 생명이 있기에 싹을 틔웁니다. 수천 년 전 피라미드에서 발견된 씨앗을 과학자들이 심어 자라게 한 일도 있습니다. 3,300년 전 고대 이집트 투탕카멘의 피라미드에서 완두콩 다섯 알을 발견하여 그중에 두 알을 심어 1,500알의 완두콩을 만들었습니다. 완두콩은 바짝 말라 있었으나 피라미드 안에 잘 보존된 완두콩은 씨눈이 살아 있었습니다. 생명이 살아 있었습니다.

기독교는 생명의 종교입니다. 하나님께서 창조하신 인간은 하나님의 형상과 모양이 있습니다. 그런데 이 하나님의 형상을 죄악이 가리고 있습니다. 예수님께서는 이 땅에 씨앗으로 오셔서 죄와 죽음의 권세를 이기시고 부활하셨습니다. 그리고 우리에게도 죄를 이길 권세를 주시고 영원한 생명의 약속을 주셨습니다.

복음은 살아 있는 능력입니다. 죽어가는 세상에, 죽어 가는 가정에 복음이 들어가기만 하면 다시 살아나는 능력이 있습니다. 복음은 어려운 것이 아닙니다. 예수 그리스도를 믿는 것이 복음입니다. 예수를 도덕적인 종교로 만들려는 사람들이 있습니다. 도덕으로 말하면 공자도 훌륭하고, 석가도 훌륭합니다. 그러나 도덕은 생명을 만들지 못합니다. 예수를 형식으로 만들려는 사람들도 있습니다. 바리새인들이 그랬습니다. 그들은 하나님을 종교의 이름으로 포장

했습니다. 그래서 그들의 속에는 생명이 없었습니다. 예수 믿는 것은 구원받기 위한 것입니다. 우리가 도덕적으로 사는 것도, 선한 일을 행하는 것도, 복 받는 인생으로 사는 것도 예수 믿고 거듭나면 저절로 주어지는 것이지 그것을 위해서 사는 것이 아닙니다.

복음을 받아들이게 되면 힘이 납니다. 세상이 밝게 보입니다. 복음을 깨닫게 되면 삶에 의욕이 생깁니다. 살아가는 이유를 분명히 압니다. 내 속에 예수 그리스도의 영이 살아 움직이기 때문입니다. 세상은 사람의 힘으로 사는 것이 아닙니다. 사람의 노력과 힘으로는 생명의 문제를 절대로 해결할 수가 없습니다.

여러분을 도와주실 분이 누구입니까? 예수, 예수님만이 여러분을 구하실 수 있습니다. 영적으로 말하면 하나님께서는 여러분 안에 겨자씨를 심어 주셨습니다. 하나님께서는 여러분에게서 겨자씨와 같은 소망을 보십니다. 지금은 작고 미약하지만, 지금은 작은 시험에도 흔들리지만, 살아 있기만 하다면 크고 위대하게 자랄 수 있기 때문에 소망의 눈으로 여러분을 바라보고 계신 하나님의 눈길을 깨닫게 되기를 바랍니다.

2. 하나님의 나라는 자라나는 특성이 있습니다

겨자씨는 눈에 보이지 않을 만큼 아주 작습니다. 사람들은 겨자나무라고 하는데 사실 겨자는 1년생 풀입니다. 나무는 다년생이지만 겨자는 1년생입니다. 그런데 자라기 시작하면 4~5m의 큰 나무처럼 자라서 그 가지에 새들이 와서 깃들이게 됩니다. 살아 있는 것은 성장하게 되어 있습니다. 오늘 말씀의 겨자씨는 한 사람의 신앙을 말할 수도 있고 교회를 말할 수도 있습니다.

우리나라 선교 초기에 대동강에 제너럴셔먼 호를 타고 토머스 선교사가 와서 복음을 전하려 했지만 대원군의 쇄국정책으로 인해 배는 불타 버리고 참수형을 당하게 됩니다. 선교의 시작도 이루어지지 못했습니다. 그러나 토머스를 참수시킨 박춘권이란 병졸이 받은 성경책을 통해 이 땅에 복음이 전파되었습니다. 박춘권은 예수를 믿게 되었고, 성경을 영문 주사인 박영식에게 주었는데 성경책을 뜯어 벽지로 발랐습니다. 이후에 박영식이 예수를 믿게 되었고, 평양 최초의 교회인 널다리골 예배당이 바로 박영식의 집이었습니다. 겨자씨 한 알이 심겨져 죽었으나 다시 살아나 이 땅에 복음의 열매를 거두게 되었습니다.

얼마나 놀라운 하나님의 역사입니까? 신유박해, 병인박해를 통해 당시 천주교 신자들 1만 명이 순교했습니다. 당시 크리스천이 2만 명이었으니 절반이 죽었습니다. 그런데 하나님께서는 이 땅에 심겨진 겨자씨들을 축복해 주셨습니다. 그래서 지금 한국교회는 1,000만 크리스천으로 성장하게 되었고, 전 세계에 선교사를 보내는 나라가 되었습니다.

예수님께서는 한 알의 밀알로 자신을 십자가에 심어 우리에게 주셨는데 오늘 수억의 인구가 하나님을 믿고 있습니다. 예수님은 12제자에게 씨앗을 심어 주셨는데 그 씨앗이 자라 전 세계에 복음이 퍼져 나가게 되었습니다. 살아 있는 씨앗은 반드시 성장합니다. 예수님께서는 겨자씨 한 알이라고 하셨습니다. 하나가 변화를 일으키고, 한 번이 변화를 일으킵니다. 하나님께서 한 사람 한 사람의 겨자씨를 통해 놀라운 추수를 준비해 주셨습니다. 교회는 천국의 포도원입니다. 여러분은 그 안에 심어진 겨자씨입니다. 성도들이 자라면 교회는 저절로 성장합니다. 여러분의 심령 안에, 여러분의 가정 안에 믿음으로 심어진 겨자씨가 자랄 줄로 믿고, 기도하며, 기다려 풍성한 열매를 거두는 성도들이 됩시다.

3. 작은 것을 절대로 소홀히 여기지 마시기 바랍니다

겨자씨는 씨 중에 가장 작은 씨지만 자라서 큰 나무와 같이 자라는 것처럼 작은 것이 모여 크게 됩니다. 천 리 길도 한 걸음 한 걸음이 더하여져서 가게 됩니다. 예수님께서는 "진실로 너희에게 이르노니 만일 너희에게 믿음이 겨자씨 한 알만큼만 있어도 이 산을 명하여 여기서 저기로 옮겨지라 하면 옮겨질 것이요 또 너희가 못할 것이 없으리라"(마 17:20)고 말씀하셨습니다. 오병이어의 기적도 한 소년이 내어놓은 보리떡 다섯 개와 물고기 두 마리로부터 시작되었습니다.

우리 교회의 장로님이 피택장로 시절의 이야기입니다. 장로님이 장로 피택이 된 이후에 상담을 했습니다. "목사님, 장로 피택이 되었는데 사업을 그만둔 다음에 직장이 구해졌습니다. 그런데 직장이 격주로 주일에 일해야 합니다. 주일성수를 할 수가 없습니다. 어떻게 하면 좋겠습니까?" 이분은 나이가 많이 들어 직장을 구하기 힘든 나이였습니다. "장로님은 모든 생활에 성도의 모범이 되어야 합니다. 미안하지만 주일을 성수하시고 하나님께서 좋은 직장 주실 줄로 믿고 함께 기도하십시다"라고 권면했습니다. 이분이 "목사님이 그렇게 말씀하시니 제 마음이 후련합니다" 하고 갔습니다. 그리고 몇 달이 지난 후 장로님이 하시는 말씀이 "하나님께서 너무 좋은 직장을 주셨습니다. 주일성수를 할 수 있고 조건도 너무 좋습니다. 지난번 직장과는 비교도 안 되는 너무나 좋은 직장입니다"라고 하셨습니다. 하나님께서 장로님의 한 번의 결단을 귀하게 여기시고 그 겨자씨를 축복해 주셨습니다.

여러분, 한 번만이라고 생각하면 죄를 짓습니다. 한 알의 씨앗 심는 것을 귀하게 여기시기 바랍니다. 하나님께서 여러분 각자에게 이미 축복의 겨자씨를 주셨습니다. 그 씨앗을 잘 심으시기 바랍니다. 예수님을 위하여, 복음을 위하여 심으시기 바랍니다. 그리하여 새들이 깃들이는 거목이 되는 큰 축복의 결실을 거두는 성도들이 됩시다.

더 생각해 보기: 말씀 이해를 위한 예화

청북교회 어느 집사님이 아주 가난하게 고생하면서 자녀를 키우며 적금을 부어 겨우 1,000만 원 전세금을 모았답니다. 월세만 살다가 처음 들어가는 전세입니다. 얼마나 기뻤겠습니까? 그런데 어떻게 알았는지 평소에 친하게 지내던 동생 같은 집사님이 와서 일주일만 빌려 쓰고 반드시 갚겠다고 하면서 그 돈을 전부 빌려갔습니다. 그런데 이 사람이 그 돈을 가지고 도망을 쳤습니다. 1,000만 원만 가지고 도망친 것이 아니라 여러 사람의 돈을 빌려 도망을 쳤습니다. 기가 막히고 하늘이 무너지는 일입니다. 그런데 이 집사님이 기도하면서 믿음으로 잘 이겨냈습니다.

몇 달이 지난 후 주일 아침에 교회 가려고 준비하고 있는데 돈을 가지고 도망쳤던 사람에게서 전화가 왔습니다. '지금 김포공항인데 나 조금 있으면 비행기 타고 외국으로 간다. 내가 당신 돈을 가지고 가려 하니 밤마다 괴로워서 도저히 그냥 못 가겠다. 당신 돈만 돌려줄 터이니 아무에게도 이야기하지 말고 빨리 와서 받아가라'는 전화였습니다. 그런데 이 집사님이 고민합니다. '오늘은 주일인데 내가 서울을 다녀오면 예배를 못 드리게 되는데 어떻게 해야 하나?' 하고 고민하다가 예배를 드리러 갔습니다.

이 집사님은 공장에 다니고 아주 힘들게 살아가는데, 월세 낼 돈도 없어 쩔쩔매는데, 단 한 번의 예배를 위해 1,000만 원을 포기했습니다. 예배를 더 귀하게 여겼습니다. 그런데 하나님은 이 가정에 복을 주셨습니다. 지금은 자녀들이 다 잘되었고, 행복한 신앙생활을 하고 있다고 합니다. 이 집사님은 세상적으로 보면 어리숙할지 모르지만 하나님 앞에서 가장 귀한 한 알의 겨자씨를 심었습니다. 그 열매를 하나님께서 추수해 주셨습니다.

적용

1) 오늘 말씀의 주제 파악하기

2) 오늘 말씀 중 은혜 받은 부분 나누기

3) 삶에 구체적으로 적용하기

함께 드리는 기도 제목

1. 소망의 눈으로 우리를 바라보고 계신 하나님의 눈길을 깨닫게 하옵소서.
2. 믿음의 겨자씨가 자랄 줄로 믿고, 기도하며, 기다려서 풍성한 열매를 맺게 하옵소서.
3. 모든 성도들이 모든 새들이 깃들이는 거목이 되는 큰 축복의 결실을 맺게 하옵소서.

제49과

오늘의 오병이어

(대림절 2)

✣ **본문** : 요한복음 6장 5~13절
✣ **찬송** : 408장(나 어느 곳에 있든지, 통 466장)
✣ **요절** : "그들이 배부른 후에 예수께서 제자들에게 이르시되 남은 조각을 거두고 버리는 것이 없게 하라 하시므로 이에 거두니 보리떡 다섯 개로 먹고 남은 조각이 열두 바구니에 찼더라"(요 6:12~13)

대림절의 의미는 크게 두 가지로 볼 수 있는데, 첫째는 주님의 다시 오심을 소망하며 기다리는 것입니다. 둘째는 2천 년 전 이 땅에 오셔서 행하셨던 예수님의 역사가 오늘 우리의 삶의 현장에 이루어지도록 하는 것이 대림절의 현대적 의미입니다.

오늘 오병이어의 이적은 우리가 너무나 잘 아는 이야기입니다. 우리는 이 이적을 볼 때에 오병이어로 5천 명이 넘는 많은 사람들이 먹고도 남음이 있었다는 사실에 주로 관심을 갖습니다. 우리는 물질적인 가치에 관심이 많기 때문에 왜 오병이어의 기적을 행하셨는가, 오병이어의 이적을 통해 우리에게 무엇을 주고자 하셨는가에 대해서는 깊이 생각하지 않습니다. 이 오병이어의 이적이 2천 년 전 벳새다 들녘에 모였던 수많은 사람들의 이야기로 끝나고, 바로 우리들의 이야기가 되지 못하는 이유는 우리가 물질적인 이적에만 관심을 가지고 있기 때문입니다. 무엇을 바라보고 사느냐가 중요합니다.

1. 예수님의 기적의 초점은 떡에 있는 것이 아니라 영혼의 구원에 있습니다

예수님께서는 너희가 떡을 먹고 배부르라는 것만이 아니라 이 기적을 통하여 너희가 영의 떡을 먹어야 한다는 것을 말씀해 주고 계십니다. 우리의 삶의 초점이 하나님의 나라로 향해야 합니다. 사도 바울은 인간을 육에 속한 사람과 영에 속한 사람으로 설명했습니다. 우리는 육에 속한 사람이로되 끊임없이 영에 속하기 위하여 싸워야 한다는 말입니다. 벳새다에 모였던 백성들은 말씀을 듣는 순간에는 하나님의 영이 임했습니다. 배고픈 줄도 모르고 말씀을 들었습니다. 어떤 사람은 배가 고파 쓰러질 지경이 되어도 말씀을 끝까지 듣기 위해 참았을 것입니다. 이런 이들이 왜 변했습니까? 영적인 싸움을 하지 못했기 때문입니다.

오늘 우리도 영적인 싸움을 게을리 하면 이렇게 실패합니다. 말씀을 듣는 순간은 하나님의 영이 강하게 역사하지만 세상을 바라보는 순간 악한 영이 여러분을 유혹합니다. 그러므로 쉬지 않고 영적인 싸움을 싸워야 합니다. 영적인 싸움을 잘 이해해야 합니다. 영적인 싸움은 내가 싸우는 것이 아닙니다. 성령님께서 나를 대신하여 싸우십니다. 여러분, 주님께 맡기면 결코 실패가 없습니다. 성령님께 모든 싸움을 맡기면 여러분과 가정과 이 교회를 늘 이기도록 도와주십니다. 그러나 내 힘으로 이기려 하면 실패하는 날이 옵니다. 은혜 받고, 축복 받고, 좀 될 만하면 교만해지는 것이 인간입니다. 그러므로 매일 성령님께서 나를 주장하셔서 악한 마음과 싸워 주시도록 나를 내어드려야 합니다.

세상 부귀영화도 다 지나갑니다. 영원한 것은 없습니다. 사람들이 붙들려고 애를 쓰는 것들은 다 지나가는 것뿐입니다. 지나갈 것을 가지고 붙들려고 애를 씁니다. 사람들은 쓸데없는 것을 더 소중하게 여기는 경향이 있습니다. 쓸데없는 것을 바라보다가 소중한 것을 놓치게 됩니다. 우리의 인생에 지나갈 것이 아니라 장차 올 것을 붙드는 삶이 복 있는 삶입니다. 말세가 되면 영혼을 소홀히 여깁니다. 버릴 것을 귀중히 여기고, 귀하게 여겨야 할 것을 쉽게 버립니다. 가장 귀한 것은 내 생명이 구원받는 것임을 잊지 마시기 바랍니다.

여러분을 살리는 것이 예수입니다. 이 나라를 살리는 것이 예수입니다. 세상은 다른 것으로 사는 것이 아닙니다. 경제가 나라를 살리는 것이 아닙니다. 예수님을 믿어야 삽니다. 여러분이 예수님을 붙들고 살아야 합니다. 예수님을 전하며 살아야 합니다.

2. 세상을 바꾸는 비밀에 대하여 알아야 합니다

많은 사람들이 예수님의 말씀을 듣기 위해 모여들었습니다. 이들은 예수님의 능력을 알았고 예수님의 이적을 체험했습니다. 오병이어로 수많은 사람들이 배불리 먹는 것을 직접 체험했습니다. 그런데 이들은 옛 생각을 버리지 못했기 때문에 예수님을 십자가에 못 박았습니다. 주님이 일하시는 계산법을 알아야 합니다. 하나님의 계산법은 1+1과는 다릅니다. 하나님의 계산법은 씨 하나를 심으면 그곳에 30배, 60배, 100배의 결실이 있습니다. 보리떡 다섯 개와 물고기 두 마리로 5천 명이 먹고도 남는 결실이 있습니다. 이것이 하나님의 계산법입니다. 여러분의 헌신이 별것 아닌 것 같지만 그것이 하나님께 드려지면 놀라운 역사가 일어납니다. 이것을 믿는 것이 신앙입니다. 하나님께 드릴 때 하나님은 놀라운 방법으로 많은 열매를 거두게 하십니다.

한 아이가 자기가 먹을 보리떡 다섯 개와 물고기 두 마리를 주님께 드렸을 때 주님은 그것을 받으시고 놀라운 축복을 주셨습니다. 본문에 빌립이라는 사람은 세상적인 계산을 잘하는 사람입니다. "이백 데나리온의 떡이 부족하겠습니다" 하고 대답합니다. 지금으로 말하면 약 1,000만 원이 필요하다는 말입니다. 그런데 중요한 사실이 있습니다. 빌립이 예수님의 제자였으니까 대답하고 말았지, 만약에 빌립이 주장할 수 있는 위치에 있었다고 생각해 봅시다. 그 공동체는 오병이어의 기적을 체험하지 못하는 불행한 공동체가 되고 맙니다. 그래서 지도자들이 참 중요합니다.

한 조직의 내용이 바뀌려면 구성원의 80%가 바뀌어야 한다고 사회학자들이 이야기합니다. 그런데 이 80%가 어떻게 바뀝니까? 지도자들이 먼저 바뀔 때 강력한 힘을 가지고 바뀝니다. 지도 그룹은 조직의 대략 10% 정도입니다. 교회로 말하면 항존직이 교회의 지도자들입니다. 항존직이 먼저 바뀌면 그 교회는 강력한 힘을 가지고 기적을 체험합니다. 그런데 그렇지 못하면 나머지 80%가 다 바뀔 때까지 기다려야 합니다. 빌립과 같은 지도자가 있으면 참 어렵습니다.

"믿음은 바라는 것들의 실상이요 보이지 않는 것들의 증거"라고 했습니다. 세상 사람들이 보지 못하는 것을 우리는 보고, 세상 사람들이 바라지 못하는 것을 우리는 소망합니다. 여러분, 하나님의 비밀을 깨달을 수 있게 되기를 바랍니다. 이 오병이어의 비밀이 여러분의 것이 되시기를 바랍니다. 그리하여 여러분을 통해 이 땅을 바꾸어 놓는 오병이어의 축복을 체험하며 사는 성도들이 됩시다.

3. 여러분이 있는 곳마다 오병이어의 역사가 일어나기를 바랍니다

2천 년 전 벳새다 언덕은 주님의 능력이 나타나는 현장이었습니다. 그런데 오늘날의 교회는 하나님의 능력도 없고, 생명이 없는 신자들, 구원받지 못한 신자들, 변화되지 않는 신자들이 많이 있습니다. 2년 동안 목욕을 하지 않는 남편이 있었습니다. 그래서 부인이 남편에게 목욕하라고 화를 냈습니다. 목욕탕에 간 남편은 때 미는 분에게 밀어 달라고 했습니다. 한 시간, 두 시간, 계속 밀어도 밀어도 끝이 없었습니다. 그때 이 남편이 미안해져서 이제 그만하라고 말하는 순간, 때 미는 분이 갑자기 때 타월을 바닥에 집어 던지며 하는 말이 "야, 너 지우개지?" 하더랍니다.

여러분, 바로 우리가 지우개가 아닙니까? 하나님이 계속 우리에게 말씀하시지만, 하나님께서 끝까지 기다리고 계시지만, 하나님께서 끝까지 은혜를 베풀고 계시지만 지금도 여전히 바뀌지 않는 우리가 지우개가 아닙니까? 하나님은 여러분을 통해 오병이어의 역사를 나타내시기를 원하십니다. 그래서 여러분을 불러 주셨습니다. 누가 하나님의 일을 할 수 있습니까? 약한 자가 할 수 있습니다. 부족한 자가 할 수 있습니다. "나는 부족하지만 주님의 손에 들려 드릴 때 될 줄로 믿습니다" 하는 믿음을 가진 사람이 주님의 일을 할 수 있습니다. 나의 가진 것이 오병이어와 같이 보잘것없는 것이지만 그것을 주님께 맡기는 사람이 오병이어의 이적을 체험하는 사람이 될 수 있습니다.

여러분이 가진 것이 부족하다고 생각하십니까? 주님께 맡기시기 바랍니다. 그러면 주님께서 여러분을 통해 놀라운 이적을 베풀어 주십니다. 내 힘으로 사는 것처럼 불쌍한 크리스천은 없습니다. 주님의 힘으로 살아야 합니다. 주님의 능력으로 살아야 합니다. 주님이 주신 것으로 살아야 합니다. 이 땅에, 여러분의 가정에, 여러분의 심령 위에 오병이어의 이적이 나타나기를 원합니다. 여러분이 가진 것 위에 주님이 축사하시고 친히 일하시도록 합시다. 그리하여 세상이 경험하지 못하는 놀라운 축복을 체험하며 사는 성도들이 됩시다.

더 생각해 보기: 말씀 이해를 위한 예화

우리나라 기독교 역사에 별과 같은 분으로 염학섭 목사님이라는 분이 계십니다. 이분이 북청에서 풍산 양평교회로 옮겨 가게 되었습니다. 이때 김유경이라는 가난한 과부가 떠나기 이틀 전 찹쌀 두 되를 가져왔습니다. 염학섭 목사님은 그 과부가 가져온 찹쌀 두 되가 다른 사람의 두 가마니보다 귀한 것을 알았습니다. 알고 보니 목사님이 가시는데 자기 머리카락을 잘라 팔아 찹쌀을 사온 것입니다. 염 목사님은 차마 그 쌀을 먹을 수가 없어 다시 시장에 내다 팔았습니다. 그리고 얼마를 더 보태 3원을 만들었습니다.

이 돈으로 '백미 두 되 적선 전도회' 를 만들어 첫 기금을 삼았습니다. 쌀 두 되 값이 얼마나 되겠습니까? 감동을 받은 교회에서는 이 돈으로 강아지 열 마리를 사서 교우들이 분담해서 키웠습니다. 다음에 개를 팔아 돼지를 사고, 다시 돼지를 팔아 송아지를 구입하여 키웠습니다. 그때 마침 금융조합에 돈을 빌려 갚지 못한 땅 1만 평을 매각하게 되었는데, 교회가 분할상환하기로 하고 모은 돈으로 이 땅을 사게 되었습니다. 전 교인이 함께 이곳에 농사를 지어 8년이 지난 후에는 완전히 교회의 땅으로 만들었습니다.

그런데 갑자기 허천강 수력전기댐 공사가 시작되어 이곳의 땅값이 폭등을 했습니다. 교회는 이 땅을 팔아 3만 평의 땅을 구입하고 남은 돈으로 정미소를 짓고 교역자 사택을 지었습니다. 가난한 교회가 다른 교회를 지원하는 풍족한 교회가 되었습니다. 가난한 과부가 머리카락을 잘라 드린 찹쌀 두 되가 한 교회를 살리게 되었습니다. 이 여인도 축복을 받았습니다. 남편이 죽으면서 남겨 준 쓸모없는 돌산이 1정보 가량이 있었는데, 함경남도 도청에서 제방공사를 하면서 그녀의 돌산을 깨뜨려 제방공사를 했습니다. 돌 값을 많이 받았습니다. 그리고 돌을 다 파헤치고 나자 그 땅은 옥토가 되었습니다. 가난한 과부의 찹쌀 두 되를 하나님께서 받으셨습니다.

적용

1) 오늘 말씀의 주제 파악하기

2) 오늘 말씀 중 은혜 받은 부분 나누기

3) 삶에 구체적으로 적용하기

____

____

____

함께 드리는 기도 제목

1. 예수를 붙들고, 예수를 전하며 살게 하옵소서.
2. 오병이어의 축복을 체험하며 사는 성도가 되게 하옵소서.
3. 세상이 경험하지 못하는 놀라운 축복을 체험하게 하옵소서.

제50과

기다리는 자

(대림절 3)

✣ **본문** : 누가복음 2장 25~29절
✣ **찬송** : 104장(곧 오소서 임마누엘, 통 104장)
✣ **요절** : "예루살렘에 시므온이라 하는 사람이 있으니 이 사람은 의롭고 경건하여 이스라엘의 위로를 기다리는 자라 성령이 그 위에 계시더라"(눅 2:25)

대림절은 예수 그리스도의 오심을 사모하며 기다리는 절기입니다. 오늘 우리 앞에는 네 개의 보라색 양초와 한 개의 흰색 양초가 있습니다. 매주일 하나씩 밝혀지는 네 개의 대림절 양초는 점점 밝아지는 세상에 대한 소망을 뜻합니다. 네 개의 보라색 양초는 '희망', '사랑', '기쁨', '평화'를 상징합니다. 보라색 양초 중 세 번째 주일의 양초는 분홍색을 사용하기도 하는데 이것을 마리아의 초라고 부릅니다. 마지막 성탄절에는 이 땅에 빛으로 오신 예수 그리스도를 상징하는 흰색 양초에 불을 밝히게 됩니다.

또 교회에는 청송목이라 불리는 크리스마스트리를 세워 놓는데 이 트리는 예수님을 맞을 준비를 의미합니다. 보기 좋으라고 하는 장식품이 아닙니다. 그리고 이 트리는 주현절의 시작인 1월 6일 주일까지 세워 놓게 됩니다.

사람들은 크리스마스를 맞으며 즐거워합니다. 아이들도 크리스마스를 기다립니다. 윌리엄 말스톤(Dr. William Marston)이라고 하는 심리학자가 3,000명에게 설문조사를 했습니다. 살아가는 이유를 분석했더니 많은 사람들이 사는 목적의 94%가 기다리고 있다고 합니다. 그 많은 시간, 또 그 많은 마음, 그 생각을 전부 기다리는 일에 쓰고 있었습니다. 기회를 기다리고, 소식을 기다리고, 사람을 기다리고, 발전되기를 기다리고, 승진하기를 기다리고, 나아지기를 기다리고, 병이 낫기를 기다리는 등 기다리는 것에 마음을 쓰고 살고 있다고 합니다. 여러분은 무엇을 기다리며 살고 있습니까? 오늘 성경에는 귀한 기다림이 소개되어 있습니다.

1. 기다리는 사람이었습니다

시므온은 "이스라엘의 위로를 기다리는 자"라고 했습니다. 이스라엘은 당시 로마의 식민지 통치하에 있었습니다. 로마는 기원전 6세기부터 식민지 통치를 시작했는데, 우리나라가 일제의 36년 식민지 통치에도 많은 고통을 겪었으니 수세기 동안 내려온 식민지 통치에 얼마나 괴로움을 겪었을지 짐작할 수 있습니다. 더구나 팔레스틴의 마카비는 로마에 대해 무력으로 항쟁했습니다. 로마의 세금 정책은 가난한 사람들을 더욱 고통스럽게 했고 귀족계급은 로마에 붙어 백성의 편이 아니었습니다. 어둠이 지배하는 세상이었습니다. 배고프고 힘든 세상이었습니다. 성전과 제사장들은 타락하고 죄가 지배하는 세상이었습니다. 성전 안에는 황제의 우상이 함께 자리잡고 있었습니다.

이러한 때에 시므온은 "이스라엘의 위로를 기다리는 자"였다고 했습니다. 참된 신앙인은 애국자일 수밖에 없습니다. 백성들의 아픔을 돌아보지 않고 자신의 미래만을 생각한다면 참된 신앙인이 될 수 없습니다. 그래서 교회는 나라와 민족을 위해 기도해야 합니다.

예수님은 이 땅에 오셔서 평화를 주셨고 소망을 주셨습니다. 그러므로 교회는 오늘도 이 땅의 모든 사람들에게 소망이 되어야 합니다. 북한의 불쌍한 형제들을 위해서도 기도해야 합니다. 그들이 겪는 고통이 우리의 것이 될 수도 있기 때문입니다.

하나님께서는 이스라엘의 수많은 사람들 가운데 왜 시므온에게 메시아를 만날 수 있는 은혜를 주셨는지 우리는 말씀을 통해서 깨달아야 합니다. 그 수많은 사람 가운데 동정녀로 예수님을 잉태하는 은혜를 입었던 사람은 마리아 한 사람뿐이었습니다. 그 수많은 사람 가운데 이 땅에 아기로 오신 메시아를 만날 수 있었던 사람은 몇 사람뿐이었습니다. 오늘도 메시아를 만나는 사람은 하나님의 위로를 기다리는 사람입니다. 어떤 사람이 기다릴 수 있습니까? 기다린다는 것은 미래를 희망적으로 보기 때문입니다.

미래라는 단어로 두 가지를 사용하는데 첫째는 future입니다. 말 그대로 future는 시간적인 앞날을 가리키는 단어입니다. 또 하나의 단어가 advent입니다. 대림절을 advent라고 하는데 이 말은 앞으로 올 일을 의미합니다. 다시 오겠다고 하신 예수님을 기다리는 절기라는 뜻입니다.

그러므로 대림절은 미래에 오실 예수님을 만나겠다고 하는 소망의 절기입니다. 우리 성도들은 이 대림절 기간에 예수님을 만나겠다고 하는 소망을 새롭게 하시기 바랍니다. 나의 미래에 하나님께서 함께하실 것이라는 믿음의 기다림은 인생을 바꿉니다. 시므온은 나이가 많아 늙어도 메시아를 보게 될 것을 기다렸습니다. 경건한 모습으로 말씀과 기도와 찬송으로 살았습니다. 그리고 마침내 주의 구원을 바라보았습니다. 성도 여러분, 이 대림절 기간에 다시 오실 주님을 사모하며 기다려서 행복한 성탄절, 주의 구원을 기다리는 성탄절이 되시기 바랍니다.

2. 성령님과 동행하는 사람이었습니다

오늘 말씀에 중요한 구절이 있습니다. 25절에 "의롭고 경건하여" 라는 말씀과, "성령이 그 위에 계시더라"는 말씀입니다. 말라기 이후 400년 동안 하나님의 영감을 받은 선지자들이 나타나지 않았습니다. 이 시기를 신학적으로 '침묵기'라고 부릅니다. 말라기 선지자는 하나님의 심판을 선포했습니다. 그리고 구약이 끝이 납니다. 그러므로 이 시대는 영적인 암흑기였습니다.

이런 시대에 시므온은 성령님과 동행하는 사람이었습니다. 26절에도 "성령의 지시를 받았다"고 기록되어 있고, 27절에도 "성령의 감동으로 성전에 들어갔다"고 했습니다. 성령님의 음성을 듣고 성령의 지시로 살아간 사람이 시므온입니다. 28절을 보면 찬송하는 사람이었습니다. 경건한 사람이니 말씀과 기도에 힘썼던 사람입니다. 이런 준비된 사람 시므온에게 하나님께서는 메시아 예수 그리스도를 만나는 은혜를 주셨습니다.

시므온은 "주재여 이제는 말씀하신 대로 종을 평안히 놓아 주시는도다"라고 말씀합니다. 한마디로 "이제는 죽어도 좋습니다" 하는 기도입니다. "이제 이 땅에 메시아가 오셨으니 안심하고 눈을 감겠습니다. 감사합니다" 하는 가슴 벅찬 찬송입니다.

시므온은 조국 이스라엘을 생각하며, 불쌍한 백성들, 하나님의 영이 떠난 이스라엘을 슬퍼하고 기도하며 지금까지 살았습니다. 하나님의 위로가 다시 한 번 내리기를 기도하며 살았습니다. 그런데 지금 그 소원이 이루어졌습니다. 그래서 이제 평안하다고 말합니다. 거친 들에서도, 초막에서도, 전쟁터에서도 예수님을 만나면 평안이 찾아옵니다.

시므온은 성령님과 동행한 사람이었습니다. 여러분, 믿음의 사람이 사는 길은 성령님과 함께 걸어가는 것입니다. 성령님이 우리가 보지 못하는 길을 인도하십니다. 성령님은 망하는 길, 죄악으로 가는 길, 사탄이 유혹하는 길을 막아 주시고 축복의 길, 영원한 생명의 길로 인도하십니다. 성령님과 함께 가면 평안합니다. 내 힘으로 공중에 10m 올라갈 수 있습니까? 아무리 잘 뛰어도 1m입니다. 그러나 엘리베이터를 타면 10층도 올라가고 60층도 올라갑니다. 비행기를 타면 구름 위로도 올라가고 세계 각국으로 날아갑니다. 성령님과 동행하는 원리가 이것입니다. 내 힘으로 살려고 하면 힘이 듭니다. 그러나 성령님과 동행하면 성령님이 저절로 복된 길로 인도해 주십니다. 성령님과 동행하여 시므온과 같이 예수님의 오심을 예비하는 성도들이 됩시다.

3. 예수님을 만났습니다

예수님이 유대인의 결례를 따라 할례할 8일이 되어 성전에 들어가게 되었습니다. 오늘 본문 앞에 기록된 말씀처럼 예수님은 비둘기를 가지고 들어가 제사를 드리려 했습니다. 요셉과 마리아는 가난한 사람의 예물인 비둘기로 예물을 드리려 했습니다. 이때에 성령님께서 시므온에게 역사하셨습니다. "지금 빨리 성전으로 들어가라. 메시아가 오신다"는 음성이 들렸습니다.

시므온 앞에는 초라한 시골부부와 그 손에 있는 어린 아기가 있었습니다. 많은 사람들이 이 부부와 아기를 보았지만 아무도 메시아인 줄 알지 못했습니다. 그러나 시므온은 보자마자 아기를 안고 찬송하며 "내 눈이 주의 구원을 보았사오니 이는 만민 앞에 예비하신 것이요 이방을 비추는 빛이요 주의 백성 이스라엘의 영광이니이다"라고 고백합니다.

오늘도 구원의 종소리가 울려 퍼지고 도시마다 십자가가 세워졌지만 그 십자가가 구원의 십자가인 것을 많은 사람들이 알지 못합니다. 예수 그리스도께서 오셔서 십자가에 달리시고 구원의 방주로 주신 교회를 보고도 알지 못하는 수많은 사람들이 있습니다. 아무리 전해도 귀를 막고 듣지 않는 사람들도 있습니다. 그러나 분명히 주님은 다시 오십니다. 구약에 약속하신 메시아를 2천 년 전 이 땅에 보내주셨던 것처럼 주님은 다시 오십니다. 승천하시는 예수님을 바라보는 제자들에게 "너희가 본 그대로 다시 올 것이다"라고 말씀하신 예수님은 하늘로부터 이 땅에 다시 재림하십니다. 그날이 이 세상의 마지막 날입니다.

예수님께서 재림하시겠다고 하셨지만 2천 년 동안이나 그 약속은 이루어지지 않고 있습니다. 그러나 분명한 것은 우리 인생이 주님을 만나는 날은 그리 멀지 않습니다. 여러분 각자가 주님 앞에 서게 되는 날이 옵니다. 그날이 언제일지 우리는 아무도 모릅니다.

대림절은 주님을 만나기 위한 훈련의 절기입니다. 성도 여러분, 시므온과 같이 경건한 모습으로 성령님과 동행하는 삶으로 예수님을 만나는 성도들이 됩시다.

더 생각해 보기: 말씀 이해를 위한 예화

레알 마드리드의 카카는 역사상 두 번째로 많은 1,300억의 이적료를 받은 위대한 축구선수입니다. 그는 고등학교 시절 다이빙을 하다가 척추가 골절되어 전신마비가 왔습니다. 축구선수는 물론 정상적인 생활도 할 수 없었습니다. 그러나 이때 예수님을 만나고 기도하며 회복하여 위대한 축구선수가 되었습니다.

파파라치들이 카카의 뒤를 늘 밟았지만 동료들이 술집에 갈 때에도 그는 늘 호텔로비에서 성경을 읽고 있었습니다. 그는 고백하기를 "식물인간의 위기에서도 '하나님께서 고쳐 주실 것이다' 라는 기다림으로 다시 회복할 수 있었다"라고 했습니다.

적용

1) 오늘 말씀의 주제 파악하기

---

2) 오늘 말씀 중 은혜 받은 부분 나누기

---

3) 삶에 구체적으로 적용하기

함께 드리는 기도 제목

1. 다시 오실 주님을 사모하며 주의 구원을 기다리는 대림절이 되게 하옵소서.
2. 성령님과 동행하여 예수님의 오심을 예비하는 성도들이 되게 하옵소서.
3. 경건한 모습으로 성령님과 동행하는 삶으로 예수님을 만나는 성도들이 되게 하옵소서.

제51과

하나님이 우리와 함께 계시다

(대림절 4)

✣ **본문** : 마태복음 1장 21~23절
✣ **찬송** : 115장(기쁘다 구주 오셨네, 통 115장)
✣ **요절** : "보라 처녀가 잉태하여 아들을 낳을 것이요 그의 이름은 임마누엘이라 하리라 하셨으니 이를 번역한즉 하나님이 우리와 함께 계시다 함이라"(마 1:23)

메리 크리스마스는 기쁜 크리스마스라는 뜻입니다. 말 그대로 예수님은 우리에게 기쁜 소식을 주셨습니다. 세상에서 성탄절을 어떻게 맞이하고 있는지 궁금해서 뉴스를 검색해 보았더니 수많은 성탄절에 대한 뉴스들이 예수님의 탄생과는 관계가 없는 이야기들이었습니다. 지금 우리 사회가 점점 삭막해져 간다는 증거입니다. 공격적이고 자극적인 이야기만 나옵니다. 성탄절에 더 많은 훈훈한 이야기들이 나왔으면 좋겠습니다.

이 세상은 부정적인 사람들이 이끌어 가는 것이 아니라 소수의 긍정적인 사람들이 이끌고 갑니다. 부정적인 사람들이 말할 때에 그것이 영향력이 큰 것 같지만 소수의 긍정적인 사람들이 역사를 밝은 방향으로 이끌어 왔습니다. 그러므로 우리 자녀들이 이 세상을 이끌어 가는 소수의 긍정적인 사람들, 택함 받은 사람들이 되도록 우리는 기도해야 하며, 우리의 자녀들을 책임 있게 키워야 합니다.

1. 요셉의 모습이 우리에게 있어야 합니다

요셉은 마리아와 정혼을 하고 결혼을 앞두고 있었는데 마리아가 임신을 했다는 사실을 알게 되었습니다. 요셉은 의로운 사람이라 이를 드러내지 않고 조용히 파혼을 하려 했습니다. 당시 사회는 처녀가 불의하게 잉태하면 돌에 맞아 죽는 시대입니다. 지금도 중동 지역의 국가들을 보면 이러한 법들이 계속 유지되는 것을 볼 수 있습니다. 어떻게 하면 마리아의 집안에 큰 화가 미치지 않게 할 수 있을까 요셉은 생각하고 있었습니다. 하나님께서 그저 요셉을 택하신 것이 아닙니다.

하나님께서 요셉을 택하신 이유는, 첫째, 요셉은 성품이 온유한 사람이었습니다. 내가 손해를 보더라도 다른 사람에게 화가 미치지 않기를 원했던 사람입니다. 둘째, 요셉은 믿음의 사람이었습니다. 주의 사자가 나타나 오늘의 말씀을 주실 때에 믿음으로 받아들인 사람이 요셉이었습니다. 셋째, 요셉은 감싸 주는 사람이었습니다. 마리아에게 일어난 일을 그저 사람들에게 알려 버리면 요셉은 아무런 문제가 없습니다. 파혼을 해도 요셉은 동정을 받을 것입니다. 그러나 요셉은 그렇게 하지 않았습니다.

공동체를 보면 문제를 만들고 드러내는 사람이 있는 반면에 오히려 문제를 감싸고 긍정적인 방향으로 해결하는 사람이 있습니다. 이런 사람들은 잘 드러나지 않습니다. 주목을 받지도 않습니다. 그러나 이런 사람은 사람들로부터 사랑을 받습니다. 오늘의 교회는 감싸 주는 사람들이 필요합니다. 세상에서 상처를 입고 찾아오는 사람들을 예수님의 마음으로 감싸 주는 넉넉한 사람들이 필요합니다. 우리 성도들은 모두가 감싸 주는 사람들이 됩시다.

2. 예수님은 우리의 구원주가 되십니다

예수님은 우리의 죄를 구원하시기 위하여 이 땅에 오셨습니다. 이 일은 이미 이사야 선지자를 통해 700년 전에 예언된 일입니다.

"보라 처녀가 잉태하여 아들을 낳을 것이요 그의 이름을 임마누엘이라 하리라"(사 7:14).

오늘 21절에는 "예수라 하라" 하셨고, 23절에는 "임마누엘이라 하리라" 하셨습니다. 아기가 태어나면 임마누엘이라 하라 하셨는데 왜 예수라 했습니까? 성경에 예수님이 탄생한 이야기는 마태복음과 누가복음에만 나옵니다. 마태복음은 유대인들에게 주신 말씀이요, 누가복음은 헬라인을 대상으로 주신 말씀입니다. 임마누엘이란 말은 마태복음에만 나오는데 유대인들은 구약성경을 잘 알고 있습니다. 그러므로 오늘 이 마태복음의 말씀은 '일찍이 이사야 선지자로 예언하신 임마누엘이 바로 예수님이시다' 라는 것을 증언하고 있습니다.

예수라는 이름은 히브리어 여호수아에서 온 것으로 '여호수아'는 '여호와는 구원이시라' 는 뜻입니다. 이 말은 곧 '자기 백성을 그들의 죄에서 구원할 자' 라는 뜻입니다. 임마누엘이란 말은 히브리어로 '하나님이 우리와 함께 계시다' 는 뜻입니다. 예수님은 우리와 함께 계시기 위하여 이 땅에 오셨습니다. 마태복음 28장 20절에 예수님께서는 "내가 세상 끝 날까지 너희와 항상 함께 있으리라"(마 28:20) 말씀하셨습니다. 성경의 약속대로 이 땅의 구원주로 오신 예수님께서는 마지막 날까지 우리와 함께 계십니다. 임마누엘이십니다. 십자가의 사역을 담당하시고 우리를 떠나신 것이 아니라, 성령님을 보내셔서 하나님이 우리와 함께 계십니다. 하나님이 우리와 함께 계시기에 우리는 믿음의 길을 걸어갈 수 있습니다.

예수님은 "하나님이 세상을 이처럼 사랑하사 독생자를 주셨으니"라는 말씀처럼 이 세상을 이처럼 사랑하셔서 오셨습니다. '이처럼' 이라는 말은 '낮고 천한 곳에 오시기까지, 십자가에 몸을 주시기까지' 라는 뜻입니다. 세상을 사랑하셨다고 했습니다. 세상은 모두를 뜻합니다. 여기에는 빈부귀천이 없습니다. 약한 자나 강한 자나 다 사랑하십니다. 누구든지 예수를 믿기만 하면 구원의 기쁜 소식이 임합니다. 세상에서 죄를 지으면 감옥에 갑니다. 세상에서 병에 걸리면 수술을 받아야 합니다. 여기에는 복음이 없습니다. 그러나 우리의 힘으로 구원을 얻을 수 없지만 예수님으로 인해 구원에 이르게 되었습니다. 그러므로 성탄은 인류에게 주신 최고 복음의 사건입니다.

3. 하나님은 우리와 함께 계십니다

우리가 살아가는 것은 내 힘으로 사는 것이 아닙니다. 지금까지 산 것도 내 힘이 아니었습니다. 우리 교회를 지켜 주신 것도 우리가 한 것이 아니었습니다. 임마누엘 하나님이 우리와 함께하셨습니다. 하나님은 요셉에게 나타나셔서 "무서워하지 말라"고 하셨습니다. 하나님은 두려워하는 아브라함에게, 야곱에게, 여호수아에게, 바울에게 나타나셔서 "두려워하지 말라"고 하셨습니다. 여러분, 우리가 사는 세상이 참 힘이 듭니다. 악한 자들이 득세를 하고 믿음의 사람들이 패하는 것 같습니다. 그러나 두려워하지 마시기 바랍니다. 임마누엘의 하나님이 여러분과 함께하십니다. 세상에는 악한 사람들만 있지 않습니다. 믿음으로 살아가는 많은 사람들이 있습니다. 하나님은 이들과 함께하십니다.

영국의 한 초등학교에서 1학년 어린이들이 선생님에게 산타클로스 할아버지가 실제로 있느냐고 물었습니다. 선생님은 그것은 거짓말이라고, 어른들이 만들어 낸 이야기라고, 부모님들이 다 선물을 준비해 주는 거라고 이야기를 했습니다. 그러자 아이들이 울기 시작했습니다. 꿈이 깨어졌습니다. 집에 간 아이들이 울고불고 난리가 났습니다. 놀란 부모님들이 학교에 항의를 하고 선생님은 해고되었습니다. 루돌프 사슴이 있고 산타클로스가 마음에 있는 세상이 행복한 세상입니다. 이런 마음에 예수님은 찾아오십니다.

한국선교 초기에 폭발적인 선교가 이루어졌던 것은 사람들의 마음이 순수했기 때문입니다. 지금도 원주민들에게 복음을 전하면 너무나 쉽게 복음을 받아들이고, 그들 가운데 놀라운 기적과 역사가 나타나는 것은 그들의 마음이 순수하기 때문입니다.

오늘의 세상은 너무나 약아졌고 악해졌습니다. 성탄절은 어른들에게 상업적인 가치만 남아 있을 뿐입니다. 그러나 여러분의 마음 속에는 2천 년 전 마구간에 찾아오신 예수님, 예수님을 영접하기 위해 찾아온 동방박사들, 그리고 목자들의 수채화 같은 모습들이 있기를 바랍니다.

예수 그리스도께서 이 땅에 오신 성탄절이 행복한 성탄절이 되기 위해 우리가 먼저 가난한 마음이 됩시다. 이웃들에게도 사랑을 실천합시다. 어려운 이웃들에게, 힘들어하는 이웃들에게, 복음을 알지 못하고 죄의 길에 서 있는 이웃들에게 예수님이 이 땅에 오신 성탄절이 기쁜 소식이라는 것을 전합시다. 사랑하는 성도 여러분, 이 땅에 오신 주님을 여러분 가운데 모시고 임마누엘로 승리하는 성도들이 됩시다.

더 생각해 보기: 말씀 이해를 위한 예화

미국의 한 의사가 아랍의 왕자를 치료하게 되었습니다. 의사는 정성을 다하여 치료를 했습니다. 그래서 오랫동안 고치지 못했던 질병을 치료해 주었습니다. 병이 낫자 이제 치료비를 받아야 하는데 도대체 얼마를 청구해야 할지 고민이 되었습니다. 왕자이니 무료로 치료해 주어야 할지, 아니면 아주 비싼 치료비를 받아야 할지 고민이 되었습니다. 고민을 하다가 목사님께 전화를 했습니다. 그랬더니 목사님이 방법을 가르쳐 주었습니다.

목사님이 가르쳐 준 방법대로 "치료비는 당신의 신분에 걸맞게 주십시오"라고 했더니 이 왕자가 7만 달러의 치료비를 보내왔습니다. 7만 달러면 당시 1억쯤 되는 돈입니다. 너무 놀란 이 의사가 목사님께 전화를 했습니다. 그런데 며칠 후 목사님으로부터 편지가 왔습니다. "신분에 걸맞게 감사헌금을 드리십시오." 신분에 걸맞은 감사란 믿음에 걸맞은 감사입니다. 육신의 질병을 치료받는 것도 귀한데 우리는 영혼의 질병을 치료받았습니다. 그것도 확실히 죽을 병에서 치료를 받았습니다. 그러므로 우리는 이 땅에 오신 예수님께 감사해야 합니다.

적용

1) 오늘 말씀의 주제 파악하기

2) 오늘 말씀 중 은혜 받은 부분 나누기

3) 삶에 구체적으로 적용하기

함께 드리는 기도 제목

1. 세상에서 상처를 입고 찾아오는 사람들을 예수님의 마음으로 감싸 주는 넉넉한 사람이 되게 하옵소서.
2. 하나님이 우리와 함께 계심을 믿고, 믿음의 길을 걸어가게 하옵소서.
3. 이 땅에 오신 주님을 마음에 모시고 임마누엘로 승리하는 성도들이 되게 하옵소서.

제52과

나의 결산은?
(송년주일)

✣ **본문** : 마태복음 25장 14~18절
✣ **찬송** : 312장(너 하나님께 이끌리어, 통 341장)
✣ **요절** : “한 달란트 받은 자는 가서 땅을 파고 그 주인의 돈을 감추어 두었더니”(마 25:18)

오늘 말씀은 유대인의 관습에 주인이 먼 여행을 떠날 때 청지기에게 일정한 금액을 맡겨 장사를 하도록 했던 것을 비유로 말씀하신 천국의 비유입니다.

주인이 먼 길을 떠나며 종들에게 한 달란트, 두 달란트, 다섯 달란트를 각각 맡겼습니다. 얼마간의 시간이 지난 후 주인이 돌아왔을 때 두 달란트와 다섯 달란트 받았던 종은 각각 갑절의 이윤을 남겨 주인에게 칭찬을 받고, 한 달란트 받은 종은 그것을 땅에 묻어 두었다가 가지고 와서 책망을 받는 비유입니다. 이 비유의 결론이 사실은 31절 이하에 기록되어 있는데, “인자가 자기 영광으로 모든 천사와 함께 올 때에 자기 영광의 보좌에 앉으리니 모든 민족을 그 앞에 모으고 각각 구분하기를 목자가 양과 염소를 구분하는 것같이 하여 양은 그 오른편에 염소는 왼편에 두리라”고 말씀하셨습니다. 주님이 다시 오셔서 결산할 날이 있다는 말씀입니다.

오늘 달란트 비유 속에는 귀중한 교훈이 담겨 있습니다.

1. 내가 받은 것을 귀하게 여기시기 바랍니다

하나님께서는 모든 사람에게 달란트를 주셨습니다. 이 달란트라는 단어에서 'talent'가 나왔습니다. 연기자들을 탤런트라고 하는데 탤런트는 '재능, 은사'라고 하는 뜻입니다. 연기하는 일에 재능이 있다는 말입니다.

하나님께서는 우리 모두에게 달란트를 주셨는데 그 은사는 다 다르다는 것을 말씀합니다. 운동은 잘하는데 노래는 못하는 사람도 있습니다. 공부는 잘하는데 사교성이 부족한 사람도 있습니다. 머리는 좋은데 건강이 좋지 못한 사람도 있습니다. 사람들은 자신과 남을 비교하는 데서 불행해집니다. 여러분, 비교하지 마십시오. 하나님께서는 다 달란트를 다르게 주셨습니다.

그런데 사람들은 다른 사람을 보며 좌절합니다. 불평합니다. 송명희 시인은 뇌성마비로 잠시도 가만히 앉아 있을 수 없는 자매입니다. 그런데 송명희 시인은 "나 가진 재물 없으나, 나 남이 가진 지식 없으나, 나 남에게 있는 건강 있지 않으나, 나 남이 없는 것 있으니, 공평하신 하나님이 나 남이 가진 것 나 없지만, 공평하신 하나님이 나 남이 없는 것 갖게 하셨네"라고 고백했습니다. 그렇습니다. 여러분이 받은 달란트는 결코 보잘것없는 것이 아닙니다. 하나님께서 주셨습니다.

한 달란트 받은 종은 다른 종들과 비교했을지 모릅니다. '주인이 나를 과소평가했다'고 생각하며 섭섭해했을지 모릅니다. 그러나 한 달란트는 결코 적은 것이 아니었습니다. 한 달란트는 6천 데나리온의 가치가 있었는데, 지금의 가치로 환산하면 약 3억에서 5억 정도 되는 큰돈입니다. 금으로 환산하면 한 달란트는 약 34kg입니다. 지금 돈으로 약 20억 원 가량이 되는 돈입니다.

우리는 내가 받은 달란트를 귀하게 여기기보다 다른 사람의 달란트를 부러워합니다. 한 달란트 받은 종의 마음의 자세가 문제였습니다. 하나님께서는 각기 다른 달란트를 주셨습니다. 주님의 교회에도 각기 다른 달란트를 주셔서 교회를 세워 나가십니다. 어떤 사람에게는 목사로, 어떤 사람에게는 교사로, 어떤 사람에게는 구역장으로 각기 다른 달란트를 주십니다. 성경은 "네가 받은 것으로 사랑과 긍휼을 베풀라"고 말씀합니다. 내가 건강의 달란트를 받았으면 건강이 약한 사람들을 위해 봉사해야 합니다. 내가 물질의 달란트를 받았으면 물질이 없는 사람들을 위해 봉사해야 합니다. 지식이 있으면 지식 없는 사람들을 섬겨야 합니다. 그래서 함께 조화를 이루어 나가야 합니다. 이것이 성경이 말씀하는 법칙입니다.

하나님께서 여러분에게 주신 은사를 귀하게 여기시기 바랍니다. 그리고 그 달란트를 주님의 영광을 위하여 잘 사용하는 성도들이 됩시다.

2. 착하고 충성된 종이 상급을 받습니다

주인은 종이 남겨온 것을 보며 많고 적음을 말씀하지 않습니다. 두 달란트 받은 종과 다섯 달란트 받은 종은 똑같은 칭찬을 받았습니다. 열 달란트라고 해서 더 칭찬한 것이 아닙니다. 그 칭찬이 조금도 다르지 않습니다. 많고 적음, 높음과 낮음은 인간의 관점입니다. 하나님은 우리의 중심을 보십니다. 충성의 충(忠)자는 가운데 중(中)자에 마음 심(心)자를 씁니다. 마음이 어디에 있느냐입니다. 하나님은 하나님께 마음의 중심이 서 있는 사람을 원하십니다. 하나님은 능력의 많고 적음을 보시지 않습니다. 주신 달란트를 열심히 사용하느냐를 보십니다.

다섯 달란트 받은 종이 사실은 더 어려웠습니다. 한 달란트를 두 달란트로 만드는 것보다 다섯 달란트를 열 달란트로 만드는 것이 더 어렵습니다. 여기에는 모험이 필요했고 도전이 필요했습니다. 여기에 비하면 한 달란트 받은 종은 얼마나 부담이 없습니까? 하나님께서는 한 달란트 받은 종이 자신이 받은 달란트를 귀하게 여기지 않은 것을 말씀하십니다. 귀하게 여기지 않으니 충성하지 못했습니다. 땅속에 묻어 두었습니다.

주의 일을 맡으면서 부담스럽지 않아야 한다고 생각하십니까? 주의 일은 원래 부담스러운 것입니다. 주님을 향하는 것은 나침반의 자석처럼 두렵고 떨립니다. 성경에 나오는 인물들도 하나님의 명령을 받았을 때에 다 떨었습니다. 모세도 두려워 다섯 번이나 못한다고 했습니다. 여호수아도 두려워 떨 때에 하나님께서 "두려워하지 말라. 담대하라. 내가 너와 함께한다"라고 말씀하셨습니다. 300인의 용사로 메뚜기 떼같이 많은 아말렉 군대를 이긴 기드온도 두려워 하나님께 두 번이나 징표를 요구했습니다. 야곱도 광야로 도망치며 두려워 떨었습니다. 그러나 하나님이 함께하실 때에 이들은 모두 승리자가 될 수 있었습니다.

두 달란트와 다섯 달란트 받은 종은 주인이 없는 동안 열심히 일했습니다. 그래서 착하고 충성된 종이라는 칭찬을 들었습니다. 주인의 말씀을 자세히 보면 "네가 적은 일에 충성하였으매 내가 많은 것을 네게 맡기리니 네 주인의 즐거움에 참여할지어다"라고 했습니다. 하나님은 적은 일에도 충성을 요구하십니다. 그리고 더 많은 것을 맡기시겠다고 하셨습니다. 이것이 달란트의 비밀입니다.

은혜를 받아 잘 심는 자는 갑절로 거두게 하십니다. 축복을 받아 잘 심는 자는 갑절로 거두게 하십니다. 하나님께서 주시는 달란트는 그저 주시는 것이 아닙니다. 있는 자리에서 충성할 때에 더 많은 달란트를 주십니다. 여러분 모두 착하고 충성된 종이 되어 하나님께서 주시는 상급의 주인공이 됩시다.

3. 반드시 결산하는 날이 옵니다

오늘 성경에 나오는 주인은 예수님을 말씀하고, 타국에 갔다는 것은 하나님 나라에 계심을 말합니다. 그리고 다시 오시는 것은 주님의 재림을 말합니다. 달란트를 맡은 종들은 주의 백성들을 말합니다. 주님께서는 모두에게 달란트를 맡겨 주시고 주님의 교회를 섬기게 하셨습니다. 어떤 사람에게는 교사로, 어떤 사람에게는 목사로, 어떤 사람에게는 집사로, 각기 다른 달란트를 주어 섬기게 하셨습니다. 우리 모두에게 복음의 사명을 맡기셨습니다. 한 해의 12월이 어김없이 다가오듯 주님께서 결산하시는 날도 분명히 다가옵니다. 우리는 대림절 기간 동안 다시 오셔서 우리의 달란트를 결산하실 주님을 준비해야 합니다.

옛날 영화에 보면 임금님이 신하를 은밀하게 부릅니다. "짐이 한 가지 걱정이 있소. 어느 지역에 문제가 있는데 그대가 이 일을 해결해 주어야겠소. 가서 은밀히 조사하고 문제를 잘 해결해 주길 바라오" 하고 임금님의 친서를 써서 줍니다. 그러면 이 신하는 "폐하, 성은이 망극하오이다" 하고 엎드려 절하고 왕의 친서를 소중히 품에 간직하고 거지의 옷을 갈아입고 길을 떠납니다. 임금님이 나를 불러 친히 이 일을 맡겨 주신 것이 너무나 감격스러워 고생하는 것도, 거지로 멸시받는 것도 마다하지 않습니다. 이제 멀지 않아 문제를 해결하고 임금님이 영광의 자리에 자신을 불러 세울 것임을 확신하고 있기 때문입니다.

오늘 여러분을 주님께서는 이렇게 불러 주셨습니다. 한 사람 한 사람을 불러 주님의 피 값으로 죄를 사해 주시며 사명을 주셨습니다. 내 사명이 작다고 소홀히 여기지 마시기 바랍니다. 주님께서 맡기신 사명은 귀한 일입니다. 뜻이 있어 맡기셨습니다.

여러분, 종들이 받은 달란트는 원래부터 종들의 것이 아니었습니다. 주인의 것을 맡아 관리하는 것입니다. 우리가 이 세상을 사는 동안 받은 것은 원래 내 것이 아님을 깨달아야 종의 삶을 살 수 있습니다.

주님께서 한 해를 여러분에게 맡겨 주셨습니다. 여러분은 어떤 결산을 준비하고 있습니까? 우리 성도들은 모두가 주신 달란트를 갑절로 남기어 주님께 칭찬을 듣는 성도들이 됩시다.

더 생각해 보기: 말씀 이해를 위한 예화

미국의 교육학자 R. H. 리브스가 쓴 《동물학교》라는 책의 내용입니다.

옛날에 동물들이 모여 학교를 세웠습니다. 그들은 수영에 달리기, 오르기, 날기로 된 교과과정을 만들었습니다. 오리는 수영에 우수했습니다. 사실 오리는 강사보다 더 나았습니다. 그러나 오르기에서는 겨우 통과점수만 얻었고, 달리기 성적은 뒤뚱거리며 뛰다 보니 늘 낙제였습니다. 오리는 너무나 느렸고, 그래서 방과 후에 과외를 해야만 했습니다. 오리는 달리기 과외를 너무 하다 보니 물갈퀴가 다 닳았습니다. 그렇기 때문에 능숙한 수영 솜씨마저도 겨우 평균 점수만 낼 수 있었습니다.

토끼는 반에서 달리기를 가장 잘했습니다. 그러나 수영 실력을 향상시키기 위해서 물에서 많은 시간을 보내야 했기 때문에 얼마

후에는 달리기를 잘할 수 없었습니다.

다람쥐는 오르기에서는 가장 뛰어난 솜씨를 발휘하였지만 날기 수업에서는 항상 좌절만 되풀이했습니다. 그의 몸은 날기 과목에서 잘하지 못하는 착륙연습을 하느라 지쳤기 때문에 오르기에서도 매우 낮은 성적을 얻게 되었습니다.

그런데 독수리는 이 학교의 문제아였습니다. 날기 외에는 아무것도 하려 들지 않고 자기 방식대로만 하기를 원했습니다.

그런데 사실은 독수리가 정상이 아닙니까? 모자란 것을 채우려고만 했다면 박찬호 선수나 최경주 선수나 김연아 선수가 나올 수가 없습니다. 하나님께서 주신 은사가 다 다르기 때문입니다.

적용

1) 오늘 말씀의 주제 파악하기

2) 오늘 말씀 중 은혜 받은 부분 나누기

3) 삶에 구체적으로 적용하기

함께 드리는 기도 제목

1. 주님께서 주신 달란트를 주님을 위해 사용하게 하옵소서.
2. 착하고 충성된 종이 되어 하나님께서 주시는 상급의 주인공이 되게 하옵소서.
3. 주신 달란트를 갑절로 남기어 주님께 칭찬을 듣는 성도가 되게 하옵소서.

판 권
소 유

말씀과 기도가 있는 구역 만들기 4

사랑하며 사는 사람들

2013년 1월 15일 인쇄
2013년 1월 21일 발행

지은이 | 정명철
발행인 | 이형규
발행처 | 쿰란출판사

주소 | 서울특별시 종로구 이화동 184-3
TEL | 02-745-1007, 745-1301, 747-1212, 743-1300
영업부 | 02-747-1004, FAX / 02-745-8490
본사평생전화번호 | 0502-756-1004
홈페이지 | http://www.qumran.co.kr
E-mail | qrbooks@gmail.com
qrbooks@daum.net
한글인터넷주소 | 쿰란, 쿰란출판사

등록 | 제1-670호(1988.2.27)

책임교열 | 박은아 · 최진희

값 12,000원

ISBN 978-89-6562-414-1 93230